D1927874

実務

# 英文契約書
# 文例集

弁護士
**黒河内 明子**
Akiko Kurokochi

外国法事務弁護士（原資格法：米国ハワイ州）
**ムーン・キ・チャイ**
Moon - Ki Chai

日本加除出版

# はしがき

現代社会においては、日本の企業が海外の相手方と取引をし、そのための取引条件を交渉して英文契約書を作成することは、日常的な業務となっています。また、例えば、インターネットサービスを利用しての物品購入や音楽配信サービスを受ける際には、パソコンの画面上に英文契約書が表示される等、日常生活においても英文契約書に接する場面は、そう特別なことではなくなってきました。

ところで、私がはじめて英文契約書に接したのは、約30年前、総合商社に就職したときです。配属部署は、建設資材を海外に輸出する営業部でした。そして、その会社を退職して、弁護士として柏木総合法律事務所において執務するようになり、こちらでも英文契約書作成の仕事に携わることができました。最初は、英文契約書を日本語に翻訳することだけでもとても骨の折れることでした。それでも、事務所の先輩弁護士からの指導とアドバイスのもと、苦心して続けた翻訳と内容の検討によって、その英文契約書についてのみならず、広く契約書というものについての理解を得ることができたと思います。そこで、本書は、これまでの英文契約書に関する仕事を「総まとめ」するつもりで執筆いたしました。少しでも読者の皆様のお役に立つことができれば幸甚です。

本書執筆のきっかけは、司法研修所の恩師、安達敏男先生（当時検察教官、現在弁護士）から、出版社に推薦をいただいたことによります。そして、事務所の同僚弁護士、ムーン・キ・チャイ先生と共同で、約1年間をかけて、ようやく本書の執筆を終えることができました。安達先生及びチャイ先生に、心から感謝を申し上げます。

最後になりましたが、本書刊行にあたり、ご協力をいただきました日本加除出版株式会社企画部の朝比奈耕平氏と編集部の吉野務氏に厚く御礼申し上げます。

平成24年2月

弁護士　黒河内 明子

## Acknowledgement

I moved to Tokyo in 1995 and had originally planned to stay for just two years. But that period has now stretched, little by little, to seventeen years.

During that time, I have struggled to improve my proficiency in the Japanese language and to learn about Japanese law and legal practices. You, the reader, are in the opposite situation of endeavoring to improve your understanding of English contracts and foreign legal concepts and practices. So, I can fully appreciate the issues you are facing and hope that this book will provide you with some useful insights.

During my seventeen years at Kashiwagi Sogo Law Offices, I have prepared and reviewed numerous English contracts on behalf of our Japanese corporate clients. The contract forms in this book are based on those experiences and reflect the many legal, business, and practical issues that I and my colleagues have encountered over the years in the course of advising our clients.

I came to participate in the preparation of this book through the kind invitation of my colleague, Ms.Akiko Kurokochi. The process of working together with her on these materials has forced me to consider many detailed issues that I had not considered before and has been enjoyable and stimulating. I thank her for the opportunity to have this wonderful experience.

I would also like to thank Mr.Kohei Asahina and Mr.Tsutomu Yoshino, our editors at Nihon Kajo Shuppan for their patience in accommodating our schedules and their guidance in the presentation of the materials in this book.

Finally, I would like to thank my colleagues at Kashiwagi Sogo Law Offices and, more broadly, the good people of Japan, who have made my life here so enjoyable and interesting that I have been unable to leave!

February 2012

Moon-Ki Chai

# 本書の契約書例の使い方
## －必ずお読みいただき、ご理解いただきたいこと－

### 1. 本書の目的と利用にあたってのご注意

私たち、日本人（日本企業）が、国際取引のための自らに有利な英文契約書を締結するためには、英文契約書を理解し、それを自ら作成することが必要です。そして、英文契約書を作成するには、書式集などから、自らが企図する取引に合った英文契約書の書式を選択し、その書式に当該取引の具体的な取引条件を追加し、自らに不利な条項を有利なように修正してドラフトを作成して、これを相手方に提示しながら交渉を進めることが、もっとも効率がよく、確実な方法ということができます。

そこで、本書においては、日本の当事者が英文契約作成に利用するための英文契約書例（書式）を20例掲載し、これに完全和訳と解説を付しています。また、これらの英文契約書例の完全版をCD-ROMに収録しています。

ご利用については、まず、企図する国際取引に合う種類の英文契約書例を選択して、その条項について、必ず、全ての内容をご理解の上、具体的な取引条件を入れ、また、各条項が、自ら有利なのか不利なのかについて検討して、当該取引に適合する内容となるように追加、削除、及び修正等の変更を施して、英文契約書（ドラフト）を作成してください。

**なお、著者は、本書及びCD-ROMの利用によって生ずるいかなる法律的問題について、責任を負うものではなく、また、本書及びCD-ROMの利用によって作成した契約書が、日本法、又はその他の法律に基づき有効であることについても保証するものでもありません。**それぞれの現実的・具体的な案件についての取引や英文契約書については、必ず、それぞれについての法務、会計、税務上の問題が存しますので、弁護士、公認会計士及び税理士にも相談し、そのアドバイスを受けるようにしてください。

### 2. 本書及びCD-ROMの契約書例の利用方法

（1） CD-ROMに収録した英文契約書例のデータは、［Microsoft® Word®］で作成されています。本書の契約書例は、英文・和訳とも、そのサイズや書式については、書籍のサイズやスペースに合わせていますが、CD-ROMの英文契約書例はA4サイズであり、そのインデント・行間隔等のページレイアウトや、例えば、ピリオドのあとのスペース数は、米国において普通に用いられる書式になるよう作成されています。したがって、実際にCD-ROMを利用して、英文契約書（ドラフト）を作成する場合、CD-ROMのページレイアウト等書式をそのままご利用になることをおすすめします。

本書の契約例の中で［XX］というように括弧でくくられた事項は、CD-ROMに収録した英文契約書例においては、各自にて書き込むことが必要であることを明示するために［●●］と表示しています。こちらについては本書を参照しながら、書き込むようにしてください。記入後、［　］（括弧）は削除してください。

(2)　本書の契約書例には、便宜のために目次を付していますが、通常この程度の簡略な英文契約書には、目次は付けません。したがって、CD-ROMの英文契約書例には、目次は付してありません。

(3)　本書及びCD-ROMの契約書例は、本書における頁数が限られているため、当該種類の契約についてのシンプルな例となっています。アメリカやイギリスにおいて実際に使用されるほとんどの英文契約書の書式は、本書の契約書例に比べて、長く、複雑なものです。

(4)　本書及びCD-ROMの契約書例中の当事者の表示は、「Buyer」「Seller」、「Licensor」「Licensee」など、契約の性質による表示にしています。ただし、1レター・オブ・インテント（予備的合意書）、2秘密保持契約書、12共同研究開発契約書、14合弁契約書、18催告書、19変更合意書、20解約合意書においては、各当事者が同じ立場ですので、判別が容易となるように、本書の英文契約書例においては、当事者の商号である［Satonaka］［Harper］を用いて表記しています。CD-ROMの英文契約書例においては、上記［Satonaka］［Harper］など［　］（括弧）でくくられた当事者については、［●●］と表示されていますので、この箇所については、貴社/貴殿が、当該取引に適合し、両当事者の意思を反映した当事者を記入してください。**また、CD-ROMの英文契約書12共同研究開発契約書、14合弁契約書については、契約条項中にも**

**「Satonaka」「Harper」の表示が存しますので（[ ]（括弧）でくくられていません。）、これを利用する場合には、当事者を、Word® の置換機能を使用するなどして変換・変更するのを忘れないようにしてください。**

(5) 本書及びCD-ROMの英文契約書例は、全て、二当事者間の契約を想定した文章としています。当事者が、三者かそれを超える数の場合には、英文契約書例に、当該当事者を、当事者として加えるとともに、それらの権利及び義務に関する条項を追加し、全文を三者かそれを超える数の当事者であることに適合するように変更してください。その際、少なくとも、以下のような修正が必要となることにご留意ください。

二者間契約の場合：either party
↓
三者間（あるいはそれを超える数の当事者間）契約の場合：
any party 又は each party

二者間契約の場合：the other party
↓
三者間（あるいはそれを超える数の当事者間）契約の場合：
the other parties

(6) 本書の契約書例のほとんどについては、定義条項を定めています。この条項の目的は、契約書の冒頭に、全ての定義をひとまとまりにグループ化して記載しておくことによって、その契約書の用語に適用される定義の確認及び適用を平易にすることにあります。英文契約書の定義条項に当該契約書に使用する全ての用語についての定義を記載するかどうかという明確なルールは存しませんが、長い英文契約書においては、ほとんどの場合、定義条項には、当該契約書に必要な全ての定義を記載しています。

ただし、いくつかの用語の定義は、定義条項には含まれません。例えば、ある条項の中でのみ定義された用語がその条項の中のみで使用されるような場合には、冒頭の定義条項には定めていないこともあります。本書の契約書例でいえば、[the Disclosing Party（開示当事者）][the

Receiving Party（受領者）］及び［the Indemnifying Party（補償当事者）］［the Indemnified Party（被補償当事者）］などの定義がその例です。

(7)　英文契約書中、数については、文字と数字と両方により表記していることがあります。例えば、“one hundred (100)” のような表記です。これは誤記の可能性を低くするための記載方法です。一般的にいって、桁数が多い数については、数字による記載よりも文字による記載のほうが誤記の可能性は低いということができます。そのため、数字を確認するために文字による表記も併用するのです。ただし、誤記の可能性が低いような少ない数については、数字と文字の併用は不要です。この場合、英文契約書では、文字のみを使用します。例えば、“two copies” 又は “one copy” のように表記します。

(8)　本書の契約書例中の括弧でくくられた文字［Japan］や数字［fourteen (14)］は、貴社/貴殿が企図する取引の内容を埋める必要がある箇所です。これらの括弧の中には、例えば［Japan]/[14］等の文字/数字が記入されています。しかし、これらは、本書の契約書例における一般的な例として記入されているものであり、貴社/貴殿の企図する具体的な取引について、これらの文字/数字がそのまま適合するものではありませんので、貴社/貴殿が、当該取引に適合し、両当事者の意思を反映した文字/数字を記入してください。また、本書の英文契約書例において、［Satonaka］［Harper］など括弧でくくられた当事者については、本項(4)記載のとおり、CD-ROM の英文契約書例において［●●］と表示された箇所に、当事者を適宜記入してください。

［XXX］として、特定の条項や数字等を記入しないままにしてある括弧の表示もありますが、そこには、条項、日付又は金額等を適宜記入してください。

英語の名詞は、通常、例えば、“apple” “apples” のように単数形と複数形があります。括弧に数字を記入した場合には、その数字と後に続く名詞が単数形か複数形かということが合致するように注意してください。例えば、“［two (2)］ weeks” の括弧内の数字を［one］に変更した場合には、one week となるように、weeks を week という単数形に全て変更してください。

また、1年間“［one (1)］ year”を、6週間とする場合には、six (6) weeks というように、year を weeks に変更するのを忘れないようにしてください。

括弧でくくられた［文章］は、当該文章を入れておくオプションがあるということを意味します。なお、契約条文のオプションとして、長い文章を示した場合には、括弧の中の文章に網掛けをしていません（労働契約書「査証（ビザ）」）。

［**Article XX. Immigration Status**

During the term of this Agreement, the Employee shall be solely responsible for maintaing…

…in accordance with Article 3.3 (b) above.］

上記のような、長く、そのまま契約条項案として利用できる文章の場合には、CD-ROM の英文契約書例においても、［英文文章］としていますので、適宜、残すか、削除するかも含めて検討してください。

本書の契約書例において括弧でくくられた［surviving General Terms and Conditions（有効としておくべき一般条項）］については、CD-ROM の英文契約書例には、具体的な条項数が記入されています。

上記いずれの場合も、記入後、［　］（括弧）は必ず削除してください。

(9) 本書の契約書例については、一般条項のスペースを省略するために、一般条項を記載していませんが、定めるべき場所に［General Terms and Conditions］〔一般条項〕として示してあります。いくつかの契約書例の［General Terms and Conditions］〔一般条項〕の箇所には、その契約については、除外しておくべき一般条項はどれか等の説明を付しています。なお、CD-ROM の英文契約書例には、本書の契約書例において省略した一般条項についても、その契約に必要な条項を収録しています。

# 附属 CD について

本書には CD-ROM が附属し、「第 2 部　英文契約書の文例集」に掲げた英文契約書の文例 20 個が Word® 形式で収録されています。この 20 個の文例には本書の文例に対応した通番がファイル名に付されており、各ファイルはパソコン画面上で文例をご参照いただくことができ、また、同ファイルをコピーしてパソコン上にペースト（貼り付け）し、編集して独自の英文契約書を作成することができます。

**《動作環境について》**

本製品は、Microsoft® 社の Word® 2003/2007/2010 が使用できるパソコンの動作環境で、お使いいただけます。

Word® は Microsoft® 社の提供する製品ですので、Word® について詳しくは Microsoft® 社のホームページ等でご確認ください。Word® の動作や設定等に関するお問い合わせには弊社ではお答えできませんので、あらかじめご了承ください。

**《ご注意いただきたいこと》**

CD-ROM 収録の英文契約書文例では、個別の契約内容に応じてお客様に書き換えていただく部分を明示するために「[●●]」と表示しています。

アルファベットや数字等は 1 バイト文字ですが、「●」は 2 バイト文字ですので、海外規格の OS が搭載されたパソコン動作環境で「●」を含む文書ファイルを開くと、「●」が文字化けして表示されるおそれがあります。

お客様が CD-ROM 収録の英文契約書文例を編集して英文契約書を作成される際は、文例中「[●●]」と表示された箇所をアルファベットや数字等を用いて適宜書き換えていただき、「●●」はすべて削除されますよう、お願いいたします。

また、「[　]」は、その箇所を明示するため便宜上用いた記号ですので、お客様が作成される英文契約書からは削除されますよう、お願いいたします。

※Word® は Microsoft Corporation の登録商標です。

# 使用許諾・著作権に関する注意事項

## ― お 客 様 へ ―

**本書のCD-ROMをご使用になる場合は，下記の【使用許諾】の各条項につき，お客様の同意を得られたものとさせていただきますので，必ずご一読をお願い申し上げます。**

## 【使用許諾】

1 （著作権） 本製品の著作権は弊社にあります。

2 （使用条件） (1) お客様は本製品を１台のコンピュータで使用いただくことができます。
(2) お客様は本製品をコンピュータネットワーク上の複数のユーザによって使用することはできません。

3 （禁止事項） (1) 本製品の一部又は全部の複製を禁止します。
(2) お客様は，弊社の許可なく本製品の譲渡・貸与又は第三者への再使用権許諾はできません。
(3) お客様は，弊社の許可なく本製品の一部又は全部を使用して創られた二次製品の第三者への再使用権許諾はできません。

4 （保　証） (1) 弊社は，お客様が本製品を購入された際に本製品が収められている媒体に物理的に欠陥があった場合において，製品を無料交換いたします。ただし，日本国内に限ります。
(2) 弊社は，本製品に含まれる機能が，お客様の目的に適合することを保証するものではありません。お客様が期待する効果を得るためのソフトウェアの選択導入・使用及び使用結果につきましては，お客様の責任とさせていただきます。

5 （免　責） 弊社は，本製品の使用によりお客様又は第三者が被った，直接的又は間接的ないかなる損害についても責任を負わないものとします。

6 （契約期間） (1) 本使用許諾はお客様が本製品を受領した日に発効します。
(2) 弊社は，お客様が本使用許諾の条件・条項のいずれかに違反されたときは，本契約を終了させることができます。この場合お客様は，速やかにお客様のご負担で，本製品その他の製品一切を弊社に返却していただくものとします。

7 （裁判管轄） 本使用許諾にかかわる紛争は，東京地方裁判所を第一審の専属的合意管轄裁判所として解決するものとします。

# 参 考 文 献

英文契約 100 Q&A
著　者：長谷川　俊明
発行者：相澤　幸雄
発行所：社団法人商事法務研究会
平成 12 年 11 月 3 日　初版第 1 刷発行

新・法律英語のカギ
著　者：長谷川　俊明
発行所：レクシスネクシス・ジャパン
2005 年 8 月 4 日

英文契約書ドラフティングハンドブック
著　者：宮野　準治、飯泉　恵美子
発行所：株式会社ジャパン・タイムズ
2001 年 9 月 5 日　初版発行

使いこなしたい　ビジネス法務英文グロッサリー
著　者：原　　秋彦
発行者：松澤　三男
発行所：株式会社商事法務
2004 年 1 月 20 日　初版第 1 刷発行

貿易取引〔再訂版〕〈有斐閣選書〉
編　者：石田　貞夫・東京銀行貿易投資相談所
発行者：江草　忠允
発行所：株式会社有斐閣
昭和 53 年 8 月 30 日　再訂版初版第 3 刷発行

入門の入門　貿易のしくみ
著　者：梶原　昭次
発行者：中村　洋一郎
発行所：株式会社日本実業出版社
2002年5月20日　第20刷発行

JCAジャーナル　2011年4月号　第58巻4号（通巻646号）
編集兼発行人：山本　幸助
発行所：一般社団法人日本商事仲裁協会
2011年4月10日発行

実践貿易取引
著　者：新堀　　聰
発行者：上田　克己
発行所：日本経済新聞社
1998年12月7日　1版1刷

契約管理と契約書　Contract Management and Contract
執筆者：吉田　伸一、山崎　晋
UNISYS TECHNOLOGY REVIEW 第67号、NOV. 2000

外為法Q&A（資本取引編）（対内直接投資編）
日本銀行国際局　国際収支課　外為法手続グループ
平成23年10月改訂

トップ・ミドルのための　採用から退職までの法律知識〔十三訂〕
著　書：安西　愈
発行所：株式会社中央経済社
2010年9月15日　十三訂版発行

アドバンス　新会社法〈第3版〉
編　者：長島・大野・常松法律事務所
発行所：株式会社商事法務
2010年9月10日　第3版第1刷発行

合併ハンドブック
編者代表：玉井　裕子
編集担当：滝川　佳代、大久保　圭
著　者：岩崎　友彦、宰田　高志、酒井　竜児、高井　伸太郎、服部　薫
発行所：株式会社商事法務
2010年5月

M&Aを成功に導く　法務デューデリジェンスの実務〈第2版〉
編　者：長島・大野・常松法律事務所
発行所：株式会社中央経済社
2009年1月27日

独占禁止法の法律相談〔新訂版〕 新・青林法律相談⑯
著　者：小林　覚、渡邉　新矢、根岸　清一、福井　琢、平田　厚、
　　　　柄澤　昌樹
発行所：株式会社青林書院

改正独禁法の実務対応
編　者：中央経済社
発行所：株式会社中央経済社
2009年9月20日　第1版第1刷発行

一人でつくれる契約書・内容証明郵便の文例集－記載例CD-ROM付き－
著　者：安達敏男
発行所：日本加除出版株式会社
平成22年9月24日　初版第2刷発行

実践！　債権保全・回収の実務対応　担保の取得と実行のポイント
監　修：中井　康之
編　著：堂島法律事務所
発行所：株式会社商事法務
2008年11月23日　初版第1刷発行

# 目　次

## 第２部　英文契約書の文例集

# 第1部 総 論

## 1. 英文契約の基礎知識

### (1) 国際取引といえば「英文契約書」

現在、日本の大企業のみならず、中小企業、個人事業者においても、海外との取引は日常のものとなっています。このような国際取引には日本語で記述された契約書ではなく、ほとんどの場合、英文契約書が用いられています。

海運・貿易の分野において、イギリスが、船荷証券（bill of lading）や傭船契約書（charter party）などの英文契約を標準化してきたことや、保険・金融の分野においても、長く主導権を握ってきたという歴史的事実、また、現代では、アメリカ合衆国（米国）が、国際政治・経済において強大な影響力を持ち、国際取引で用いられる通貨が基本的には米国ドルであること等が、英文契約書が、国際取引における標準的な契約書とされている理由であると考えられます。

そして、日本の企業であっても、国際ビジネスにおいては、海外の相手方が英語を公用語としている場合には、通常、英語を共通語として使用しますし、そうでないとしても（例えばアジア諸国）、お互いの母国語のいずれかを使用するのではなく、公平性の観点から、英語を使用しています。こうした英語の国際性は、インターネットを介した通信や取引によって、ますます一般化したということができます。

このように、国際ビジネスでの通常の使用言語が英語であることから、交渉による当事者の合意を記した契約書は、おのずから、英文を用いて作成するのが、合理的であるということもできるのです。

ただし、国際取引において標準とされる英文契約書とは、単に、契約書を英文で記述したもの、例えば、日本国内取引の日本語の契約書を英文に翻訳した契約書のことではありません。それは、一定の構成のもとに、国際取引に欠かすことができない条項を含む契約書として標準化されたものを意味するのです。

また、英文契約書の中で使われる用語についても、独特なものがあります。例えば、「may～」は、「～することができる」つまり、その権利があるということを意味し、「shall～」「will～」は「～しなければならない」つまり、その義務があるということを意味します。また、「material」という形容詞は、英和辞典では「裁決に影響のある」「重大な」「重要な」等と和訳が載っていますが、英文契約書で「material～」の意味するところは、「裁決に影響のないものではない」「ささいなものではない」というように、若干広めに理解しなければなりません。そのため、本書の契約書例の和訳においては、「重大な（ささいなものではない)」「重要な（ささいなものではない)」と表記しています。

### (2)　英文契約書の特徴

英文契約書は、英文で記述してあるばかりか、「長く、具体的で細かく、分厚い」のが一般的です。それに対して、日本国内取引で用いられる日本語での契約書は、「そう長いものではなく、そう詳しくなく、漠然とした条項も見受けられ、協議条項がある」ことが多いのではないでしょうか。

このような違いが現れるのは、まず、英米法は、日本法と比較して、取引法の分野において成文法（例えば、民法や商法等）で定められている範囲が狭いことから、当事者間の取引に関してその契約書に記載しておくべき範囲が広くなり、条項も多くなるということを理由の一つとして掲げることができると考えられます。

もう一つは、外国人と日本人の契約についての考え方の違いに由来します。外国人は、知らない相手（例えば、取引実績がない、紹介者のない相手等）も取引の相手方候補として、広く受け入れ、多くの候補の中から、条件のよい相手方を選んで取引を行おうとする傾向があるといわれています。もちろん、交渉の過程で、相手方への一定の信頼を持つことができたからこそ、取引を行うと決め、契約書を締結する段階まで進むわけですが、知らない相手方との取引について、合意した取引条件を証するための契約書は、合意の内容をできるだけ細かく具体的に記述するとともに、相手方と契約書に定めた条文の解釈が異なったり、相手方が契約違反をすることや、更には紛争が発生することをも想定して、これらをどのように解決するかについても、あらかじめ、細かく具体的な条項を合意して定めておくべきであるという考え方に基づいて作成することになります。そこで、英文契約書は、「長く、細かく、具体的で、分厚い」ものとならざるを得ないわけです。

一方、日本人は「ムラ社会」において、取引の相手方としても、信頼できる相手（取引の実績がある、紹介者がある相手等）を選ぶことが多いので、一貫して、相手方への信頼が基礎にあり、何かあれば、当事者間の協議で解決できるであろうという期待を持っていますので、契約書は、一応、合意内容を書面にしておくといった形だけのものとして捉える傾向があります。そこで、日本国内取引の契約書は「そう長いものではなく、そう詳しくなく、漠然とした条項も見受けられ、協議条項がある」契約書が多いのです。

## 2. 有利な英文契約書を締結するには

### (1)　交渉で提示される契約書案

国際取引において、取引の条件の骨子が合意された段階で、海外の相手方から送付されてきた「長く、細かく、具体的で、分厚い」契約書に、日本の当事者が、上記取引の条件の骨子に反する記述がないかのみを確認しただけで、そのほかの条項中に、自分に不利な部分が存するというのに、あるいはそのような条項が存するかどうか精査すら行わず、そのままサインしてしまうということも少なくないと聞きます。

なぜ、このようなことになってしまうのでしょうか。

国際取引の交渉においては、当該取引についての詳細にわたる当事者間の合意が全て成立した後に、契約書をまとめて文書化するわけではありません。通常は、当事者間において、取引の条件の骨子が合意されると、それから詳細な取引の条件の合意の成立までに、当事者間で、何回も、詳細な取引条件の申込み、対案の申込み、変更申入れ、承諾などが繰り返されて、最終的に合意が成立するのですが、これらの詳細な取引の条件についてのやりとりは、文書や契約書案によって行われます。

つまり、当事者の一方が他方当事者に対して、契約書案を送付し、他方当事者が、これを修正、追加、削除して、一方当事者に送り返し（ただし、相手方から送付された契約書案を拒否して、対案として自ら作成した契約書案を送付することもあります。)、また、一方当事者が、同様のことをして他方当事者に送付するという契約書案のやりとりを、何回か繰り返すことにより、最初に合意した取引の骨子を含めての最終的な詳細な取引条件についての合意に達するとともに、同時に、その最終的な合意が反映された契約書が完成することになるのです。

この詳細な取引条件についての交渉段階では、前述のとおり、海外の相手方は、取引に関して想定される権利義務、リスク等諸条件については、全て網羅して、自己に有利な主張を盛り込んだ「長く、細かく、具体的で、分厚い」英文契約書を締結すべく、自らに有利な条件を繰り返して強く主張してくるということができます。したがって、日本の当事者に対しても、先手必勝とばかりに、すぐさま自分に有利な契約書案を送付してきます。そして、それに対して、相手方から、変更や対案が示されたとしても、さらに、それを再変更したり対案を出したりといったことを、当然のように実践するのです。

一方、日本の当事者は、契約書は形式的なもので、契約書に定めのないことについては、「協議条項」を設けて、後日の話合いにより解決しようとする傾向があることについては、前述のとおりです。また、取引条件の骨子が決まった段階において、海外の相手方から送付されてくる、長く、細かく、具体的で、分厚い書面に加えて、そこに、社長又は相当のポストにある人とおぼしき人物の署名までなされている「英文契約書案」には、日本の当事者をして「もう、これ以上、この契約書を変更する交渉の余地などないのではないか。」と思わせるのに十分な威圧感が存します。また、このような英文契約書案を精査して、分析して、交渉するための時間と専門家費用を日本の当事者に計算させて、こうした作業と交渉を断念させるといった効用もあると考えられます。そのような次第で、日本の当事者が、海外の相手方から提示された契約書案については、「形だけのものだから」、「合意した取引の骨子については反映されていることを確認したので」などとして、格別の異論を唱えることなくサインをしてしまうといったことが起こるのではないかと思われます。

しかし、契約書とは、取引についての、当事者間の条件等合意事項の一切を文書化したものです。日本の当事者が、海外の相手方に有利な詳細条件

（ほぼ間違いなくそうなっていることでしょう）が記載されている契約書案を、検討・交渉もせず、そのまま契約書を締結してしまうというのは、契約書作成についての誤った対応方針であり、将来、当該取引に関しての大きなリスクを背負い込むことに他なりません。

### (2) 書式の準備

国際取引の条件交渉において、自らに有利な条件を勝ち取るためには、まず、自社に有利な契約書案を相手方に素早く送りつけることが、有効な作戦ということができます。

海外の相手方の多くは、自社に有利な様々な契約書の「書式」（フォーム）を常備して、速やかに送付することができるようにしています。その書式は、契約類型（売買契約、販売店契約等）、相手方の種類（製造業者、販売店等）、及び地域（日本、アメリカ合衆国等）等に応じた多種多様なものであるのです。

したがって、日本の当事者も、国際取引を行う場合の自らに有利な英文契約書の書式を日ごろから準備して、交渉開始の際に、即時に相手方に自社の企図する取引条件が反映された契約書案を送付することができるようにしておくことが、この交渉を対等、有利に進める第一歩であるということができます。

### (3) 変更履歴（Microsoft® Word®）機能の活用

近時、国際取引の交渉においては、電子メールにより、当事者間や当事者双方の弁護士の間で、契約書案をマイクロソフト社のワードで作成して、その電子データをやり取りすることが通常の方法となってきました。そこで、ぜひ、活用していただきたいのが、マイクロソフト社のワードの「変更履歴」機能や「文書比較」機能です。

まず、「変更履歴」は、当事者双方の「加筆」「削除」及び「コメント」を、その作成者と箇所を色分けして表示する便利な機能です。契約書案について誰がいつどのような変更をどこに施したかを把握することができれば、国際取引の交渉において、複数回、複雑な条件交渉をしても混乱することなく進めることができるのです。

また、文書比較機能を利用すれば、先方が変更履歴を故意に消して、契約書案を提示していないか等も確認することができます。

このような便利な機能は、ぜひ活用するべきですが、同時に、相手方に知られたくない、当方の社内各部署担当員や顧問弁護士による変更履歴やコメントをデータとして残したまま、先方に契約書修正案の電子データを送信してしまうことがないよう慎重な取扱いが必要です。また、そもそも、やり取りする電子データには、パスワードをかけておくなど、セキュリティにも配慮しなければなりません。

### (4)　法務部員及び弁護士の活用

海外（米国、ヨーロッパ）の相手方（企業）は、法務部に多数の人員を擁して、国際取引における交渉に対応することができる体制を整えています。米国では、その法務部員は、基本的には、全員弁護士資格を保有する者であることが、大企業であれば当然であるといった状況になっています。また、必要に応じて、外部の弁護士（例えば、取引の相手方の国の弁護士事務所）も起用します。これに対して、最近では、日本の当事者（企業）も、法務部の体制を整え、社内弁護士も採用し、また、必要に応じて外部弁護士を起用して、自らに有利な契約条件を十分盛り込んだ英文契約書案を相手方に提示して、対等に交渉することも、そう特別なことではないようになってきました。しかし、企業の規模や、取引の規模によっては、まだまだ、そのようなことが難しいか、実践していないこともあります。

日本の当事者が、英文契約書作成に係る法律事務を日本の弁護士に依頼する場合には、日本の当事者自身や海外の相手方という契約当事者についての情報（商業登記簿謄本、会社パンフレット、インターネットで閲覧することができる開示情報等）、取引の内容、取引条件について、これまでの取引履歴や交渉履歴等の資料もそろえた上で、これらを説明して、当該取引における方針と詳細条件についての自らの要望を明確にその弁護士に伝えることが必要です。そして、当該国際取引の英文契約書案の作成を依頼したり（自ら起案した英文契約書案の検討・修正等を依頼することもあります。）、相手方の海外企業が作成した英文契約書案の全部翻訳を依頼して、その内容について、検討・会議をした上で、その修正案とコメントの作成をその弁護士に依頼すること等が考えられます。

上記の弁護士への依頼事項のうち、「長い」英文契約書の翻訳を弁護士に依頼したら、それだけでも弁護士費用がかなり高くついてしまうことでしょう。そこで、この翻訳については、翻訳サービス会社等に依頼するのも一つの方法です。

また、英文契約書の準拠法が日本法ではない場合、日本の弁護士では、原則として、法律的アドバイスはできません。その場合には、当該弁護士やその所属事務所を通じて、あるいは、その紹介を受けて、当該準拠法国の資格を持つ弁護士に契約書の検討や交渉の代理を依頼することが必要となります。もちろん、その場合には、相応の費用がかかりますので、日本の弁護士の意見を参考にして交渉を進めるという選択肢もありますが（繰り返しますが、日本の弁護士は、外国の法律をその準拠法とする当該英文契約書については、あくまで参考としてのアドバイスしかできません。)、その場合には、法的リスクを甘受せざるを得ないということを十分認識すべきです。

### (5) 契約管理

相手方の外国企業は、当該国際取引の英文契約書を締結したら、契約に関する業務を終わりとしてしまうのではなく、当該契約通りに当該取引が行われていくこと、紛争の発生を予防すること、及び発生した紛争の解決についての契約管理を行います。つまり、契約書と実際の取引に不一致が発生していた場合、当該不一致を関係者全員に知らせて不一致の拡大を防止したり、必要な場合には変更契約を締結したり、紛争の予防・解決等を内容とする契約管理をしています。日本の当事者においても、契約管理の重要性を認識して、これを実践すべきものといえます。

## 3. 英文契約書の構成

### (1) 構　成

国際取引には、英文契約書を用いるのが標準的なことではありますが、単に英語で記述された契約書をもって、標準的であるというわけではありません。つまり、英文契約書の内容は、取引ごとに様々ですが、一定の構成を持っています。そして、その構成は、以下のようになっています。

表題（title）

頭書（premises）
経緯（whereas clauses）
本体（operative part）……一般条項を含む。
後文（signature, etc.）
別紙（exhibits, 又は schedules）

### (2)　表　題（title）

表題（タイトル）は、契約内容を一目でわかるようにするためのものですが、これ自体には、特別の法的効果は付与されていません。英文契約書の表題としては、「～Agreement」とすることが多いようです。本書に掲げた文例にも、ほとんど、そのように表記しています。

### (3)　頭　書（premises）

本書の文例の「販売店契約書」（Distribution Agreement）（P.107 以下）を例にとると、頭書とは、以下の部分をいいます。

This Distribution Agreement (this "Agreement") is entered into as of ______ (the "Effective Date") between [Harper Enterprises Co., Ltd.], a [corporation established and existing under the laws of Delaware, U.S.A.], having its head office at [Paxson Building, 10F, 1234 Daniel Avenue, New York, New York 10001, U.S.A.] ("Vendor") and [Satonaka Enterprises Co., Ltd.], a [corporation established and existing under the laws of Japan], having its head office at [Miyazaki Building, 10F, 1-1-1 Tamakicho, Chiyoda-ku, Tokyo 101-0001, Japan] ("Distributor") (collectively the "Parties" or individually a "Party").

**和 訳**

この販売店契約書（「本契約」）は、〔年月日〕から効力を有するものとして（「発効日」）、〔Harper Enterprises Co., Ltd.〕、〔米国デラウェア州法によって設立された株式会社であって〕、その本店所在地は〔Paxson Building, 10F, 1234 Daniel Avenue, New York, New York 10001, U.S.

A.〕(「ベンダー」) と、〔里中株式会社〕、〔日本法によって設立された株式会社であって〕、その本店所在地は〔郵便番号 101-0001　日本国東京都千代田区玉木町 1 丁目 1 番 1 号宮崎ビルディング 10 階〕(「販売店」) との間にて締結された (以下、当事者を総称して「両当事者」、又はそれぞれを「当事者」という。)。

本文例の頭書には、契約の発効日、当事者の会社の種類、設立準拠法、本店住所、商号を明記してあります。

契約の発効日は、契約締結日とは異なりますので、別途定めておきます。契約書のドラフトの段階では、本文例のように空白にしておき、契約締結時までに、当事者で合意した年月日を記載するようにします。

当事者の企業についての事項は、まず、当事者を特定するために必要な事項ということができます。加えて、設立準拠法とは、その法人を設立することが定められた会社法その他の法律のことですが、設立準拠法は、当該法人を代表・代理することができる者の範囲・権限等、当該法人の行為能力や内部授権を定めていますので、国際取引においての当事者についての必要情報ということができます。米国の場合には、設立準拠法は州によって異なりますが、米国の大企業の設立準拠法として多くみられるのは、その本店所在州にかかわらず、デラウェア州の会社法です。これは他の州に比べ、会社の設立や解散が容易で、多くの判例があるため裁判が予測可能であることによります。

また、本文例の頭書に記載したこれらの情報は、契約の内容に密接に関連します。また、税金支払地の判断要素ともされます。

しかし、契約締結地の記載はしていません。契約締結地は、準拠法や裁判管轄の決定についての一要素ともいえますが、国際契約の場合には、契約の締結は、同じ場所に当事者が一同に会して調印式を行うようなケースはまれであって、通常は、遠隔地の当事者が、それぞれ契約書に署名を行って、これを交換しあう方法がとられることから、契約締結地の記載をすることはむしろ少ないということができます。

したがって、本契約書例においては、契約締結地を記載しておらず、一方、後述の一般条項において、準拠法や裁判管轄を定めるようにしてあります。

なお、日本の印紙税法によれば、契約締結地が日本である場合には、所定の印紙を貼付しなければなりません。これについては、遠隔者の当事者が、それぞれの地で当該契約書に署名したような場合には、後から署名した場所をもって当該契約締結地であると解されています（国税庁 HP,質疑応答事例,印紙税,外国で作成された文書 http://www.nta.go.jp/shiraberu/zeiho-kaishaku/shitsugi/inshi/06/02.htm）。

### (4)　経　緯（whereas clauses）

英文契約書の経緯は、多くの場合、いくつかの whereas ではじまる文章からなります。これは、whereas clauses とよばれていて、当事者が契約を締結するに至った目的、動機、及び背景等経緯を説明するためのものです。日本語の契約書には、あまり見かけることはできませんが、英文契約書には、通常この経緯が記載されています。本書の契約書例の「販売店契約書」では、以下の RECITALS（＝経緯）があります。

**RECITALS**

WHEREAS, Vendor manufactures and sells the [computer servers and related products] described in Exhibit "A" and desires to appoint Distributor as its [exclusive/non-exclusive] distributor of such products in the Territory (as defined below); and

WHEREAS, Distributor desires to become the [exclusive/non-exclusive] distributor in the Territory of the products listed in Exhibit "A";

NOW THEREFORE, the Parties mutually agree to enter into this Agreement in accordance with the terms and conditions stated herein.

和訳　　**経　緯**

ベンダーは、別紙Ａ記載の〔コンピュータサーバー及び関連製品等〕を製造し販売しており、（以下に定義する）販売地域において、この製品の〔独占的／非独占的〕販売のために、販売店を選任することを希望している。そして、

販売店は、別紙A記載の製品の当該地域における〔独占的／非独占的〕販売店になることを希望しており、

そこで、両当事者は、ここに定められた条項と条件に従って本契約を締結することを相互に合意する。

上記を読む限り、経緯とは、何の法的効果もない、契約の目的、動機、及び背景についての単なる形式的な説明のようですが、これらの経緯が、後に続く契約本文の各条項を解釈するにあたって、契約当事者の真意を解釈する参考にされる場合もありますので、まったく法的効果がないと言い切ることもできません。したがって、その記載は、簡潔かつ正確に表現し、特に自社に関する記載については、注意することが肝要です。

ところで、上記文例には、その記述はありませんが、whereas clause の末尾に、「～を約因として（in consideration of～）、契約を締結する」と記述することもあります。これは、英米法上の契約は、原則として約因（consideration）がないと成立しないとする考え方に基づく記述です。しかし、一方当事者が、一方的に義務だけ負担する内容の契約というのは、理屈としては考えられますが、実際には、そのような契約を締結することはまれです。そのため、経緯において、わざわざ、in consideration of～と記述しない場合もあります。

もっとも、後日、約因の不存在を主張して契約の無効を争われることがないように、注意を払うべきではありましょう。例えば、売買契約書の一部を変更する場合などに、原契約（売買契約書）の売買価格のみを引き下げるような変更をその内容とする「変更契約書」（Amendment Agreement）を締結する場合には、その契約が、売主の負担だけを定めたものにならないよう、買主にも何らかの負担（購入時期の変更など）を定めておいたり、そのほかの権利義務については、原契約（売買契約書）記載のとおりである旨を明記する等のことが考えられます。

### (5) 本　文（一般条項を含む）

本文については、各取引の内容によって異なりますので、各契約書例をご参照ください。また、その中に含まれる一般条項については、次の「4. 一

般条項」をご参照ください。

### (6)　後　文（signature，etc.）

英文契約は、前述の(3)頭書、(4)経緯及び(5)本文を経て、最終部の「上記契約の証(あかし)として、両当事者は本契約書を作成する」旨の文言及び署名欄への署名によって完結されます。

IN WITNESS WHEREOF, the Parties hereto have caused their duly authorized representatives to execute this Agreement on the dates set forth under their signatures.

| [SATONAKA] | [HARPER] |
|---|---|
| By: ____________________ | By: ____________________ |
| Name: | Name: |
| Title: | Title: |
| Date: | Date: |

**和 訳**

上記の証(あかし)として、両当事者は、署名欄記載の日に、正当な権限を持つ代表者によって署名せしめ本契約を締結するものとする。

| 〔里中社〕 | 〔HARPER 社〕 |
|---|---|
| 氏名 | 氏名 |
| 役職（部署） | 役職（部署） |
| 日付 | 日付 |

通常は、両方にオリジナルの署名がある契約書2通を作成して、各自1通を保有することになりましょうが、一般条項の「契約の締結」の方法による契約締結方法をとることも可能です。

また、署名欄については、遠隔地で署名を行う場合には、署名の日が異なることになります。この場合、契約締結日は、後から署名した日ということになります。

両当事者の合意によって、契約締結日をバックデートする（遡った日付とする）こともしばしば行われることですが、その場合には、バックデートした契約締結日から実際の契約締結日までの間において、両当事者とも、本契約の債務不履行となるような事実がないことを確認しておくべきです。

## 4. 一般条項

英文契約書には、契約の種類を問わず必ず含まれているいくつかの条項があります。これらは、通常、一般条項と呼ばれており、これらを含めることによって、英文契約書は、ますます細かく、具体的で長くなっているのです。

本書では、一般条項の例として、「通知」「変更」「権利放棄」「分離」「完全合意」「不可抗力」「両当事者の関係」「譲渡不能/承継人及び譲受人」「第三者の利益」「見出しは参考」「英語での交信」「準拠法及び紛争解決機関」「契約書の締結」「弁護士への相談」を掲げましたが、このように、一般条項は、多数あります。

そして、これらは、取引の内容そのものを定める内容というよりも、当事者間での意見の不一致や、紛争が発生したときのために役立つ条項、いわずもがなの条項など、日本の当事者が、「何も今からこんなことまで定めておかなくともよいではないか」と思わずにはいられないような内容まで含まれています。英文契約書において、このような一般条項を定める理由は、英米法が慣習法の体系であって、日本の民法、商法のような成文法文化とは異なることや、契約書は、相手方との意見の不一致や、紛争の発生があったときのために作成するものであるという意識があるからです。

もっとも、英文契約書には、本書例示の一般条項を全て定めておかなければならないという訳でもなく、例えば、英文契約書があまりにも長くなってしまうような場合には、省略しても構わない一般条項もあります（「第三者の利益」「弁護士への相談」等）。また、契約の内容によっては、不要となる一般条項も存します（販売代理店契約中の「両当事者の関係」条項等）。

いずれにしても、日本の当事者は、英文契約書には、必ず一般条項が含まれているということを認識して、これらを正しく理解した上で、当該契約書案を検討することが必要とされます。

## 5. 英文契約書と貿易取引

### (1) 貿易取引とインコタームズ

海外の相手方との売買契約や代理店契約等には、商品・製品の輸出入の貿易に関する取引条件を定める条項が、必ずといってよいほど含まれています。具体的には、商品・製品の価格、引渡条件、危険負担、国内運送、輸出入許可の取得及び通関手続遂行、運送契約や保険契約締結義務が売主、買主のいずれにあるか、また、これらに関連する事項を英文契約書中に定めることになります。

これらの貿易に関する取引条件としては、国際商業会議所（International Chamber of Commerce, ICC）が、定型的取引条件について定めたインコタームズ（Incoterms: International Commercial Terms）という国際規則が存します。この規則は、各国それぞれの商習慣から起きる貿易に関する取引条件についての理解の違いや、紛争を防止することを目的として、1936年に制定されたものです。以来、改正を重ねて今日に至っています。そして、英文契約書中では、インコタームズを引用して、貿易に関する取引条件を合意することが数多く見受けられます。

### (2) インコタームズの定める取引条件

2010年に改訂されたインコタームズ（インコタームズ2010、2011年1月1日発効）は、この取引条件として、11の条件を定めています。また、この改訂版では、これまで国際貿易取引に適用する規則として使われてきたインコタームズを、国内での売買契約にも使用可能な規則とし、副題を「ICC Rules for the Use of Domestic and International Trade Terms（国内及び国際取引条件の使用に関するICC規則）」としています。

これらの取引条件として定められているのは、売主・買主間の引渡場所・危険の移転、それぞれの当事者の役割や費用負担（輸出入許可取得・輸出通関手続遂行・運送（本船等）手配・運送契約締結・保険手配・契約締結）等の基本的な条件です。また、これらの取引条件は、常に価格に連動させて使用されます。例えば、売主を日本企業、買主を外国の企業とする売買契約に

## ① 全ての単数・複合運送に適用する規則

| | 条件 | 危険の移転 | 価格に含まれる費用 | 輸出許可 | 通関手続 | 運送契約 | 保険契約 |
|---|---|---|---|---|---|---|---|
| EXW | Ex Works<br>**工場渡し** | 売主の工場・倉庫等で買主が引き取ったとき | 通常梱包代 | 買主 | 買主 | 買主 | 買主 |
| FCA | Free Carrier<br>**運送人渡し** | 売主が指定した場所で買主が指定した運送人の管理下に引渡したとき | 輸出用梱包<br>引渡場所までの運送費 | 売主 | 売主 | 買主 | 買主 |
| CPT | Carriage Paid To<br>**運賃込み** | 買主が指定した場所までの運送人を売主が手配し、その運送人に引渡したとき | 輸出用梱包<br>運賃 | 売主 | 売主 | 売主 | 買主 |
| CIP | Carriage and Insurance Paid To<br>**輸送費保険料込み** | 同上 | 輸出用梱包<br>運賃<br>保険料 | 売主 | 売主 | 売主 | 売主 |
| DAT | Delivered at Terminal<br>**ターミナル持込渡し** | 指定仕向地におけるターミナルで物品が到着した輸送手段から荷降ろしされた後、買主の処分に委ねられたとき | 輸出用梱包<br>運賃 | 売主 | 売主 | 売主 | (売主)<br>売買契約上の義務ではない |
| DAP | Delivered at Place<br>**仕向地持込渡し** | 指定仕向地において、荷降ろしの準備ができている状態で、到着した輸送手段の上で、物品が買主の処分に委ねられたとき | 輸出用梱包<br>運賃 | 売主 | 売主 | 売主 | 同上 |
| DDP | Delivered Duty Paid<br>**関税込み持込渡し** | 指定仕向地において、荷降ろしの準備ができている状態で、到着した輸送手段の上で、輸入通関をすませ、物品が買主の処分に委ねられたとき | 輸出用梱包<br>運賃<br>輸入に係るVATやその他の税金 | 売主 | 売主 | 売主 | 同上 |

### ②　海上及び内陸水路運送のための規則

| | 条件 | 危険の移転 | 価格に含まれる費用 | 輸出許可 | 通関手続 | 運送契約 | 保険契約 |
|---|---|---|---|---|---|---|---|
| FAS | Free Alongside Ship **船側渡し** | 両当事者が合意した輸出港で、買主が指定した船舶の船側に埠頭又は艀で売主が貨物をつけた時点 | 輸出用梱包費<br>船側までの運送・運搬費 | 売主 | 売主 | 買主 | 買主 |
| FOB | Free On Board **本船渡し** | 両当事者が合意した輸出港で、買主が指定した本船の上に置かれたとき | 輸出用梱包<br>本船積込費用 | 売主 | 売主 | 買主 | 買主 |
| CFR (C & F) | Cost and Freight **運賃込み** | 同上 | 輸出用梱包<br>本船積込費用<br>海上運送費 | 売主 | 売主 | 売主 | 買主 |
| CIF | Cost, Insurance and Freight **運賃保険料込み** | 同上 | 輸出用梱包<br>本船積込費用<br>海上運送費<br>保険料 | 売主 | 売主 | 売主 | 売主 |

おいて、ある製品の価格として、契約書中に「US＄20,000.00 CIF Penang, Malaysia」と記載されている場合には、その価格には、売買契約の対象となる物品代金（Cost）、それらを日本において船積みするまでの費用一切、仕向地（マレーシア、ペナン）までの海上運賃（Freight）、海上保険料（Insurance）が含まれることを意味します。ただし、これらの取引条件は、支払方法、物品の所有権移転時期、債務不履行の効果等については定めていません。

インコタームズ2010が定める取引条件は、その輸送の種類によって次の2つのグループ（①及び②）に分けられています。そして、インコタームズ2010には、本船の船上に置かれる前に運送人に商品・製品が引き渡される場合、例えばターミナルで引渡されるコンテナに入っている商品・製品の場合には、FCA, CPT, CIPが用いられるべきであると解説されています。

なお近時、DDPが用いられることも多いと聞きますが、明らかに売主が輸入地で輸入通関をすることが不可能な場合は、DAPを用いるべきです。

### (3) 信用状による貿易取引代金の決済

外国の当事者との取引では、売主の代金回収を確実なものとするために、その支払方法として信用状（Letter of Credit, L/C）を用いることがあります。L/Cとは、買主に代わって、銀行が、一定期間、一定金額の支払を保証する信用状のことです。

L/Cの解釈に関しては、ICCが、1933年、「荷為替手形信用状に関する統一規則及び慣例」（信用状統一規則）を制定しており（2007年改訂）、これが、多数の国と地域の銀行に採択され、国際的規則となっており、各銀行はこれに従っています。

貿易取引に使用されるL/Cは、荷為替信用状（Documentary L/C）といい、買主（輸入者, L/C Applicant）の依頼によって、信用状開設銀行（L/C Opening Bank）が、売主（輸出者, L/C Beneficiary）に対して、自行又は買主（輸入者）を手形上の支払人として、荷為替手形を取り組むよう指示し、その買取りのために必要な船積書類の提出等の条件を定めている書状形式の保証状です。

開設銀行は、買主（輸入者）の依頼に基づきL/Cを開設すると、輸出国にある取引銀行（通知銀行、Advising Bank）に連絡し、通知銀行は、L/Cの到着を売主（輸出者）に通知します。売主（輸出者）は、商品を船積みすると、荷為替手形及びL/Cにより要求されている船積書類を揃えて、買取銀行（Negotiating Bank,通知銀行が兼ねることが多い。）に提出し、買取銀行は、これらの船積書類がL/Cの定める条件に合致していれば、当該手形を引き受けて、その手形金額を支払います。こうして、売主（輸出者）は、代金の決済を受けることができるのです。

L/Cには、取消しが可能なものと不能なものが存しますが、売主（輸出者）としては、取消不能信用状（Irrevocable L/C）を要求すべきであって、売買契約書中に売買代金支払方法として、これを定めるべきです。

L/Cにより荷為替手形買取りのために要求される船積書類（Shipping Documents）としては、商業送り状（Commercial Invoice）、船荷証券（Bill of Lading）又は航空貨物運送状（Air Waybill）、保険証券（Marine Insurance Policy）、パッキングリスト（Packing List）、原産地証明（Certificate of Origin）、重量容積証明書（Certificate of Weight and/or Measurement）等の書類があります。買取銀行は、売主（輸出者）から提

出された船積書類がL/Cに定められている書類の形式、内容、字句に合致しているか精査確認し、これに不一致が存する場合には（ミスタイプのような誤りであっても）、荷為替手形買取りを拒否します。売主（輸出者）は、実際に、L/Cに定められているとおりに物品を船積みしなければ、L/Cにより要求されている船積書類を入手できず、買取銀行から輸出代金の決済を受けることができませんが、このL/Cには、もともと売買契約書に定める条件が記載されていますので、要するに、売主（輸出者）は、売買契約をきちんと履行しないと、L/Cによる代金決済を受けることができないのです。

このように、L/Cを利用することにより、売主（輸出者）は代金回収リスクを保全することができ、一方、買主（輸入者）は、商品・製品入手リスクを保全することができるのです。

L/Cを開設するためには、買主（輸入者）は、まず、取引銀行との間で、商業信用状約定書と輸入担保荷物保管に関する約定書を締結した上で、売主（輸出者）との売買契約に基づいて、L/Cを開設するための信用状開設依頼書に輸入報告書、輸入許可証、又は輸入承認書等必要書類を添えた書類一式を当該取引銀行に提出します。また、これによってL/Cを開設する開設銀行は、買主（輸入者）の信用状態に応じて預金等の担保設定を要求します。外貨建てのL/Cの場合には、為替リスクがありますので、銀行は、L/C金額を割り増して、担保設定を要求してくる場合もあります。L/Cを開設するためには、開設銀行のL/C開設手数料もかかりますので、買主（輸入者）には、相当な費用負担が存することに留意すべきです。

### (4)　信用状によらない輸出代金決済

L/Cによらない輸出代金決済の方法としては、荷為替手形付決済である、D / P （Documents against Payment） とD / A （Documents against Acceptance）と、為替手形を使用しない、為替銀行から売主（輸出者）の取引銀行の口座に電信で送金するTT（Telegraphic Transfer）、郵送で送金するMT（Mail Transfer）、為替銀行に送金小切手DD（Demand Draft）を作成してもらい、これを売主（輸出者）に直送する方法があります。

# 第2部　英文契約書の文例集

## [一般条項]

目　次

## ■通　知

**Article XX. Notices**

All legal notices relating to this Agreement shall be made in writing and shall be sent by registered or certified airmail, with receipt confirmed by a signed return receipt or internet tracking, or by facsimile transmission, to the following respective addresses/facsimile numbers of the Parties or to such other addresses/facsimile numbers as the Parties may designate in writing from time to time in accordance with this Article. If sent by airmail, the notice shall be deemed to be received [ten (10)] business days after the date of postmark or on such earlier actual delivery date as is evidenced by the signed return receipt or internet tracking. If sent by facsimile, the notice shall be deemed to be received on the date of transmission. However, if any notice is received or deemed to be received after normal business hours or on a non-business day at the place of receipt, the notice shall be deemed to be received on the following business day.

[Satonaka]:

[Satonaka Enterprises Co., Ltd.]
Attention: [Mr. Makoto Satonaka, President]
[Miyazaki Building, 10F
1-1-1 Tamakicho
Chiyoda-ku, Tokyo 101-0001
Japan]
Facsimile: [+81-3-3333-5555]

[Harper]:

[Harper Enterprises Co., Ltd.]

Attention: [Mr. James Harper, President]
[Paxson Building, 10F
1234 Daniel Avenue
New York, New York 10001
U.S.A.]
Facsimile: [+1-212-555-7777]

**和訳** **第XX条　通知**

本契約に関する法的効果の発生要件となる全ての通知及びその他の交信は、書面によるべきものとし、書留郵便又は配達が証明される国際航空郵便（署名による受領書又はインターネットトラッキングによる受取通知サービス付）、又はファクシミリによって、以下の当事者の代表住所／ファクシミリ番号宛、又は、本条によって、当事者が書面の方式で随時指定する代表住所／ファクシミリ番号宛に送信されなければならない。国際航空郵便による送付の場合、当該通知は、郵便局の消印から〔10〕営業日後、又は、受領証又は署名による受領書又はインターネットトラッキングによる方法によって証される実際の受領日のいずれか早い日に受領されたものとする。ファクシミリによって送信された場合には、通知は送信日に受領されたものとみなされる。ただし、受領場所において、通常の営業時間の後、又は非営業日に受領された場合には、その通知は、翌営業日に受領されたものとみなす。

〔里中社〕：
宛名：〔里中　誠人　社長〕
〔郵便番号 101-0001　日本国東京都千代田区玉木町 1 丁目 1 番 1 号宮崎ビルディング 10 階〕
ファクシミリ番号：〔+81-3-3333-5555〕
〔HARPER 社〕：
宛先：〔Mr. James Harper, President〕
〔Paxson Building, 10F, 1234 Daniel Avenue, New York, New York 10001 U.S.A.〕
ファクシミリ：〔+1-212-555-7777〕

**《解 説》** 通知は、何らかの法律効果の発生の要件になっていることがありますので（例えば契約の解除通知）、「通知条項」として、通知方法と通知の効果発生時期の2つの内容から成る条項を定めておくことが一般的です。

通知は、書留郵便、配達が証明される国際航空郵便（日本郵便が取扱っている国際郵便の中では、EMS（国際スピード郵便）が該当します。ただし、EMSでは、配達状況の確認はできますが、受領証返送サービスはありません。）、又はファクシミリにより送付することが一般的です。この通知方法については、通知の送付及び受領の国の郵便等の実情によって、定めるべきです。そして、それぞれの送付方法についての宛先も定めておくことが必要です。通知の効力発生時期については、契約書に何も定めていなければ、当該契約の準拠法が発信主義、又は到達主義のいずれかをとっているかによりその発生時期が決まります。日本法がその準拠法と定められている場合には、日本法では到達主義をとっていますので（民法97条）、通知の効力は、原則として通知が到達した時に発生することになります。しかし、民法97条の定める到達主義は、任意規定ですので、当事者間の合意により「到達主義」の適用を排除することも可能です。

本条項では、万が一通知の到達日を確定することができない場合も想定して、通知を発信してから10営業日が経過したら受領したものとみなすと定めています。そして、実際の受領日がそれより早かった場合には、実際の受領日をもって送達日とすることが定められています。したがって、このみなし送達日に係る日数は、本条項では、10営業日と記載していますが、予想される配達日数の最長の日数を定めておくべきです。

## ■変　更

**Article XX. Amendment**

No amendment or modification to this Agreement shall be effective unless evidenced by a writing executed by both Parties.

**和訳**　**第XX条　変更**

両当事者により締結された書面による合意がない限り、本契約のいかなる変更又は修正も効力を有さない。

**《解説》**　本条項は、契約の全部又は一部を変更又は修正する場合、両当事者による変更又は修正の合意書の締結がなされなければ、たとえ、口頭、Eメール、又は署名のない書面等によって変更又は修正の合意が存する場合であっても、本契約の変更又は修正の効力は発生しないとの定めです。このように定めておくことにより、契約の変更や修正の存否が明確になります。

また、「本契約が変更又は修正されたことを主張する当事者は、相手方当事者によって署名された、当該変更又は修正に同意する書面により、その変更又は修正を立証しなければならない」旨定めることもあります。その場合には、以下のように表記します。

"No amendment or modification to this Agreement shall be effective unless evidenced by a writing executed by the Party against whom the amendment/modification is asserted."

## ■権利放棄

**Article XX. Waiver**

The failure at any time of either Party to enforce or require strict compliance with any provision of this Agreement shall in no way be construed as a waiver of such provision nor in any way be construed to affect the right of such Party to thereafter enforce that or any other provision of this Agreement.

**和 訳**　**第XX条　権利放棄**

各当事者が、本契約のいかなる条項をも遵守するように、常に執行又は請求していない場合であっても、当該条項の権利放棄とみなされるものではなく、本契約の当該条項又は他の条項を執行する当事者の権利に影響を及ぼすと解釈されるものではない。

**《解 説》**　英米法には、「債務者の契約違反に対して、債権者がその契約違反に対する権利行使をしなかったという不行為は、債権者はその権利を放棄したものと解釈される」というDoctrine of Waiver（権利放棄の原則）が存します。

例えば、相手方当事者が売買代金支払期日を数回にわたり途過していたことについて、他方当事者が相手方当事者に対して、都度、督促・請求したり、強制執行をしていなかったような場合に、相手方当事者から、この他方当事者の見過ごしの事実をもって、「貴社は、当方の支払の遅延を、数回にわたって容認してきたのだから、権利を放棄したのである。したがって、その後も、当方の同様の行為を容認すべきである」と主張される可能性があるのです。

そこで、このような相手方当事者からの権利放棄の主張が認められないように、本条項のような「相手方の契約不履行に対して、当事者が契約上有している権利を行使しなかったからといって、権利放棄や、その後の債務不履行を容認したことにはならない」旨の条項を定めておくことが一般的なのです。

このような条項が契約書に定められていない場合には、相手方当事者が履行義務を怠った場合、その不履行に対する権利の行使をしないという事実によって、その権利の放棄を容認すると解釈される可能性もありますので、注意が必要です。

## ■分　離

**Article XX. Severability**

In the event that a court or other tribunal of competent jurisdiction at any time holds that any provision of this Agreement is illegal or unenforceable, such provision shall be severed from this Agreement, and the remainder of this Agreement shall not be affected thereby and shall continue in full force and effect.

**和訳　第XX条　分離**

裁判所又は管轄の存する他の紛争解決機関が、本契約の条項が違法又は無効であると判断した場合、この条項は、本契約の条項から切り離され、本契約の他の条項は影響を受けず、執行力と効力を維持すべきものとする。

《解　説》　契約書に定められている一部の条項が、契約当事者の国あるいは準拠法・裁判管轄が属する国の法令に違反し、無効と解される可能性があります。もちろん、契約締結時においては、当事者双方が、そのような条項が契約書中に含まれることがないように精査するにしても、契約締結後の法令改正によって、そのような事態が発生してしまうこともあります。契約書中に、無効な条項が定められている場合には、当該契約書は全て無効となってしまいますと、その時点で、当該契約による取引は一切行うことができなくなってしまいますし、当事者間において、そもそも当該条項が無効であるかどうかについて争いがある場合に、当該契約書によって定められている仲裁条項等の紛争解決条項により判断を得ることもできなくなってしまうという不都合もあるのです。

そこで、そのような場合であっても、それに該当した条項のみを無効として、その他の条項や、契約書全部に影響を与えないようにするのが、この分離条項です。

## ■完全合意

**Article XX. Entire Agreement**

This Agreement, including any Exhibits attached hereto, contains the complete and entire understanding of the Parties with respect to the subject matter hereof and supersedes any prior negotiations, agreements, and understandings between the Parties with respect to such subject matter. Each Party specifically acknowledges that the other Party has made no representations or promises (written or oral) inducing execution of this Agreement other than those specifically stated herein.

**和 訳**　**第XX条　完全合意**

本契約は、いかなる添付別紙についても、本件に関連する完全で最終的な当事者の理解を含むものとし、本件に関する当事者間のこれより前の交渉、合意及び理解に取って代わるものとする。当事者は、他方当事者が、ここに記載されていること以外について本契約の締結に際して、何らの表明又は約束（書面又は口頭による）をしていないことを承知している。

**《解 説》**　契約書が、当事者間の当該権利義務の全ての最終的な合意を表すものと意図されていると認められる場合には、その当該権利義務に関しては、契約書の内容と異なる契約締結前の書面・合意等を証拠として提出することは許されないという法則（口頭証拠排除の準則）がありますが、「完全合意条項」とは、当事者が、この契約書のみが当事者の合意の唯一、かつ最終の合意内容の証拠となる旨を了解したという意味の条項です。日本の裁判所において、米国カリフォルニア州法を準拠法とする契約に関して、「完全合意条項」が契約書の中に定められている場合には、当事者は、本契約締結前の口頭そのほかの書面による合意を、当該契約書に関する解釈や別の合意が存在するとの証拠として持ち出すことができなくなるとの判例もあります（東京高裁平成22年9月29日判決　裁判所ウェブサイト）。

この完全合意条項と「変更及び修正は、当事者の合意をした証書による」という条項の双方が定められている場合には、本契約の変更及び修正は、当該契約書締結後に作成された両当事者の署名のある書面によってのみ行うことができるということになります。日本の当事者が作成する日本国内での契約書には、「完全合意条項」ではなく、「この契約に定めなき場合には、両当事者は円満協議の上、これを取り決める。」旨の「円満解決条項」を入れることが多いのですが、海外の相手方は、契約書というものは、権利義務に関して一切の疑義がないようにするために作成するものであると考えていますので、その交渉においては、契約書案に全ての条項を記載した上で、完全合意条項を入れ込んだ契約書案を提示してくるのが一般的です。

そして、完全合意条項を定めた場合には、その契約書の中に、自ら意図する条件を盛り込むことができなかった当事者にとっては、その契約書が、将来、非常に不利に働く場合もありますので、日本の当事者としては、相当注意して契約内容の交渉を行うべきであるということができます。

## ■不可抗力

**Article XX. Force Majeure**

Notwithstanding anything herein to the contrary, neither Party hereto shall be liable for its failure to perform any of its obligations hereunder if precluded by riot, epidemic, power or communication line outage, war (whether declared or undeclared), terrorist act, fire, flood, tidal wave, earthquake, or other natural disaster, nuclear accident, strike, lockout, or other labor trouble, acts or non-acts of any governmental entity or official, or any other cause beyond the reasonable control of the Party. If either Party wishes to invoke this provision, it shall promptly notify the other Party in writing of the nature of the force majeure and the affected obligations. The Party invoking this provision shall use its best efforts to minimize the effect of the force majeure.

**和訳**　**第XX条　不可抗力**

いずれの当事者も、暴動、伝染病、電力又は通信の供給停止、戦争（宣戦布告したもの、していないものを問わず）、テロ活動、火災、洪水・津波・地震又は他の天災、原子力災害、ストライキ、ロックアウト又は他の労働事件、政府又は役人の作為又は不作為、若しくはその他一切の当事者の合理的な支配を超える事由の発生により本契約に基づく義務の履行ができないことにつき、他方当事者に対し何らの責任を負わない。当事者は、本条項を適用する場合には、他方当事者に対して、不可抗力事由の性質、及びそれによって影響を受ける履行義務を書面により速やかに通知しなければならない。本条項を適用しようとする当事者は、不可抗力事由による影響を最小限度とするよう努力しなければならない。

**《解説》**　契約が締結された後に、当事者の合理的な支配を超える事由が発生して、債務の履行が不可能になることがあります。このような場合についての定めが「不可抗力条項」です。不可抗力は、英語では「Act of God」といいますが、条項の見出しとしては、「Force Majeure」を用いることが一般的です。

債務者の合理的な支配を超える事由により債務の履行が不能になった場合、日本を含めた大陸法においては、不能になった債務は消滅し、当該債務者は免責されるという考え方をとってきました。

これに対して、英米法では、契約に基づく債務は、その後いかなる事由が発生しようと免除されないことを原則としています。しかし、このような原則を貫くのみでは、不都合かつ不公平なケースもありますので、契約の後発的履行不能のうち一定の範囲の事由により履行不能となった場合には、契約を消滅させて債務者を免責させるという法原則が発展しました。そこで、この法原則を特に確実性を要求される商取引においては、不測の事態が起こった場合の契約関係の処理についての「不可抗力条項」として契約中に定めておくことが慣行となったのです。

なお、本条項では、不可抗力条項は、その発生により当然に適用されるものではなく、適用を望む当事者から相手方当事者への通知をその適用の要件とし、かつ、不可抗力条項の発生にもかかわらず、その影響を最小限に抑えるべきとの努力義務を盛り込んでいます。これは、一方当事者が債務不履行を理由に契約を解除した場合に、その時になってから、他方当事者から不可抗力であった旨の主張をされないようにするという意味もあります。

不可抗力条項の適用を排除して、他方当事者に契約の解除権を認める場合もあります。本書のいくつかの契約書例については、契約の解除条項の中に、以下のような不可抗力を理由とする解除権を定めています。

If either Party is not able to perform its obligations under this Agreement due to a force majeure as described in Article [XX], and such force majeure continues in effect for more than [three (3)] months, the other Party shall have the right to terminate this Agreement effective immediately upon written notice to the non-performing Party.

**和 訳**

いずれの当事者も、第〔XX〕条記載のとおり不可抗力により、本契約に基づく義務を履行することができなくなった場合であって、当該不可抗力事由が〔3〕か月以上継続した場合には、他方当事者は、債務不履行をした当事者に対する書面による通知によって、本契約を直ちに解除することができる。

## ■両当事者の関係

**Article XX. Relationship of Parties**

The relationship of the Parties under this Agreement is that of independent contractors. Nothing herein shall be deemed to make either Party the agent, partner, or joint venturer of the other. Furthermore, nothing herein shall be deemed to grant to either Party any right or authority to assume or to create any obligation, express or implied, on behalf of or in the name of the other Party, or to bind the other Party in any manner whatsoever

**和 訳　第XX条　両当事者の関係**

本契約に基づく両当事者の関係は、独立した契約当事者である。いかなる条項も、一方当事者を他方当事者の代理人、パートナー又はジョイントベンチャーを構成する組合員とみなすものではない。さらに、一方当事者に、他方当事者の代理人として、又はその名義で、明示又は黙示的な義務を他方当事者のために創設したり、いかなる方法によっても他方当事者を拘束する権限を与えるものではない。

**《解 説》**　本契約の締結によっても、当事者双方とも独立の当事者としての関係に変わりはなく、一方当事者が他方当事者の代理人とされたり、各当事者が、パートナーやジョイントベンチャーを構成する組合員とされるものではなく、お互い相手方当事者に対して、何らかの代理権を授与するものではない旨を明確にした条項です。

なお、本契約の内容自体が、一定の権限を他方当事者に与える内容も含む場合には、本条を入れないか、又は、「本契約に定める権限以外の権限を与えない」との趣旨に本条を修正して入れることが考えられます。

## ■譲渡不能／承継人及び譲受人

**Article XX. No Assignment/Successors and Assigns**

XX. 1　Neither Party may assign or grant a security interest in any of its rights or delegate any of its obligations under this Agreement to a third party without the prior written consent of the other Party. Any purported assignment/grant of security interest/delegation made in violation of this provision shall be null and void. Notwithstanding the above, either Party may assign all of its rights and delegate all of its obligations under this Agreement without the consent of the other Party in the case of a merger or the sale of substantially all of the assets or stock of the assigning Party, provided that the assignee assumes all of the assigning Party's obligations under this Agreement. No partial assignment or delegation shall be allowed in such a case.

XX. 2　Subject to the restrictions on assignment contained herein, this Agreement shall inure to the benefit and be binding upon the Parties and their respective successors and assigns.

**和訳**　**第XX条　譲渡不能／承継人及び譲受人**

XX. 1　いずれの当事者も、相手方当事者の書面による事前の承諾なくして、第三者に対して本契約に基づくいかなる権利の譲渡又は担保権の設定、若しくは義務の承継をさせることはできない。この条項に違反してなされた、そのように主張されるいかなる譲渡/担保権の設定/委譲も無効である。上記にかかわらず、譲渡を行う会社の合併、若しくは主たる資産又は株式の売却の場合には、当該当事者は、譲受人が、譲渡当事者の本契約に基づく全ての義務を承継することを条件として、他方当事者の承諾なくして、本契約に基づくいかなる権利も譲渡し、又は義務の承継をさせることができる。この場合には、部分的な譲渡又は承継は許されるものではない。

XX. 2　ここに定められた譲渡制限に従うことを条件として、本契約は、両当事者及び関連する承継人及び譲受人の利益になり、また、拘束する。

**《解 説》**　本契約に基づく権利義務についての譲渡制限や担保権設定を制限する規定です。英文契約書に限らず、日本国内取引の契約書においても定められることが一般的な条項です。

## ■第三者の利益

**Article XX. No Third Party Beneficiary**

This Agreement is solely for the benefit of the Parties and their successors and assigns, subject to the restrictions on assignment contained herein, and shall not be construed to confer any rights on any third parties.

**和 訳**　**第XX条　第三者の利益**

本契約は、両当事者、並びに、ここに定められる制限に従った承継人及び譲受人の利益のためのものであって、いかなる第三者に対しても権利を創設したり、与えるものではない。

**《解 説》**　本条項は、当事者が、本契約により、第三者のために何らかの権利を創設し、また、これを与えることはないことの意思を明確にしたものです。この条項がありませんと、例えば、本契約に基づいて当事者が第三者に対して何らかの行為を行うことなどが定められている場合に、当該第三者から本契約に基づいて履行請求がなされた場合に、当該権利がないということを当事者が主張できない可能性があります。

## ■見出しは参考

**Article XX. Headings For Reference Only**

All headings in this Agreement are for reference only and shall not be considered in construing the meaning of this Agreement or the intent of the Parties.

**和 訳**　**第XX条　見出しは参考**

本契約における全ての見出しは、参考に過ぎず、本契約の意味又は両当事者の意思の解釈に考慮されるべきではない。

## ■英語での交信

**Article XX. Communications in English**

All communications between the Parties relating to this Agreement

一般
条項

shall be in the English language.

和 訳　**第 XX 条　英語での交信**

全ての本契約に関連する当事者間の交信は、英語で行われるべきものとする。

《解 説》 紛争解決機関における使用言語のみならず、当事者間の平時における使用言語も定めておく条項です。

## ■準拠法及び紛争解決機関

**Article XX. Governing Law and Dispute Resolution**

XX. 1　This Agreement as well as all claims arising out of or in connection with this Agreement or the transactions contemplated by this Agreement (including all tort and other non-contract claims) shall be governed by and construed in accordance with the substantive laws of [Japan], without regard to any conflict of law principles, as if both Parties were [Japan] entities and this Agreement was to be performed entirely in [Japan]. [The parties agree that the United Nations Convention on Contracts for the International Sale of Goods shall not apply to this Agreement.] If any dispute arising out of or in connection with this Agreement or the transactions contemplated by this Agreement (including any tort and other non-contract claims) cannot be amicably resolved by the Parties, the exclusive forum for resolution of such dispute shall be an arbitration in [Tokyo, Japan] in accordance with the [Rules of Arbitration] of the [International Chamber of Commerce] [before a single arbitrator], which arbitration award shall be binding on the Parties with no right of appeal. [The arbitration shall be conducted in the English language.] [The arbitrator shall set forth his/her reasoning in support of the arbitration award.] [The arbitrator shall not award any punitive damages, and the Parties waive any claims for punitive damages they may have against each other.] The prevailing Party shall be entitled to recover its reasonable attorneys' fees and costs incurred in such arbitration.

XX. 2 This arbitration provision shall not apply to petitions for preliminary or temporary injunctive relief which may be brought in any court of proper jurisdiction.

**和 訳　第XX条　準拠法及び紛争解決機関**

XX. 1　本契約、及び本契約に起因する、又は本契約が企図する取引に関連する全ての請求（不法行為、及び他の契約に基づくものではない全ての請求を含む。）は、準拠法を決定する法律にかかわらず、両当事者が〔日本〕法人であり、かつ、本契約が〔日本〕において履行されるものと同様に、〔日本〕法を準拠法とし、解釈されるべきものとする。〔両当事者は、the United Nations Convention on Contracts for the International Sale of Goodsは、本契約に適用されないことに同意する。〕本契約に起因するか、本契約が企図する取引に関連するいかなる紛争（不法行為、及び他の契約に基づくものではない全ての請求を含む。）も、それが両当事者によって協議にて解決できなかった場合には、本紛争の専属的紛争解決機関は、〔日本国、東京〕における〔国際商業会議所〕の〔仲裁規則〕に従った仲裁とすることに、両当事者は合意するものとし、〔1名の仲裁人を選任して〕、仲裁手続を行うものとする。その仲裁判断は上訴の権利を伴わず、両当事者を拘束するものとする。〔仲裁手続は英語によって行われる。〕〔仲裁人は、仲裁判断に理由を付さなければならない。〕〔仲裁人は、懲罰的損害賠償を認める判断をしてはならず、両当事者は、請求可能な懲罰的損害賠償請求から免責される。〕勝訴した当事者は相手方当事者に対して、この仲裁に関して発生した合理的な弁護士費用及び実費を請求する権利を有する。

XX. 2　この仲裁条項は、しかるべき裁判管轄の裁判所に提訴される予備的・暫定的差止請求には適用されない。

**《解 説》**　第XX. 1条、第1文について（準拠法）

この第1文は、準拠法について定めています。国際取引の契約においては、当事者の設立準拠法、住所、履行地その他様々な契約の要素が、日本国内にとどまることなく、多国間にまたがっています。各国の法律は、内容を異にしていますので、そのため、当事者間の取決めにより、この契約が、どの国の法律に準拠して解釈されるかを合意することが必要です。

日本においては、「法の適用に関する通則法」に「法律行為の成立及び効力は、当事者が当該法律行為の当時に選択した地の法による。」（同法7条）と定められ、当事者の合意による準拠法の選択が認められていますので、日本の裁判所に国際契約に係る訴訟を提起する場合には、当事者が、当該契約に関して合意した準拠法をそのまま適用することが認められます。契約書中に準拠法を合意しておかなかった場合には、上記「法の適用に関する通則法」は、当該法律行為の当時において当該法律行為に最も密接な関係がある地の法による等と定められていますので（同法8条1項～3項）、どの国の法律が適用されるのか、契約締結時においては決まっていないことになります。したがって、当事者の合意による準拠法の選択が許される場合には、準拠法の定めは、国際取引契約における法的リスクを軽減しますので、それを合意しておくべきです。

準拠法の定めの具体的な表記方法についてですが、例えば、This Agreement shall be governed by Japanese law. との簡略な記載ですと、日本法の適用の範囲が、契約それ自体や契約に基づく権利義務に関してのみに適用されると限定的に解釈されてしまうおそれもありますので、本契約条項例では、This Agreement as well as all claims arising out of or in connection with this Agreement or the transactions contemplated by this Agreement ( including all tort and other non-contract claims ) shall be governed by and construed in accordance with the substantive laws of [Japan], として適用の範囲が、本契約や本契約に基づく権利義務に関してのみならず、本契約に起因するものや、本契約が企図する取引に関連する請求の一切（不法行為、及び他の契約に基づくものではない全ての請求を含む。）についての準拠法となる旨を明記しています。

第XX. 1条、第2文について

第2文の〔両当事者は、the United Nations Convention on Contracts for the International Sale of Goods（国際物品売買契約に関する国際連合

条約、又はウィーン売買条約ともいう。）は、本契約に適用されないことに同意する。〕との表記は、国際物品売買契約に関する国際連合条約が本契約に適用されることにより、同条約と準拠法の合意との抵触が起こらないようにするための定めです。サービス契約やライセンス契約等には適用されず、売買契約のみに適用される条約に関することですので、〔　〕を付してあります。

本条約の締約国には主要貿易国が名を連ねており（2011年9月現在、オーストラリア、中華人民共和国、フランス、ドイツ、大韓民国、ロシア、スウェーデン、アメリカ合衆国等77か国。イギリスは批准していません。）、日本の同条約の批准は、2008年7月1日、発効は2009年8月1日でした。これからしても、本条約の適用される国際的売買契約は相当広範囲であることが明らかです。一方、本条約は、当事者の合意によって適用を排斥し、又は規律内容を変更することができますので（同条約6条）、当事者が同条約の適用を望まない場合には、準拠法の合意に加えて、同条約の適用を排斥することを契約書中に明記することが必要なのです。

第2文には、紛争解決機関についても定めています。

国際契約については、当事者間においてあらかじめ紛争解決機関を合意しておくべきです。そして、本条項においては、紛争解決機関は仲裁によるとしています。

仲裁とは、第三者である仲裁人に紛争の解決を一任し、判断を下してもらって当事者はその裁定を最終のものとして従うという、民間の仲裁機関が行う裁判のことです。仲裁手続の管理、事務手続は当該仲裁機関が行います。紛争解決機関としては、裁判所が一般的ですので、契約書中に裁判管轄を合意しておくのが大半であると考えられます。しかし、仮に、相手方当事者の国の裁判所が紛争解決機関となった場合においては、他方当事者は、当該国の言語を訴訟において使用し、証拠も全て翻訳をつけなければならなかったり、当地の弁護士を訴訟代理人として委任した上で、適切な手段でコミュニケーションを行わなければならなかったりと、多大な労力と費用を強いられることになることが容易に予測できます。また、国際取引の契約書において、合意管轄を日本の裁判所と定めることができたとしても、必ずしも、日本の当事者にとって有利であるとも限りません。日本の当事者が、海外の相手方に対する何らかの請求訴訟を日本の裁判所に提起して、勝訴判決を得たとしても、海外の相手方の財産が日本に存在しなければ、改めて、海外の相手方の財産所在国等の裁判所に外国判決の承認、執行を求める訴えを提起しなければ、その判決を執行することはできません。これもまた、多大な労力と費用がかかることも考えられます。この点、仲裁判断（award）の場合は、ニューヨーク条約（外国仲裁判断の承認及び執行に関する条約）によって、外国仲裁判断の執行を容易かつ迅速にできるよう、仲裁判断で勝訴した当事者は、この条約の加盟国の裁判所に、「仲裁判断」、「仲裁合意」、及びこれらの「翻訳文」を提出すれば執行判決を得ることができます。すなわち、ニューヨーク条約加盟国においては、上記の形式的な要件を満たしさえすれば、外国仲裁判断の承認及び執行が可能であり、相手方がこれを争うことができるのは、仲裁合意の不存在、当事者能力の欠如等の理由に限定されています（同条約5条）。この点だけでも、本条項に定めるように、紛争解決機関として、仲裁を合意しておくことが、当事者双方にとってメリットが大きいものと考えられます。

仲裁機関としては、国際商業会議所（International Chamber of Commerce）、日本の国際商事仲裁協会（Japan Commercial Arbitration Association）などがあります。仲裁手続は、その仲裁機関の定める仲裁規則によることになります。

仲裁地としては、仲裁判断の執行のことまで考えて、その国（仲裁地及び仲裁判断に基づく執行を予定する国）がニューヨーク条約などに調印しているかどうかを調査の上、中立的な第三国であって国際仲裁がよく行われる国を仲裁地とするか、又は被申立人となる当事者の所在地を仲裁地とするのが妥当かつ公平であり、当事者間で合意しやすい定め方であるということができます。

なお、仲裁の利点としては、仲裁判断の執行についてだけでなく、裁判管轄の不確定性の回避、外国地の裁判において弁護士に委任して訴訟を追行していくための費用と労力の緩和（もっとも、仲裁手続においても、仲裁地の弁護士に仲裁手続における代理を委任するのが通常です。）、手続についての言語の選択が可能であること、非公開手続であること、仲裁人を申立人及び被申立人において選任することができることなどがありますが、注意点としては、そもそも仲裁手続を申し立てるためには、仲裁合意が必要であること、費用が比較的高額であること（仲裁人報酬のほかに、仲裁機関の管理手数料が必要です。）、上訴ができないこと、仲裁判断には必ずしも理由が付されないことなどがあります。

上記を踏まえて、本条項では、仲裁合意条項の内容としては、以下を定めています。また、他の管轄を排除するために、専属的紛争解決機関（the exclusive forum for resolution）として仲裁を定めています。

（1）　仲裁機関：　ICC International Court of Arbitration; Japan Commercial Arbitration Association 等。必ず記載する。
（2）　仲裁規則：上記各機関が定める規則。必ず記載する。
（3）　仲裁地：公平性、便宜性などを考慮して交渉、合意すること。必ず記載する。日本企業にとっては、日本国内（東京、大阪等）が有利ではあるが、実際上は、被申立人となる当事者の所在国の国内都市を仲裁地として定めている場合が多い。
（4）　仲裁手続の使用言語：必ず記載する。
（5）　仲裁人の数：必要に応じて記載する。
（6）　仲裁人の資格：必要に応じて記載する。
（7）　仲裁判断に理由を付すこと：必要に応じて記載する。
（8）　懲罰的損害賠償請求の制限：必要に応じて記載する。

第 XX. 2 条では、日本法でいうところの仮差押や仮処分（petitions for preliminary or temporary injunctive relief）については、第 XX. 1 条において定める仲裁合意にかかわらず、その適用はなく、裁判所に対して申立を行うことができると定めています。仮差押や仮処分は、迅速な手続が望まれるわけですが、仲裁手続においては、その迅速性を期待するのが難しいことから、定めておいたほうが良い規定です。

## ■契約書の締結

**Article XX. Execution in Counterparts**

This Agreement may be executed in two counterparts, one signed by each Party, and the two counterparts together shall constitute one complete Agreement. [A facsimile or electronic (scanned) version of an original counterpart shall be given the same effect as the original counterpart.]

**和 訳**　**第 XX 条　契約書の締結**

本契約は 2 通作成され、それぞれ 1 通が各当事者によって署名され、2 通併せて完全な契約書を構成する。〔ファクシミリ又は電子的データにより送信された各契約書は、原本としての効力を有するものとする。〕

**《解 説》**　本条は、遠隔地の当事者間での契約書の締結の方法の 1 つとして、このような方法も可能である旨を定めておく条項です。本条においては、各 1 通の契約書に自ら署名した上で、これを相手方にファクシミリ又は PDF ファイルにて送信することを想定していますが、各 2 通、自ら署名した契約書を作り、うち 1 通を、それぞれ相手方に送付するという方法など、いろいろなバリエーションが考えられます。

なお、「Counterpart」を副本という意味で使用する場合もありますが、通常の場合には、本条と同様に、2 通のうちの 1 通のことを意味します。

## ■弁護士への相談

**Article XX. Conferral with Counsel**

Each Party hereby confirms that it has conferred with qualified legal counsel regarding the legal effects of each provision of this Agreement.

**和 訳**　**第 XX 条　弁護士への相談**

各当事者は、本契約の各条項の法的効果に関して資格ある法律家に相談したことを確認する。

**《解 説》**　当事者が、後になってから、条項についての錯誤無効を主張することを防ぐための規定であり、英文契約に特有の条項の 1 つということができます。

# 1 レター・オブ・インテント（予備的合意書）

正式な契約締結に至る前、当事者間のある一定の交渉段階における意思を相互に予備的に確認する目的で、手紙、覚書、基本合意書、予備的合意書といった表題の書面が取り交わされることがあります。このような手紙は、「レター・オブ・インテント（予備的合意書）」又は「LOI」と呼ばれます。

[Satonaka Enterprises Letterhead]

[Date]

[Mr. James Harper]
[President]
[Harper Enterprises Co., Ltd.]
[Paxson Building, 10F
1234 Daniel Avenue
New York, New York 10001
U.S.A.]

Re: [Establishment of Joint Venture Company]

Dear [Mr. Harper]:

This letter of intent（this "LOI"）will confirm the intent of [Satonaka Enterprises Co., Ltd.] [（"Satonaka"）] and [Harper Enterprises Co., Ltd.] [（"Harper"）] in relation to [the establishment of a joint venture company].

1. [The parties have discussed the terms and conditions of the establishment of a joint venture company（"JV Company"）in Japan to market and sell Harper's robotics products to automobile manufacturers and automobile parts manufacturers in Japan. As a result of these discussions, the parties have agreed as follows:]
2. [The JV Company will be owned 60% by Satonaka and 40% by Harper.]
3. [The JV Company will have three directors, two appointed by

1

Satonaka and one appointed by Harper. The JV Company will have one representative director designated by Satonaka from among the directors appointed by Satonaka.]

4. [The JV Company will have two statutory auditors, one appointed by Satonaka and one appointed by Harper.]
5. [other terms and conditions agreed to by the parties]
6. [other terms and conditions agreed to by the parties]
7. [other terms and conditions agreed to by the parties]

[u]. The parties intend to negotiate and execute a [Joint Venture Agreement] (the "Agreement") which will contain the detailed terms and conditions concerning the matters referred to above.

和 訳

〔里中株式会社　レターヘッド〕

〔日付〕

〔Mr. James Harper〕殿
〔President〕
〔Harper Enterprises Co., Ltd.〕
〔Paxson Building, 10F
1234 Daniel Avenue
New York, New York 10001
U.S.A.〕

題名：〔合弁会社の設立のこと〕

親愛なる〔Harper〕殿

拝啓　このレター・オブ・インテント（LOI）は、〔里中株式会社〕〔(「里中社」)〕と〔Harper Enterprises Co., Ltd.〕〔(「HARPER 社」)〕の〔合弁会社の設立」に関する意思を確認するものです。

1、〔両当事者は、HARPER 社のロボット製品の日本の自動車工場及び自動車部品工場へのマーケティング及び販売を行う日本の合弁株式会社の（JV）の設立の条項及び条件について協議してまいりました。その結果、両当事者は、以下を合意しました。〕

2、〔JV は、里中社によって 60%、HARPER 社によって 40% の出資比

率とする。〕

3、〔JVは、3名の取締役を置き、里中社が2名を任命し、HARPER社が1名を任命する。JVは、里中社によって任命された取締役の中から里中社によって任命された1名の代表取締役を設置する。〕

4、〔JVは、2名の監査役を置き、里中社が1名を任命し、HARPER社が1名を任命する。〕

5、〔他の合意事項〕

6、〔他の合意事項〕

7、〔他の合意事項〕

[u]. 当事者は、上記に記載される事項に関する詳細条件を含む〔合弁契約書〕（本契約）を交渉して、本契約を締結する意思を有している。

**《解 説》** LOIは、前述のとおり、その形式にはいろいろありますが、「手紙」の形式で取り交わされる場合が多く、また、その送り主、宛先は、会社（会社の代表者）とは限らず、例えば、取締役、部門長、部長などの場合もあります。

そして、LOIは、正式契約が締結されるまでの、「つなぎ」の役割を果たしていますので、当事者の意図する取引の基本的事項が簡潔明解に記載されることが通常です。

ただし、このLOIを取り交わす目的、取り交わすタイミング、当事者となる会社の属性（上場会社か非上場会社か等）によって、その内容は、両当事者間の精神的条項のみをごく簡潔に記載するものから、取引の具体的な条件を定めた詳細な記載をするものまで、様々です。

例えば、日本の上場企業が、外国企業との合併契約を締結するについてのLOIを取り交わす場合を考えてみますと、LOIに、合併に向けたある程度具体的な内容が記載されており、その内容については上場当事会社が機関決定する場合には、合併に関する検討のごく初期の段階であっても、金融商品取引法や金融商品取引所の規則に基づき、当該LOI取交しの事実の公表が必要な場合がでてきます。そこで、この段階での、合併の交渉についての公表を避けるために、LOIの記載内容は、ごく精神的なもの（例えば、単に合併に向けて検討することを社長同士の間で確認したり、精神的条項のみを記載したもの）にとどめておくなど、内容について留意することが必要となるのです。一方、LOIの取交しの事実の公表によって、かえって、合併契約に向けた準備をオープンに進めることができるようになることから、公表を前提として最低限合意しておくべき具体的な重要事項を盛り込んだ内容としておく場合もあり得ます。要するに、個々の情況によってその内容を定めることになります。

> [v]. The parties intend to negotiate and execute the Agreement by [date] (the "Negotiation End Date").

**和 訳**

[v]. 当事者は、交渉の結果、〔年月日〕（交渉終了日）までに、契約を締結することを意図している。

**《解 説》** LOI は、次の w. 条の定めを除いては、法的拘束力は持たないのですが、このつなぎの意思を維持することについての最終期限を示すためにも、契約の締結の期限を記載しておくようにすることが必要です。

> [w]. [legally binding provisions: The parties agree that, from the date of this LOI until the Negotiation End Date, they will not engage in discussions with any third party regarding transactions similar to those contemplated by this LOI. The Non-Disclosure Agreement dated [date] and executed by the parties will continue to be binding on the parties.]

**和 訳**

[w].〔法的拘束力がある条項：両当事者は、LOI の日付から交渉終了日までの間、本 LOI によって企図されるのと同様の取引に関していかなる第三者とも協議しないものとする。当事者間で締結された〔日付〕付秘密保持契約書は、両当事者を拘束するものとする。〕

**《解 説》** LOI は、法的拘束力を持たないことが原則ですが、例外的に、法的拘束力がある条項を規定する場合もあります。

まず、秘密保持義務については、別途、秘密保持契約を締結する場合もありますし、この LOI に、詳しく、秘密保持条項を規定する場合もあります。

次に、LOIは、契約締結までのつなぎの役割を担っていますが、当該交渉において、第三者たる別の候補会社が登場する可能性を低くし、契約締結に至る可能性を高め、契約締結のための準備費用の支出（例えば、合併契約であれば、デューデリジェンスの費用等）が無駄になるリスクを回避するために、独占交渉義務の規定を設けることもあり、本LOIにおいても、w. 項においてその旨を定めています。

第三者から当該取引に抵触する取引が提案された場合に、第三者との協議/交渉の禁止に加えて、「かかる第三者に対する情報提供を禁止する旨」を定めることもあります。その場合には、w. の第1文を以下のように記述します。

During the period from the date of this LOI until〔the Negotiation End Date〕, if either party receives an offer or proposal from a third party regarding transactions similar to those contemplated by this LOI, the party shall not disclose to the third party any information relating to the existence, nature, or contents of the discussions/negotiations that are the subject of this LOI and shall not engage in discussions/negotiations with such third party.

これに関して、第三者から当該取引に抵触する取引が提案された場合に、第三者との協議／交渉の禁止に加えて、「その内容を相当な範囲内で相手方に通知する旨」を定めることもあります。その場合には、w. の第1文を以下のように記述します。

During the period from the date of this LOI until〔the Negotiation End Date〕, if either party receives an offer or proposal from a third party regarding transactions similar to those contemplated by this LOI, the party shall (i) inform the other party of such fact (without disclosing the identity of the third party), (ii) not disclose to the third party any information relating to the existence, nature, or contents of the discussions/negotiations that are the subject of this LOI, and (iii) not engage in discussions/negotiations with such third party.

1

いずれの場合においても、独占交渉義務が適用される期間を
During the period from the date of this LOI until〔 the Negotiation End Date〕,
のように定めることが一般的です。

また、独占交渉義務に関する規定が設けられる場合には、独占交渉義務を課されている当事者は、その独占交渉義務の期間によっては、第三者から、当該取引に抵触する取引の提案を受けた場合に、その提案を検討しないことが、取締役が負っている善管注意義務又は忠実義務（日本企業の場合には、会社法上かかる義務を負うことになります。）に違反することになる場合には、独占交渉義務が適用されない旨を規定する場合もあります（フィデューシャリーアウト条項）。このような、適用除外条項を設ける場合には、w. の第1文の記述に、以下のように追記します。

..."provided; however, that these restrictions shall not apply if a party receives such an offer or proposal from a third party, and the party's directors' failure to consider the offer/proposal would constitute a breach of their fiduciary or other duties owed under the Companies Act of Japan.

[x]. [With the exception of the provisions of Paragraph [w] above,] the parties agree that this is a letter of intent only, and no binding legal rights and obligations concerning these matters will exist between them unless and until the Agreement is executed. If the parties are ultimately not able to successfully execute the Agreement, the terms and conditions of this LOI will not be legally binding on the parties, [except for the rights and obligations set forth in Paragraph [w] above, which shall be legally binding on the parties, whether or not the Agreement is

executed].

**和 訳**

〔x〕.〔前項の〔w〕条を除いて、〕両当事者は、本書状は、予備的合意書であり、契約が締結されない限り、また契約が締結されるまでの間、両当事者間に存在するこれらの事項に関して、何らの法的権利義務を負うものではないことに同意する。仮に、両当事者が最終的に、契約を締結することができなかった場合には、このLOIの条件は、〔前項〔w〕条に定めるところの、両当事者間を、契約の締結の有無にかかわらず法的に拘束する権利義務を除いては〕両当事者を法的に拘束するものではない。

**《解 説》** 一般的には、LOIに法的効果があるか否かについては、LOIの内容と当事者の意思の解釈により決まります。当事者間の単なる意向、意思の表明の場合もありますし、契約として法的拘束力を有する場合もあり得るのです。したがって、このような、当事者の意思解釈によって、法的拘束力の存否が決せられるという不確かさを回避するためにも、本条項のように、そのLOIが法的拘束力を持つか否かを明記しておくことが必要です。

Please indicate your agreement to the terms and conditions of this LOI by countersigning below and returning this LOI to me.

Sincerely Yours,

[Mr. Makoto Satonaka]
[President]
[Satonaka Enterprises Co., Ltd.]

By the signature below, [Harper Enterprises] agrees to the above terms and conditions:

1

[Mr. James Harper]
[President]
[Harper Enterprises Co., Ltd.]
[Date]

和 訳

　このLOIの下記箇所にサインをして、それを弊職に返信することによって、貴職のこのLOIの条件への同意をご表明くださいますようお願いいたします。

敬具

〔里中誠人〕
〔社長〕
〔里中株式会社〕

以下に署名することにより、〔HARPER 社〕は上記条件に同意する。

〔Mr. James Harper〕
〔President〕
〔Harper Enterprises Co., Ltd.〕
〔日付〕

# 2 秘密保持契約書

秘密保持契約書は、合併契約等何らかの取引関係に入る前の段階において、当該取引を交渉中の当事者が、その検討のために必要とされる秘密情報を他方当事者に開示する場合に締結する契約書です。秘密保持義務及び目的外使用禁止義務を主たる内容とします。

目　次

2

## 頭　書

**NON-DISCLOSURE AGREEMENT**

This Non-Disclosure Agreement (this "Agreement") is entered into effective ＿＿＿ (the "Effective Date") between [Satonaka Enterprises Co., Ltd.], a [corporation established and existing under the laws of Japan] having its head office at [Miyazaki Building, 10F, 1-1-1 Tamakicho, Chiyoda-ku, Tokyo 101-0001, Japan] [("Satonaka")] and [Harper Enterprises Co., Ltd.] a [corporation established and existing under the laws of Delaware, U.S.A.] having its head office at [Paxson Building, 10F, 1234 Daniel Avenue, New York, New York 10001, U.S.A.] [("Harper")] (collectively the "Parties" or individually a "Party").

和 訳

**秘密保持契約書**

この秘密保持契約書（「本契約」）は、〔年月日〕から効力を有するものとして（「発効日」）、〔里中株式会社〕、〔日本法によって設立された株式会社であって〕、その本店所在地は〔郵便番号 101-0001　日本国東京都千代田区玉木町 1 丁目 1 番 1 号宮崎ビルディング 10 階〕〔（「里中社」）〕と、〔Harper Enterprises Co., Ltd.〕、〔米国デラウェア州法によって設立された株式会社であって〕、その本店所在地は〔Paxson Building, 10F, 1234 Daniel Avenue, New York, New York 10001, U.S.A.〕〔（「Harper 社」）〕との間にて締結された（以下、当事者を総称して「両当事者」、それぞれを「当事者」という。）。

## 経　緯

**RECITALS**

WHEREAS, the Parties are engaged in or will engage in certain discussions regarding possible future business transactions between the Parties (the "Discussions"); and

WHEREAS the Parties wish to disclose certain of their confidential information to each other in furtherance of the Discussions;

NOW, THEREFORE, the Parties mutually agree to enter into this Agreement in accordance with the terms and conditions stated herein.



和訳　　経　緯

両当事者は、両当事者間の将来の取引の可能性に関して協議（「協議」）を行い、又は行うこととし、

両当事者は、その協議を推進するために、ある一定の秘密情報を相互に開示することを望んでおり、

そこで、両当事者は、ここに定められた条項と条件にしたがって本契約を締結することを相互に合意する。

## ■「秘密情報」の定義

**Article 1. Definition of "Confidential Information"**

For purposes of this Agreement, "Confidential Information" shall mean all confidential or proprietary information of either Party (the "Disclosing Party") which the Disclosing Party provides to the other Party (the "Receiving Party"), regardless of the form or manner in which the information is provided. All such information conveyed in written or other tangible form shall be clearly marked as "Confidential" or "Proprietary". All Confidential Information provided in electromagnetic files or other digital data form (including email text) shall be clearly and conspicuously marked as "Confidential" or "Proprietary" within such file/email. All Confidential Information provided in oral or visual form shall be designated as confidential at the time of disclosure and confirmed in writing by the Disclosing Party to the Receiving Party within [fourteen (14)] days after the date of disclosure. The Receiving Party acknowledges that the Confidential Information is valuable and proprietary, and that disclosure to the Disclosing Party's competitors or other third parties could cause substantial and irreparable damage to the Disclosing Party's business.



**和訳**　**第１条　「秘密情報」の定義**

本契約において「秘密情報」とは、各当事者（「開示当事者」）の秘密又は社内情報であって、その情報が提供される媒体や方法にかかわらず、開示当事者が他方当事者（「受領当事者」）に対して、提供するもの一切をいうものとする。本契約に基づいて文章又は他の有形の方法により提供される全ての秘密情報には、「秘密」又は「社外秘」と明確かつ明瞭に表示されなければならない。電子ファイル又はその他のデジタルデータ（Ｅメールを含む。）には、ファイル又はＥメールの中に、それが、明確かつ明瞭に表示されなければならない。全ての口頭又は可視的な秘密情報は、開示当事者により、開示時に、秘密情報である旨が指示されなければならず、かつ、開示日から［14］日以内に、開示当事者によって受領当事者に対して、書面により確認するものとする。受領当事者は、当該秘密情報が、価値がある社内情報であること、そして、これを開示当事者の競争事業者や他の第三者に対して開示することは、重大かつ回復不能な損害を開示当事者の事業に与える場合もあることを認めるものとする。

## ■受領当事者の秘密保持義務及び利用制限

**Article 2. Receiving Party's Duty of Non-Disclosure and Limited Use**

Subject only to the exceptions provided for herein, the Receiving Party hereby agrees that (i) it will use the Confidential Information only for purposes of the Discussions, and (ii) it will not disclose Confidential Information to any third party, unless it obtains the prior written consent of the Disclosing Party. The Receiving Party shall disclose the Confidential Information only to its employees, directors, contractors, and advisers who have a reasonable need to know the Confidential Information, and who are bound by duties of confidentiality and limited use at least as strict as those stated herein. The Receiving Party shall maintain a current list of each employee, director, contractor, and adviser who has received Confidential Information and shall promptly provide such list to the Disclosing Party upon request. The obligations in this Article will survive the expiration or termination of this Agreement for a period of [three (3)] years.



**和 訳　第2条　受領当事者の秘密保持義務及び利用制限**

本条に定める除外事項に該当する場合を除いて、受領当事者は、(i) 秘密情報を協議の目的のみ使用すること、及び (ii) 開示当事者の事前の書面による同意を得ることなく、秘密情報をいかなる第三者にも開示しないことに同意する。受領当事者は、当該秘密情報を合理的に知る必要があって、本契約に定めるものと少なくとも同等の秘密保持義務及び利用制限によって拘束されるその従業員、取締役、業務委託者、及びアドバイザーに対してのみ、当該秘密情報を開示することができる。受領当事者は、その秘密情報を受領するその従業員、取締役、業務委託者、及びアドバイザーの現在の名簿を保持しなければならない。そして、開示当事者の請求があった場合には、それを速やかに提出しなければならない。本条に定める義務は、本契約の期間満了又は終了後 [3] 年間存続するものとする。

**《解 説》** 本条に定める秘密保持義務の存続期間については、秘密保持及び利用制限といった本条の目的にかなった期間を、当事者間の合意により定めることになります。当該秘密情報の性質によって、3年から10年程度の期間を定めることになろうかと思われます。

## ■受領当事者の秘密保持義務及び利用制限の例外

**Article 3. Exceptions to Receiving Party's Duty of Non-Disclosure and Limited Use**

Notwithstanding the foregoing, the confidentiality and limited use obligations set forth above shall not apply to information that (i) was publicly available at the time of first disclosure by the Disclosing Party or becomes publicly available after the time of first disclosure through no fault of the Receiving Party, (ii) was

2

already in the possession of the Receiving Party at the time of first disclosure, (iii) is received by the Receiving Party from an unrelated third party with no confidentiality obligations attached, (iv) is authorized for release by the Disclosing Party in writing, or (v) is the subject of a government or judicial subpoena or other order, provided that the Receiving Party promptly informs the Disclosing Party of the situation and allows the Disclosing Party to control any efforts to challenge the subpoena/order.

**和 訳　第 3 条　受領当事者の秘密保持義務及び利用制限の例外**

前条にかかわらず、秘密情報についての秘密保持や利用制限の義務は、以下の情報については適用されないものとする。(i) 開示当事者による最初の開示時点において公知情報であったか、受領当事者の過失なく最初の開示以後に公知になった情報 (ii) 最初に開示された時点で、すでに、受領当事者が知っていた情報 (iii) 受領当事者において、何ら秘密保持義務を課されず無関係の第三者から受領した情報 (iv) 開示当事者によって書面によって免責された情報 (v) 政府や司法機関の文書提出命令又は他の命令の対象となった情報。ただし、受領当事者は、開示当事者にその状況を速やかに通知し、開示当事者がその文書提出命令やその他の命令に対して、異議を申立ての方策を講じることができるようにしなければならない。

## ■期間及び解除

**Article 4. Term and Termination**

This Agreement shall be effective from the Effective Date for a term of [one (1)] year; provided, however, that either Party may terminate this Agreement at any time prior to the expiration of the [one]-year term by giving written notice of termination to the other Party. Within [thirty (30)] days after the effective date of the expiration or termination of this Agreement for any reason, the Receiving Party will (i) return to the Disclosing Party all copies of Confidential Information in its possession (whether in written or any other tangible form) and (ii) permanently delete all copies (including backup copies) of the Confidential Information contained in the Receiving Party's computer disks or other electromagnetic storage media or in any other intangible form and certify the completion of such deletion in writing to the Disclosing Party.

**和 訳**　**第4条　期間及び解除**

本契約は、発効日から［1］年間有効なものとする。ただし、［1］年間の期間満了前にもかかわらず、一方当事者は、他方当事者に対して書面により解除を通知することにより、随時本契約を終了させることができる。本契約の期間満了又はその理由のいかんを問わず解除した日から［30］日以内に、受領当事者は、開示当事者に対して、その保有する（文章か他の有形の方法かを問わず）秘密情報の全ての複製を返還し、かつ、受領当事者のコンピュータのディスク又は他の電子記録媒体又は他の無形の方法に含まれる秘密情報の全ての複製（バックアップも含む。）を永久的に削除しなければならず、開示当事者に対して、書面によりこの削除が完了したことについて証明しなければならない。

**《解 説》**　秘密保持契約書を締結して、交渉・検討した取引が、当事者間にて合意に達し、取引契約を締結した場合には、当該取引契約書の中に、秘密保持条項や完全合意条項が定められることがほとんどです。そうしますと、当該取引契約と、先に締結していた秘密保持契約書との関係が問題となります。そこで、このような場合には、当事者間にて、当該取引契約において、以下のように定めておくことが考えられます。

Option A:

The Parties agree that the Non-Disclosure Agreement between the Parties dated [XX] shall terminate as of the Effective Date; provided, however, that the Confidential Information disclosed under the Non-Disclosure Agreement shall continue to be subject to the obligations thereunder for a period of [three (3)] years after the Effective Date (i. e., the effective date of termination of

2

the Non-Disclosure Agreement), as provided for in Article [XX] of the Non-Disclosure Agreement.

**和訳**　**オプション A**

当事者は、当事者間の__年__月__日付秘密保持契約を本取引契約の発効日と同時に終了することを合意する。ただし、その秘密保持契約に基づいて開示された秘密情報は、本取引契約の発効日から（すなわち、秘密保持契約の終了の日から）〔3〕年間、秘密保持契約書第__条に従って秘密保持義務が存続するものとする。

Option B:

The Parties agree that (i) the Non-Disclosure Agreement between the Parties dated [XX] shall terminate as of the Effective Date, and (ii) all Confidential Information disclosed under the Non-Disclosure Agreement prior to the Effective Date shall be treated as Confidential Information disclosed under this Agreement and shall be subject to the obligations stated in Article [XX] hereunder.

**和訳**　**オプション B**

当事者は、(i) 当事者間の__年__月__日付秘密保持契約を本取引契約の発効日と同時に終了すること、及び (ii) その秘密保持契約に基づいて本取引契約の発効日より前に開示された全ての秘密情報は、本取引契約書に基づき開示された秘密情報とみなし、本取引契約第__条に定められる義務があることに同意する。

本条には、当該契約の期間満了又は終了時において、全ての秘密情報を受領当事者から開示当事者に対して返還するよう定めています。しかし、電子的複製がなされた秘密情報を返還又は破棄することは難しい作業です。それらが、PDF ファイル、ワードプロセッサーファイル、パワーポイントファイル等に含まれる秘密情報であれば、それらを検索して削除します。それらが、E メールに含まれている場合には、関連する E メールを全て検索して削除することは、さらに困難であると言わざるを得ません。

そして、受領当事者が企業であれば、自動的に自社のホストサーバー等にＥメールやファイルのバックアップを取るシステムを備えている場合もありますので、本条に従えば、それらのバックアップについても削除する義務があるということになります。この問題を考慮して、本条の秘密情報から、バックアップされたＥメール及びファイルに含まれる秘密情報については、それが例えば６か月以内に自動的に削除されるものである場合には、除外すると定めておく場合もあります。この文例は、以下のとおりです。

Notwithstanding the foregoing, the Receiving Party will not be required to immediately delete electromagnetic copies of Confidential Information created through a company-wide automatic file backup system, so long as such backup files are automatically overwritten or otherwise deleted within [six (6)] months after the date of backup.

なお、秘密情報の返還や削除に関して、後に紛争が起こった場合に備えて、受領当事者側で開示当事者から受領した秘密情報ワンセットを返還せず保管しておくことを、あらかじめ合意して、契約書中に定めることもあります。

## ■開示当事者の全ての所有権及び知的財産権の留保及び非許諾

**Article 5. Disclosing Party's Retention of All Ownership and Intellectual Property Rights and No License Granted.**

The Disclosing Party shall retain all ownership, intellectual property, and other proprietary rights in Confidential Information provided hereunder. This Agreement does not grant any license to the Receiving Party for the Confidential Information, other than the rights expressly provided for herein.

2

和 訳　**第5条　開示当事者の全ての所有権及び知的財産権の留保及び非許諾**

開示当事者は、本契約に基づいて開示する秘密情報の全ての所有権、知的財産権、及び他の財産的権利を留保する。本契約は、受領当事者に対して、ここに明示的に定められる権利以外のいかなる秘密情報に関する許諾を与えるものではない。

## ■非保証

**Article 6. NO WARRANTY.**

THE DISCLOSING PARTY DISCLAIMS ALL WARRANTIES, WHETHER EXPRESS OR IMPLIED, CONCERNING THE ACCURACY, SUITABILITY, OR ANY OTHER CHARACTERISTIC OF THE CONFIDENTIAL INFORMATION. THE RECEIVING PARTY AGREES THAT THE DISCLOSING PARTY SHALL HAVE NO LIABILITY TO THE RECEIVING PARTY OR ANY OF ITS EMPLOYEES, DIRECTORS, AND OTHER AGENTS RESULTING FROM THEIR USE OF ANY CONFIDENTIAL INFORMATION.

和 訳　**第6条　非保証**

開示当事者は、明示的にも黙示的にも、秘密情報の正確性、適合性、又は他のいかなる特性に関しても、全ての保証から免責されるものとする。受領当事者は、開示当事者が受領当事者又はその従業員、取締役、及び他の代理人に対して、彼等が当該秘密情報を利用した結果について、何ら責任を負うものではないことに同意する。

**《解 説》**　このような非保証条項については、準拠法によっては、ボールド文字、大文字、明確に認識しうるフォント、ポイント数での表記が義務付けられている場合がありますのでご注意ください。そのため、本文例においても、大文字にて表記してあります。

## 一般条項

[General Terms and Conditions]
[Note: The "Force Majeure" and "Relationship Between Parties" provisions should be omitted.]

和訳 〔一般条項〕
〔注意：不可抗力、両当事者の関係条項は除かれる。〕

## 後　文

IN WITNESS WHEREOF, the Parties hereto have caused their duly authorized representatives to execute this Agreement on the dates set forth under their signatures.

| [SATONAKA] | [HARPER] |
|---|---|
| By: ____________________ | By: ____________________ |
| Name: | Name: |
| Title: | Title: |
| Date: | Date: |

和訳

上記の証（あかし）として、本契約の当事者は、本契約を、署名欄記載の日に、正当な権限を持つ代表者によって署名せしめ締結するものとする。

| 〔里中社〕 | 〔HARPER 社〕 |
|---|---|
| 名前 | 名前 |
| 役職（部署） | 役職（部署） |
| 日付 | 日付 |

# 3 売買取引基本契約書

売買取引基本契約とは、継続してなされる売買取引の基本的条件や売買契約の成立手順についての条項を内容とする契約です。個別の売買契約は、この基本契約に基づいて、当事者間で製品等の注文及び受注が行われること（注文書・注文請書の取交し）によって成立し、当該個別売買契約の基本的条件については、原則として、この基本契約が適用されます。



目　次

3

## ■頭　書

**BASIC SALES TRANSACTION AGREEMENT**

This Basic Sales Transaction Agreement (this "Agreement") is entered into effective ______ (the "Effective Date") between [Satonaka Enterprises Co., Ltd.], a [corporation established and existing under the laws of Japan] having its head office at [Miyazaki Building, 10F, 1-1-1 Tamakicho, Chiyoda-ku, Tokyo 101-0001, Japan] ("Seller") and [Harper Enterprises Co., Ltd.] a [corporation established and existing under the laws of Delaware, U.S.A.] having its head office at [Paxson Building, 10F, 1234 Daniel Avenue, New York, New York 10001, U.S.A.] ("Buyer") (collectively the "Parties" or individually a "Party").

和 訳　　**売買取引基本契約書**

この売買取引基本契約書（本契約書）は、〔年月日〕から効力を有するものとして（「発効日」）、〔里中株式会社〕、〔日本法によって設立された株式会社であって〕、その本店所在地は〔郵便番号 101-0001　日本国東京都千代田区玉木町 1 丁目 1 番 1 号宮崎ビルディング 10 階〕（「売主」）と、〔Harper Enterprises Co., Ltd.〕、〔米国デラウェア州法によって設立された株式会社であって〕、その本店所在地は〔Paxson Building, 10F, 1234 Daniel Avenue, New York, New York 10001, U.S.A.〕（「買主」）との間にて締結された（以下、当事者を総称して「両当事者」、それぞれを「当事者」という。）。

## ■経　緯

**RECITALS**

WHEREAS, Buyer desires to purchase [building insulation products] from Seller from time to time based on Individual Contracts (as defined below), and Seller desires to sell such products to Buyer in such manner;

NOW, THEREFORE, the Parties mutually agree to enter into this Agreement in accordance with the terms and conditions stated herein.

和訳　　経緯

買主は、売主から〔建設資材である断熱材〕をその時々に個別契約（以下に定義される。）に基づいて購入することを希望し、売主は、買主に対してその製品をこの方式に従って販売することを希望しており、

そこで、両当事者は、ここに定められた条項と条件に従って本契約を締結することを相互に合意する。

## ■定　義

**Article 1. Definitions**

For purposes of this Agreement, including any Exhibits, the following terms shall have the following meanings:

**1.1** “Delivery Date ”shall have the meaning set forth in Article 5.1.

**1.2** “Individual Contract” shall have the meaning set forth in Article 2.3.

**1.3** “Products” shall mean [building insulation products] manufactured and/or marketed by Seller as listed in Exhibit “A”.

和訳　**第1条　定義**

本契約においては、全ての別紙も含めて、以下の用語は以下の意味をもつ。

**1.1** “引渡日”とは、第5.1条に定めるものをいう。

**1.2** “個別契約”とは、第2.3条に定めるものをいう。

**1.3** “製品”とは、売主によって、製造及び／又は販売される別紙A記載の〔建設資材である断熱材〕を意味するものとする。

3

## ■製品の販売／個別契約

**Article 2. Sale of Products/Individual Contracts**

**2.1** Buyer shall purchase from Seller and Seller shall sell to Buyer the Products. The specific sales transactions shall be performed through the execution of Individual Contracts as explained below.

**2.2** From time to time, Buyer will place orders for Products to Seller by issuing a Purchase Order by facsimile or email, specifying the Product names, quantities, prices, requested delivery date, ship-to address, etc. Seller will inform Buyer, by facsimile or email, whether or not it is able to accept each order within [three (3)] business days after its receipt of the order. Seller shall not unreasonably reject or delay acceptance of any order. If Seller accepts an order, it shall send Buyer a Purchase Order Acceptance that confirms all particulars of the order, including but not limited to Product names, quantities, prices, delivery date, and ship-to address.

**2.3** The Parties' exchange of the Order and the Order Acknowledgement shall create a contract for the sale and purchase of the subject Product (s) in accordance with the agreed-upon order terms (an "Individual Contract").

**2.4** The Parties intend for this Agreement to set forth terms and conditions applicable to all Individual Contracts. Therefore, (i) the terms and conditions of this Agreement shall be deemed to be incorporated into each Individual Contract, and (ii) the Purchase Order and Purchase Order Acceptance forms used by the Parties in connection with the formation of the Individual Contracts shall not contain preprinted purchase terms and conditions. For any given Individual Contract, if the Parties mutually desire to apply terms and conditions that are inconsistent with those in this Agreement, they shall state such terms and conditions in the Purchase Order and Purchase Order Acceptance for the subject Individual Contract, and such terms and conditions will supercede those in this Agreement as to the subject Individual Contract.



**和 訳　第2条　製品の販売／個別契約**

**2.1**　売主は買主に製品を販売し、買主は、これを売主から購入しなければならない。個別の売買取引は、以下のとおり、個別契約の締結によって行われる。

**2.2**　買主は売主に対して、その時々に、製品名、数量、価格、希望引渡日、送付先住所等を記入した注文書を発行しファクシミリ又はＥメールによってこれを送付して発注する。売主は買主に、ファクシミリ又はＥメールによって、各注文を受けることができるかどうかを、注文書受領後〔3〕営業日以内に通知するものとする。売主は、いかなる注文の受諾も不合理に拒んだり、又は遅滞してはならない。売主が注文を受諾した場合には、製品名、数量、価格、希望引渡日、送付先住所を含むがこれに限らない、当該注文の全ての要素を確認する注文請書を送付すべきものとする。

**2.3**　両当事者の注文書及び注文請書の交換は、承諾された注文の条件に従っての当該製品の売買契約を成立させる（「個別契約」）。

**2.4**　両当事者は、全ての個別契約に本契約に定める条項及び条件を適用させることを企図している。それ故、(i)本契約の条項及び条件は、各個別契約の一部を構成するものとみなされ、(ii)個別契約の成立に関して両当事者によって使用される注文書及び注文請書の用紙には、あらかじめ印字された注文の条項及び条件は含まれていないものとする。いかなる個別契約においても、両当事者が本契約に矛盾する条項及び条件を相互に希望した場合には、注文書及び注文請書の中に当該個別契約に適用されるその条項及び条件を明記しなければならず、そして、この条項及び条件は、当該個別契約については、本契約に定めるものに取って代わるものとする。

3

## ■非拘束的予測

**Article 3. Non-Binding Forecasts**

Buyer shall provide Seller with rolling, quarterly, non-binding purchase forecasts for the Products. Buyer shall provide Seller with the first non-binding forecast within thirty (30) days after the Effective Date, covering the then-current calendar quarter and the next three calendar quarters. Thereafter, Buyer shall provide Seller with a non-binding forecast at least thirty (30) days prior to the start of each calendar quarter during the term of this Agreement covering the upcoming calendar quarter and the next three calendar quarters.

**和 訳**　**第 3 条　非拘束的予測**

買主は、売主に、経過的な、4 半期の、非拘束的な、製品の購買予測を提出すべきものとする。買主は、売主に、発効日から 30 日以内にそのときの 4 半期及び次の 3 期分の 4 半期をカバーする最初の予測を提出しなければならない。その後、買主は、売主に対して、本契約の期間中、その次の 4 半期及びその次の 3 回分の 4 半期をカバーする非拘束的予測を各 4 半期の始まる日の少なくとも 30 日前までに提出しなければならない。

## ■価　格

**Article 4. Prices**

Prices for the Products quoted by Seller to Buyer shall be [EXW] (Incoterms 2010) Seller's shipping facility. Seller shall provide Buyer with a minimum of [thirty (30)] days advance notice of any price increase, and any orders placed by Buyer before the effective date of the price increase shall be at the pre-increase price. Any price decreases shall be effective immediately and shall also be applied to any pending orders for the subject Products that have not yet been shipped by Seller.

### 和訳 第4条 価格

売主から買主に対して示される製品の価格は、〔EXW（売主倉庫渡し）〕（インコタームズ2010）価格とする。売主は、いかなる価格値上についても、少なくとも〔30〕日前に買主にそれを通知しなければならず、当該値上価格が有効となる前に買主から発注された注文については、値上前の価格が適用されなければならない。いかなる価格の引下げも直ちに効力が発生するものとし、いまだ売主によって発送されていない当該製品のペンディングされている注文に対しても同様に適用されるものとする。

**《解 説》** 第４条は、販売価格についての定めです。本条では、取引条件をインコタームズ（2010）の「EXW（倉庫渡し）」とし、販売価格もこの条件による価格と定めています。

「EXW 売主倉庫」は、売主は自分の工場又は倉庫において、製品を買主に引き渡すことによって貿易取引が行われるのですが、買主は、これらを最寄の港（例えば東京港、横浜港等）に輸送し、そこで輸出通関をして、本船に積載して仕向国に送ることになります。その製品に輸出用梱包を施して、荷印をつけて、輸出用のパッキング・リストを作成し、また、税関に提出する商業送り状を作成し、輸出の許認可等を取得するのも、全て買主の費用と責任において行うということになります。売主は、特約のない限り、約定の製品に通常の梱包をして、荷印も輸出用のものではなく、買主に引き渡せばよいのです。このように、EXW は、インコタームズ（2010）の中では、売主にとって商品の危険と費用の負担や義務が最も少ない規則です。したがって、この条件（EXW）の製品価格はインコタームズの条件の中で最も安いものとなると考えられます。

しかし、日本国内での EXW での輸出取引においては、買主たる外国企業に対して、当該輸出に関して必要となる許認可がスムーズに与えられるかどうか、外国企業の支店や出張所が恒久的施設（Permanent Establishment）と認定され課税される可能性が存すること等について留意しなければなりません。

## ■引渡し及び検査

**Article 5. Deliveries and Inspection**

**5.1** Seller shall deliver the Products under the Individual Contracts

3

to the carrier designated by Buyer at the point of delivery designated in the Individual Contract on or before the promised delivery date. On or before the date the Products are delivered to the carrier (the "Delivery Date"), Seller shall send Buyer a copy of the [packing slip and] invoice for the Individual Contract by facsimile or email. Seller will inform Buyer by facsimile or email as soon as possible, but in no event less than [five (5)] business days prior to the promised delivery date, of any possible delay in the delivery of the Products for an Individual Contract.

**5.2** Upon Buyer's receipt at its facility in [the U.S.] of the Products for an Individual Contract, Buyer shall conduct a visual inspection of the Products. If, as a result of the visual inspection, Buyer discovers a defect in the delivery (e. g. wrong quantity, wrong Product), it shall inform Seller of the defect within [three (3)] business days after its receipt of the Products, and Seller shall thereby promptly remedy the situation, at its own expense. Any defects that cannot be ascertained by a visual inspection (e.g. defects that become apparent only upon the use of the Product) shall be subject to the applicable Seller warranty.

**和訳**　**第5条　引渡し及び検査**

**5.1** 売主は、個別契約に基づき、引渡期限までに、個別契約にて指定された引渡場所において、買主によって指定された運送人に製品を引き渡さなければならない。製品が引き渡された日（「引渡日」）、又はそれ以前に、売主は買主に対して、その個別契約の〔パッキングリスト及び〕請求書をファクシミリ又はEメールによって送付すべきものとする。売主は、買主に対して、直ちに、遅くとも約束した引渡日の〔5〕営業日前までに、個別契約の製品の引渡しについての、起こりうる遅延についてファクシミリ又はEメールにより通知するものとする。

**5.2** 買主は、個別契約の対象となる製品の買主の倉庫〔米国〕における受領後直ちに、当該製品の目視検査を実施しなければならない。目視検査の結果、買主が当該製品について瑕疵を発見した場合には（例えば、数量間違い、製品間違い）、買主は、製品の受領から〔3〕営業日以内に当該瑕疵を売主に通知しなければならず、売主は、速やかに、その費用をもって当該状況を救済しなければならない。目視検査によって発見することができないいかなる瑕疵（例えば、当該製品の使用によってはじめて明らかになるような瑕疵）についても、適用される売主の保証に従うべきものとする。



## ■支　払

**Article 6. Payment**

**6.1** Buyer shall pay the invoices for the Individual Contracts within [thirty (30)] days after its receipt of the invoice. Payments will be made by telegraphic transfer to a bank account designated by Seller. Each Party shall be responsible for any fees charged by its bank in connection with such telegraphic transfers.

**6.2** Any such amounts not paid by the due date shall accrue interest at the rate of [1%] per calendar month, simple interest.

**6.3** All sales, consumption, value-added, or similar taxes assessed in connection with the sales of Products under this Agreement will be the responsibility of Buyer.

**和訳**　**第6条　支払**

**6.1** 買主は、個別契約の請求書の受領日から〔30〕日以内に、支払をしなければならない。買主は、その請求金額を、売主によって指定された銀行口座にTT送金によって支払わなければならない。各当事者は、その銀行から、そのTT送金に関連して課されるそれぞれの費用を負担する。

**6.2** いかなる金員についても、その支払期限までに支払わなかった場合には、その未払分について、暦月〔1%〕の割合による遅延損害金が発生するものとする（単利）。

**6.3**　本契約に基づく製品の売買取引に関連して課税される全てのセールスタックス（米国の消費税）、消費税、付加価値税、又はその他類似の税金は、買主の責任にて負担すべきものとする。



## ■期間及び解除

**Article 7. Term and Termination**

**7.1** This Agreement shall be effective from the Effective Date for an initial term of [two (2)] years. Thereafter, it shall be automatically renewed for successive [one (1)] year renewal terms, unless either Party provides notice of non-renewal to the other Party at least [sixty (60)] days prior to the end of the initial term or any subsequent renewal term. The term of this Agreement shall be subject to the termination provisions listed below.

**7.2** If either Party commits a material breach of any of its obligations under this Agreement and fails to correct such breach within [twenty (20)] days after receiving notice of the breach from the non-breaching Party, the non-breaching Party shall have the right to terminate this Agreement effective immediately upon written notice to the breaching Party. However, any such notice of termination must be given by the non-breaching Party within [thirty (30)] days after the expiration of the [20] day period referenced above. If not given within that time, the non-breaching Party's right to terminate this Agreement by reason of that particular breach shall lapse.

**7.3** If either Party is not able to perform its obligations under this Agreement due to a force majeure as described in Article [XX], and such force majeure continues in effect for more than [three (3)] months, the other Party shall have the right to terminate this Agreement effective immediately upon written notice to the non-performing Party.

**7.4** At the time of the expiration or termination of this Agreement for any reason, if any Individual Contracts have been entered into but not yet delivered and/or paid for, such Individual Contracts shall not be affected by the expiration or termination of this Agreement and shall continue in effect.

**7.5** Articles 7.4, 7.5, 8, 9 [surviving General Terms and Conditions] will survive the expiration or termination of this Agreement as to all Individual Contracts entered into prior to the effective date of expiration or termination.

**和 訳** **第７条　期間及び解除**

**7.1** 本契約は、発効日から〔2〕年間、有効である。その後は、当初の期間又はいかなる後続の更新期間についても、その末日の少なくとも〔60〕日前に、いずれかの当事者から他方当事者に対して更新打ち止めの通知をしない限り、自動的に〔1〕年間更新されるものとする。本契約の期間は、以下に掲げる終了条項に従うべきものとする。

**7.2** いずれの当事者も、他方当事者が本契約の重大な（ささいなものではない）債務不履行状態にあり、債務不履行をしていない当事者からの履行請求の通知を受領してから〔20〕日以内にその債務不履行状態を解消しなかった場合には、債務不履行をしていない当事者は、書面による通知により直ちに本契約を解除することができる。ただし、上記の〔20〕日間の満了後〔30〕日以内に、債務不履行をしなかった当事者によって契約解除通知が送達されなかった場合には、その債務不履行をしなかった当事者の当該債務不履行を理由とする契約解除権は失効する。

**7.3** いずれの当事者も、第〔XX〕条記載のとおり不可抗力により、本契約に基づく義務を履行することができなくなった場合であって、当該不可抗力事由が〔3〕か月以上継続した場合には、他方当事者は、債務を履行しない当事者に対する書面による通知によって、本契約を直ちに解除することができる。

**7.4**　本契約が期間満了又は理由にそのいかんを問わず解除された時に、個別契約が締結され、いまだ引渡又は支払がなされていなかった場合には、この個別契約は、本契約の期間満了又は解除によって影響を受けず、引渡しが完了するまでの間効力を有するものとする。



**7.5**　第7.4条、第7.5条、第8条、第9条、〔有効としておくべき一般条項〕は、本契約の期間満了又は解除後も、本契約の期間満了又は解除前までに締結された個別契約については、効力を有する。

## ■保証及び責任制限

**Article 8. Warranty and Limitation of Liability**

**8.1** Seller warrants that the Products will conform to the specifications and descriptions of features listed in its catalogs/brochures for a period of [one (1)] year starting from the Delivery Date. SELLER DISCLAIMS ALL OTHER WARRANTIES, WHETHER EXPRESS OR IMPLIED, RELATING TO THE PRODUCTS, INCLUDING BUT NOT LIMITED TO ANY IMPLIED WARRANTIES OF MERCHANTABILITY AND FITNESS FOR A PARTICULAR PURPOSE.

**8.2** Any claim by Buyer alleging a breach of the above warranty shall be made within [one year and one month] after the Delivery Date, in relation to a breach that occurred during the above-referenced warranty period. Buyer's sole remedy for any such breach of warranty shall be, at the option of Seller, (i) repair of the Product to cause it to conform to the warranty, or (ii) a replacement Product that conforms to the warranty. Any alleged breach of warranty that cannot be duplicated or otherwise objectively confirmed by Seller shall be deemed to not be a breach of warranty.

**8.3** With the exception of liability relating to intellectual property, Seller shall not be liable to Buyer for any consequential or indirect damages that Buyer may suffer in relation to the Products, including, but not limited to, lost profits, lost revenues, lost business chance, loss of use of the Products, and loss of use of other products or facilities. In addition, notwithstanding any other provision herein to the contrary, Seller's aggregate liability arising from transactions for Products under this Agreement shall not exceed [the aggregate amount paid by Buyer to Seller for the Products under this Agreement].

**和訳　第8条　保証及び責任制限**

**8.1** 売主は製品が当該製品のカタログ／資料に示される仕様及び明細に合致することを当該製品の引渡日から〔1〕年間、保証する。売主は、商業性及び特定の目的への適合性の黙示の保証を含むがそれに限らず、製品に関する明示又は黙示の他の一切の保証から免責される。

**8.2** 上記の保証期間に起こった不履行に関する、買主からの上記保証の不履行のいかなる請求も、対象となる製品の引渡日から〔1年と1か月〕以内になされなければならない。上記保証の不履行に対する買主の唯一の救済は、売主の選択によって、(i)保証に従っての製品の補修、又は(ii)保証に従っての製品の交換を行うこととすべきである。売主によって再現することができないか、又は、売主によって客観的な確認ができないいかなる保証の不履行の申立ても、保証の不履行とはみなされないものとする。

**8.3** 知的財産権に関する責任を除いては、売主は、買主が製品に関して被る、逸失利益、逸失収入、逸失ビジネスチャンス、製品の使用の機会の喪失、及び他の製品又は施設の使用の機会の喪失を含むがこれに限らない、結果的な又は間接的な損害について、買主に対して責任を負わない。加えて、本条項と矛盾するいかなる他の条項の定めにもかかわらず、売主の本契約に基づく製品の取引から発生する金銭的な責任の合計額は、〔買主によって売主に対して支払われた製品の合計金額〕を超えない。

**《解説》** このような非保証条項については、準拠法によってはボールド文字、大文字、明確に認識しうるフォント、ポイント数での表記が義務付けられている場合（そのような表記をしないと無効になってしまう場合）がありますので、ご注意ください。そのため、本文例においても、大文字にて表記してあります。

日本法においては、輸入品の安全確保の観点から、輸入者についても製造物責任法の責任主体とされています〈製造物責任法3条〉。そこで、売買契約においても、日本への輸入者（買主）は、日本の製造物責任法に基づく責任を海外の製造業者（売主）に転嫁する条項を入れておく方がよいということができます。その場合は以下のように表記します。

Notwithstanding anything herein to the contrary, Seller will be solely liable for all liability under the Product Liability Act（*seizobutsu-sekinin-ho*）of Japan and will defend and indemnify Buyer against any claims and legal actions brought by a third party alleging liability under such law or related regulations.

しかし、このような条項を契約に入れた場合であっても、実際問題としては、輸入業者（買主）が日本において第三者から製造物責任法に基づく損害賠償請求を受けた場合には、海外の製造業者（売主）の無資力などによって、これによって生じた費用負担を求償することができない場合もあります。輸入業者（買主）は、そのような場合に備えて、製造物責任保険（PL保険）に加入しておくことが、有用な方法です。

一方、売買契約において、日本の売主が輸出者となった場合、このような輸出品を対象とする「海外生産物賠償責任保険」（海外PL保険）があり、売主は、こちらに加入することが有用ですが、この保険は、保険適用地域内において発生した身体傷害又は財物損壊に対して適用されますので、あらかじめ、輸出品の仕向地に応じて、保険適用地域を決定しておくことが必要です。なお、本契約書のような売買契約によって、海外の輸入業者（買主）から日本の輸出業者（売主）に対して、損害賠償に関する責任転嫁の条項が定められている場合には、海外PL保険ではカバーされませんので、このような場合に備えるためには、別途、売主は、契約責任保険に加入しなければならない点にご留意ください。

## ■知的財産権の侵害

**Article 9. Intellectual Property Infringement**

Seller shall defend and indemnify Buyer against any claim or legal action brought by a third party alleging that Buyer's use of the Products infringes the intellectual property or other proprietary rights of the third party.

**和 訳　第9条　知的財産権の侵害**

売主は、買主の製品の利用が、第三者の知的財産権又は他の所有する権利を侵害するとして第三者から買主に対して請求がなされた場合又は訴訟が提起された場合には、買主を防御し、補償しなければならない。

## ■一般条項

[General Terms and Conditions]
[Note: The "Relationship Between Parties" provision should be omitted.]

**和 訳**　〔一般条項〕

〔注意：両当事者の関係条項は除かれる。〕

《解 説》 米国から一定の貨物、ソフトウェア、技術を海外へ輸出する場合、又は米国以外の国から第三国へこれらのアイテムを再輸出する場合には、米国 Export Administration Regulation（EAR）という法律が適用され、輸出又は再輸出が禁止される場合がありますので、米国製品を扱う日本企業は、注意を払う必要があります。売買契約の対象となる製品がこのようなアイテムに該当する可能性がある場合には、売買契約書中に、再輸出禁止条項が定められるのが通常です。

## ■後　文

IN WITNESS WHEREOF, the Parties have caused their duly authorized representatives to execute this Agreement on the dates set forth under their signatures.

3

| | |
|---|---|
| [SATONAKA] | [HARPER] |
| By: ____________________ | By: ____________________ |
| Name: | Name: |
| Title: | Title: |
| Date: | Date: |

和訳

上記の証（あかし）として、本契約の当事者は、本契約を、署名欄記載の日に、正当な権限を持つ代表者によって署名せしめ、締結するものとする。

| | |
|---|---|
| 〔里中社〕 | 〔HARPER 社〕 |
| 名前 | 名前 |
| 役職（部署） | 役職（部署） |
| 日付 | 日付 |

## 別紙 A

Exhibit "A"
（別紙 A）
Products
（製品）

〔all building insulation products marketed by Seller during the term of this Agreement〕
〔本契約の期間中地域内で売主によって販売される建設資材である断熱材〕

# 4 注文書、注文請書

「注文書」及び「注文請書」は、個別の売買契約を成立させるためのもので、これらの取交しによって、当事者間において売買契約が成立します。通常は、当事者間において、本書の売買取引基本契約書等基本的な取引条件を約定した上で、品名、数量、単価、金額、引渡時期などを明記した注文書及び注文請書を取り交わして、個別の売買契約を締結します。基本的な取引条件と、個別の売買契約書（すなわち、注文書及び注文請書）に記載された取引条件に矛盾があった場合については、どちらが優先するのかについて、基本的な取引条件を定めた契約書に定めておくことが必要です。

4

## ■注文書

# Purchase Order

[Harper Company Logo]

| | |
|---|---|
| Date | [purchase order date] |
| P.O. Number | [2011-1234] |
| Vendor ID | [987654] |

**Vendor**

[Ms. Shizuru Segawa]
[Satonaka Enterprises Co., Ltd.]
[Miyazaki Building, 10F]
[1-1-1 Tamakicho, Chiyoda-ku, Tokyo 101-0001, Japan]
[Telephone No.: +81-3-3333-4444]
[Fax No.: +81-3-3333-5555]
[E-mail Address: segawa@satonaka.co.jp]

**Purchaser (Ship-To Information)**

[Ms. Marcia Meigs]
[Harper Enterprises Co., Ltd.]
[Paxson Building, 10F]
[1234 Daniel Avenue, New York, NY 10001, U.S.A.]
[Telephone No.: +1-212-555-6666]
[Fax No.: +1-212-555-7777]
[E-mail Address: meigs@harper-enterprises.com]

| Delivery Company | Delivery Terms (INCOTERMS 2010) | Scheduled Delivery Date |
|---|---|---|
| [Federal Express] | [EXW Vendor Warehouse, [Tsukuba, Ibaraki pref.]] | [scheduled delivery date] |

| Product/Service Code | Product/Service Name | Quantity | Unit Price | Extended Price |
|---|---|---|---|---|
| [AA-1111] | [Fiberglass Insulation, 100 cm x 50 cm x 5 cm] | [100] | $ [30.00] | $ [3000.00] |
| [BB-2222] | [Double-Pain Window Set, 100 cm x 100 cm] | [50] | $ [100.00] | $ [5000.00] |
| | | | | |
| | | | | |
| | | | | |
| | | | | |
| | | | | |
| | | | | |
| | | | | |
| | | | | |
| | | | | |
| | | | | |
| | | | | |
| | | | | |
| | | | | |
| | | | | |

| Special Instructions |
|---|
| |

| | |
|---|---|
| Sub-Total | $ [8000.00] |
| Discount | $ |
| Delivery Charges | $ [500.00] |
| Other Charges | $ |
| Consumption Tax Rate | [5%] |
| Consumption Tax | $ [400.00] |
| **Total** | **$ [8900.00]** |

**Authorized Signature of Purchaser:**

____________________________

Name (printed): ____________________

Title: ____________________

和 訳

# 注文書

[HARPER社のロゴ]

| | |
|---|---|
| 日付 | [発注年月日] |
| 注文書No. | [2011-1234] |
| 発注者 ID | [987654] |

## ベンダー

[担当者] 瀬川 静流
[会社名] 里中株式会社
[住所] 東京都千代田区玉木町1－1－1宮崎ビルディング10階

[電話番号] ＋81－3－3333－4444
[Fax 番号] ＋81－3－3333－5555
[Eメールアドレス] segawa@satonaka.co.jp

## 注文者 (Ship-To Information)

[担当者] Ms. Marcia Meigs
[会社名] Harper Enterprises Co.,Ltd.
[住所] Paxson Building, 10F, 1234 Daniel Avenue,
New York, NY10001,U.S.A.
[電話番号] ＋1－212－555－6666
[Fax番号] ＋1－212－555－7777
[Eメールアドレス] meigs@harper-enterprises.com

| 運送会社 | 引き渡し条件 (インコタームズ2010) | 引き渡し予定日 |
|---|---|---|
| [フェデラルエクスプレス] | [EXWベンダー倉庫, [茨城県　つくば市]] | [引渡予定年月日] |

| 製品/サービス Code | 製品/サービス 名称 | 数量 | 単価 | 金額 |
|---|---|---|---|---|
| [AA-1111] | [ファイバーグラス 断熱材,100cm×50cm×5cm] | 〔100〕 | $ 〔30.00〕 | $ 〔3000.00〕 |
| [BB-2222] | [二重断熱ガラス窓セット 100cm×100cm] | 〔50〕 | $ 〔100.00〕 | $ 〔5000.00〕 |
| | | | | |
| | | | | |
| | | | | |
| | | | | |
| | | | | |
| | | | | |
| | | | | |
| | | | | |
| | | | | |
| | | | | |
| | | | | |
| | | | | |
| | | | | |
| | | | | |

| 特 約 |
|---|
| |

| | |
|---|---|
| 小計 | $ 〔8000.00〕 |
| 値引き | $ |
| 運送料 | $ 〔500.00〕 |
| 諸費用 | $ |
| 消費税率 | 〔5%〕 |
| 消費税 | $ 〔400.00〕 |
| 合計 | $ 〔8900.00〕 |

権限ある注文者の署名:

______________________

氏名: ______________________
役職: ______________________

4

## ■注文請書

# Purchase Order Acceptance

[Satonaka Company Logo]

| | |
|---|---|
| Date | [purchase order acceptance date] |
| P.O. Acceptance Number | [22-11-3333] |
| Customer ID/Customer P.O. Number | [123456/2011-1234] |

**Vendor**

[Ms. Shizuru Segawa]
[Satonaka Enterprises Co., Ltd.]
[Miyazaki Building, 10F]
[1-1-1 Tamakicho, Chiyoda-ku, Tokyo 101-0001, Japan]
[Telephone No.: +81-3-3333-4444]
[Fax No.: +81-3-3333-5555]
[E-mail Address: segawa@satonaka.co.jp]

**Purchaser (Ship-To Information)**

[Ms. Marcia Meigs]
[Harper Enterprises Co., Ltd.]
[Paxson Building, 10F]
[1234 Daniel Avenue, New York, NY 10001, U.S.A.]
[Telephone No.: +1-212-555-6666]
[Fax No.: +1-212-555-7777]
[E-mail Address: meigs@harper-enterprises.com]

| Delivery Company | Delivery Terms (INCOTERMS 2010) | Scheduled Delivery Date |
|---|---|---|
| [Federal Express] | [EXW Vendor Warehouse, [Tsukuba, Ibaraki pref.]] | [scheduled delivery date] |

| Product/Service Code | Product/Service Name | Quantity | Unit Price | Extended Price |
|---|---|---|---|---|
| [AA-1111] | [Fiberglass Insulation, 100 cm x 50 cm x 5 cm] | [100] | $ [30.00] | $ [3000.00] |
| [BB-2222] | [Double-Pain Window Set, 100 cm x 100 cm] | [50] | $ [100.00] | $ [5000.00] |
| | | | | |
| | | | | |
| | | | | |
| | | | | |
| | | | | |
| | | | | |
| | | | | |
| | | | | |
| | | | | |
| | | | | |
| | | | | |
| | | | | |
| | | | | |
| | | | | |

| Special Instructions |
|---|
| |

| | |
|---|---|
| Sub-Total | $ [8000.00] |
| Discount | $ |
| Delivery Charges | $ [500.00] |
| Other Charges | $ |
| Consumption Tax Rate | [5%] |
| Consumption Tax | $ [400.00] |
| **Total** | **$ [8900.00]** |

**Authorized Signature of Vendor:**

____________________________

Name (printed): ____________________
Title: ____________________

和 訳

# 注文請書

[里中社のロゴ]

| | |
|---|---|
| 日付 | [受注年月日] |
| 注文請書No. | [22-11-3333] |
| 発注者ID/発注者注文書No. | [123456/2011-1234] |

## ベンダー

[担当者] 瀬川 静流
[会社名] 里中株式会社
[住所]東京都千代田区玉木町1-1-1 宮崎ビルディング10階

[電話番号] +81−3−3333−4444
[Fax 番号] +81−3−3333−5555
[Eメールアドレス] segawa@satonaka.co.jp

## 注文者 (Ship-To Information)

[担当者] Ms. Marcia Meigs
[会社名] Harper Enterprises Co.,Ltd.
[住所] Paxson Building, 10F, 1234 Daniel Avenue,
New York, NY10001,U.S.A.
[電話番号] +1−212−555−6666
[Fax番号] +1−212−555−7777
[Eメールアドレス] meigs@harper-enterprises.com

| 運送会社 | 引き渡し条件 (インコタームズ2010) | 引き渡し予定日 |
|---|---|---|
| [フェデラルエクスプレス] | [EXWベンダー倉庫, [茨城県　つくば市]] | [引渡予定年月日] |

| 製品/サービス Code | 製品/サービス 名称 | 数量 | 単価 | 金額 |
|---|---|---|---|---|
| [AA-1111] | [ファイバーグラス　断熱材,100cm×50cm×5cm] | 〔100〕 | $ 〔30.00〕 | $ 〔3000.00〕 |
| [BB-2222] | [二重断熱ガラス窓セット　100cm×100cm] | 〔50〕 | $ 〔100.00〕 | $ 〔5000.00〕 |
| | | | | |
| | | | | |
| | | | | |
| | | | | |
| | | | | |
| | | | | |
| | | | | |
| | | | | |
| | | | | |
| | | | | |
| | | | | |
| | | | | |
| | | | | |
| | | | | |
| | | | | |

| 特 約 |
|---|
| |

| | |
|---|---|
| 小計 | $ 〔8000.00〕 |
| 値引き | $ |
| 運送料 | $ 〔500.00〕 |
| 諸費用 | $ |
| 消費税率 | 〔5%〕 |
| 消費税 | $ 〔400.00〕 |
| 合計 | $ 〔8900.00〕 |

権限あるベンダーの署名:

氏名: ____________________
役職: ____________________

# 5 製品売買契約書

**製品売買契約として、本文例においては、日本の企業が海外の買主に製品を輸出して販売する内容としています。**

**目　次**

5

## ■頭　書

**PRODUCT SALE AGREEMENT**

This Product Sale Agreement (this "Agreement") is entered into effective ＿＿＿ (the "Effective Date") between [Satonaka Enterprises Co., Ltd.], a [corporation established and existing under the laws of Japan] having its head office at [Miyazaki Building, 10F, 1-1-1 Tamakicho, Chiyoda-ku, Tokyo 101-0001, Japan] ("Seller") and [Harper Enterprises Co., Ltd.] a [corporation established and existing under the laws of Delaware, U.S.A.] having its head office at [Paxson Building, 10F, 1234 Daniel Avenue, New York, New York 10001, U.S.A.] ("Buyer") (collectively the "Parties" or individually a "Party").

和 訳　　**製品売買契約書**

この製品売買契約書（本契約書）は、〔年月日〕から効力を有するものとして（「発効日」）、〔里中株式会社〕、〔日本法によって設立された株式会社であって〕、その本店所在地は〔郵便番号 101-0001　日本国東京都千代田区玉木町 1 丁目 1 番 1 号宮崎ビルディング 10 階〕（「売主」）と、〔Harper Enterprises Co., Ltd.〕、〔米国デラウェア州法によって設立された株式会社であって〕、その本店所在地は〔Paxson Building, 10F, 1234 Daniel Avenue, New York, New York 10001, U.S.A.〕（「買主」）との間にて締結された（以下、当事者を総称して「両当事者」、それぞれを「当事者」という。）。

## ■経　緯

**RECITALS**

WHEREAS, Seller desires to sell a [corn milling machine] to Buyer, and Buyer desires to purchase such product from Seller;

NOW, THEREFORE, the Parties mutually agree to enter into this

Agreement in accordance with the terms and conditions stated herein.

和訳　　経緯

売主は、買主に対して〔とうもろこし轢(ひ)き機〕を販売することを希望し、買主は、売主からその製品を購入することを希望しており、

そこで、両当事者は、ここに定められた条項と条件に従って本契約を締結することを相互に合意する。



## 定　義

**Article 1. Definitions**

For purposes of this Agreement, including any Exhibits, the following terms shall have the following meanings:

**1.1** "Delivery Date" shall have the meaning set forth in Article 3.

**1.2** "Product" shall mean [a corn milling machine] as described in Exhibit "A".

**1.3** "Purchase Price" shall have the meaning set forth in Article 2.2.

和訳　**第1条　定義**

本契約においては、全ての別紙も含めて、以下の用語は以下の意味を持つ。

**1.1** "引渡日"とは第3条に定めるものをいう。

**1.2** "製品"とは、別紙A記載の〔とうもろこし轢き機〕をいう。

**1.3** "価格"とは第2.2条に定めるものをいう。

## 製品の販売

**Article 2. Sale of Product**

**2.1** Seller shall sell to Buyer, and Buyer shall purchase from Seller the Product.

**2.2** The price of the Product (the "Purchase Price") will be [price] EXW [Seller warehouse, Tsukuba, Ibaraki prefecture] (Incoterms 2010), excluding applicable taxes.

**和 訳**　**第２条　製品の販売**

**2.1** 売主は、買主に製品を売り渡すものとし、買主は、売主から製品を購入しなければならない。

**2.2** 製品の価格は、〔価格〕EXW〔茨城県つくば市売主倉庫渡し〕（インコタームズ 2010)、適用される税抜き価格とする。

**《解 説》** 第 2.2 条は、販売価格についての定めです。「売買取引基本契約書」第４条の解説をご参照ください（P.65)。

5

## ■引渡し及び検査

**Article 3. Delivery**

**3.1** Seller shall deliver the Product to the carrier designated by Buyer at the point of delivery designated in Article 2.2 on or before [delivery deadline]. The actual date of delivery shall be referred to herein as the "Delivery Date". Seller will inform Buyer by facsimile or email as soon as possible, but in no event less than [five (5)] business days prior to the promised delivery date, of any possible delay in the delivery of the Product.

**3.2** Upon Buyer's receipt at its facility in [the U.S.] of the Product, Buyer shall conduct a visual inspection of the Product. If, as a result of the visual inspection, Buyer discovers a defect in the delivery (e.g., wrong model), it shall inform Seller of the defect within [three (3)] business days after its receipt of the Product, and Seller shall thereby promptly remedy the situation, at its own expense. Any defects that cannot be ascertained by a visual inspection (e.g. defects that become apparent only upon the operation of the Product) shall be subject to the applicable

Seller warranty.

**和訳　第3条　引渡し及び検査**

**3.1**　売主は、〔引渡期限〕までに、第2.2条により指定された引渡場所において、買主によって指定された運送人に製品を引き渡さなければならない。製品の実際の引渡日は、「引渡日」という。売主は、買主に対して、直ちに、遅くとも約束した引渡日の〔5〕営業日前までに、製品の引渡しについての、起こりうる遅延についてファクシミリ又はEメールにより通知するものとする。

**3.2**　買主は、製品の買主の倉庫〔米国〕における受領後、当該製品の目視検査を実施しなければならない。目視検査の結果、買主が当該製品について瑕疵を発見した場合には（例えば、製品のモデルNO.の間違い）、買主は、製品の受領から〔3〕営業日以内に当該瑕疵を売主に通知しなければならず、売主は、速やかに、その費用をもって当該状況を救済しなければならない。目視検査によって発見することができないいかなる瑕疵（例えば、当該製品の運転によって初めて明らかになるような瑕疵）についても、適用される売主の保証に従うべきものとする。



## ■支　払

**Article 4. Payment**

**4.1** Buyer shall pay Seller the Purchase Price as follows: (i) [50%] of the Purchase Price shall be payable within [thirty (30)] days after Buyer's receipt of Seller's initial invoice, which shall be issued promptly after the execution of this Agreement, (ii) the remaining [50%] of the Purchase Price shall be payable within [thirty (30)] days after Buyer's receipt of Seller's final invoice, which shall be issued on or after the Delivery Date. Seller's obligation to deliver the Product shall be conditioned on Buyer's payment of Seller's initial invoice referenced above.

**4.2** Buyer shall pay Seller the Purchase Price by telegraphic transfer to a bank account designated by Seller. Each Party shall be responsible for any fees charged by its bank in connection with such telegraphic transfers.

**4.3** Any amounts not paid by the due date will accrue interest at the rate of [1%] per calendar month, simple interest.

**4.4** All sales, consumption, value-added, or similar taxes assessed on the sale of the Product will be the responsibility of Buyer.

5

和訳　**第4条　支払**

**4.1** 買主は売主に、次のとおり製品代金を支払うべきものとする：(i)製品代金の〔50%〕を、その支払期限を本契約締結後直ちに売主が発行する最初の請求書を買主が受領した日から〔30〕日以内として支払い、(ii)製品代金の残り〔50%〕を、その支払期限を引渡日以後発行されるべき最後の請求書を買主が受領した日から〔30〕日以内として支払う。売主の製品を引き渡す義務は、売主の上記の最初の請求書の支払の完了を停止条件として発生する。

**4.2** 買主は、その請求金額を、売主によって指定された銀行口座にTT送金によって支払わなければならない。各当事者は、その銀行から、そのTT送金に関連して課されるそれぞれの費用を負担する。

**4.3** いかなる金員についても、その支払期限までに支払わなかった場合には、その未払分について、暦月〔1%〕の割合による遅延損害金が発生するものとする（単利）。

**4.4** 製品の売買に関連して課税される全てのセールスタックス（米国の消費税）、消費税、付加価値税、又はその他類似の税金は、買主の責任にて負担すべきものとする。

## ■契約解除

**Article 5. Termination**

**5.1** If either Party commits a material breach of any of its obligations under this Agreement and fails to correct such breach within [twenty (20)] days after receiving notice of the breach from the non-breaching Party, the non-breaching Party shall have the right to terminate this Agreement effective immediately upon written notice to the breaching Party.

**5.2** If either Party is not able to perform its obligations under this Agreement due to a force majeure as described in Article [XX], and such force majeure continues in effect for more than [three (3)] months, the other Party shall have the right to terminate this Agreement effective immediately upon written notice to the non-performing Party.

**5.3** [surviving General Terms and Conditions] will survive the termination of this Agreement for so long as the subject matter therein is relevant. If the Product has been delivered as of the time of such termination, Articles 6 and 7 will also survive such termination for so long as the subject matter therein is relevant.



**和 訳　第5条　契約解除**

**5.1** いずれの当事者も、他方当事者が本契約の重大な（ささいなものではない。）債務不履行状態にあり、債務不履行をしていない当事者からの履行請求の通知を受領してから〔20〕日以内にその債務不履行状態を解消しなかった場合には、債務不履行をしていない当事者は、書面による通知により直ちに本契約を解除することができる。

**5.2** いずれの当事者も、第〔XX〕条記載のとおり不可抗力により、本契約に基づく義務を履行することができなくなった場合であって、当該不可抗力事由が〔3〕か月以上継続した場合には、他方当事者は、債務を履行しない当事者に対する書面による通知によって、本契約を直ちに解除することができる。

**5.3** 〔有効としておくべき一般条項〕は、その定めに関連する事項が存続する限り、本契約解除後も効力を有する。製品がこの終了までに引き渡された場合には、第6条及び第7条についても同様に、その定めに関連する事項が存続する限りこの解除後も効力を有する。

5

## ■保証及び責任制限

**Article 6. Warranty and Limitation of Liability**

**6.1** Seller warrants that the Product will conform to the specifications for the Product contained in Exhibit "B" for a period of [one (1)] year starting from the Delivery Date. SELLER DISCLAIMS ALL OTHER WARRANTIES, WHETHER EXPRESS OR IMPLIED, RELATING TO THE PRODUCT, INCLUDING BUT NOT LIMITED TO ANY IMPLIED WARRANTIES OF MERCHANTABILITY AND FITNESS FOR A PARTICULAR PURPOSE.

**6.2** Any claim by Buyer alleging a breach of the above warranty shall be made within [one year and one month] after the Delivery Date, in relation to a breach that occurred during the above-referenced warranty period. Buyer's sole remedy for any such breach of warranty shall be, at the option of Seller, (i) repair of the Product to cause it to conform to the warranty, or (ii) a replacement Product that conforms to the warranty. Any alleged breach of warranty that cannot be duplicated or otherwise objectively confirmed by Seller shall be deemed to not be a breach of warranty.

**6.3** With the exception of liability relating to intellectual property, Seller shall not be liable to Buyer for any consequential or indirect damages that Buyer may suffer in relation to the Product, including but not limited to, lost profits, lost revenues, lost business chance, loss of use of the Product, and loss of use of other products or facilities. In addition, notwithstanding any other provision herein to the contrary, Seller's aggregate liability arising from the Product shall not exceed [the Purchase Price].

和訳 **第6条　保証及び責任制限**

**6.1**　売主は製品が別紙Bに示される仕様に合致することを当該製品の引渡日から〔1〕年間、保証する。売主は、商業性及び特定の目的への適合性の黙示の保証を含むがそれに限らず、製品に関する明示又は黙示の他の一切の保証から免責される。

**6.2**　上記の保証期間に起こった不履行に関する、買主からの上記保証の不履行のいかなる請求も、対象となる製品の引渡日から〔1年と1か月〕以内になされなければならない。上記保証の不履行に対する買主の唯一の救済は、売主の選択によって、(i)保証に従っての製品の補修、又は(ii)保証に従っての製品の交換を行うこととすべきである。売主によって再現することができないか、又は、売主によって客観的な確認ができないいかなる保証の不履行の申立ても、保証の不履行とはみなされないものとする。

**6.3**　知的財産権に関する責任を除いては、売主は、買主が製品に関して被る、逸失利益、逸失収入、逸失ビジネスチャンス、製品の使用の機会の喪失及び、他の製品又は施設の使用の機会の喪失を含むがこれに限らない、結果的な又は間接的な損害について、買主に対して責任を負わない。加えて、本条項と矛盾するいかなる他の条項の定めにもかかわらず、売主の製品から発生する金銭的な責任の合計額は、〔価格〕を超えない。

**《解　説》**　このような非保証条項については、準拠法によってはボールド文字、大文字、明確に認識しうるフォント、ポイント数での表記が義務付けられている場合（そのような表記をしないと無効になってしまう場合）がありますので、ご注意ください。そのため、本文例においても、大文字にて表記してあります。

なお、日本法の製造物責任法に関する解説は、「売買取引基本契約書」第8条の解説をご参照ください（P.72）。

## ■知的財産権の侵害

**Article 7. Intellectual Property Infringement**

Seller shall defend and indemnify Buyer against any claim or legal action brought by a third party alleging that Buyer's use of the Product infringes the intellectual property or other proprietary rights of the third party.

和 訳　**第7条　知的財産権の侵害**

売主は、買主の製品の利用が、第三者の知的財産権又は他の所有する権利を侵害するとして第三者から買主に対して請求がなされた場合又は訴訟が提起された場合には、買主を防御し、補償しなければならない。

## ■一般条項

5

[General Terms and Conditions]
[Note: The "Relationship Between Parties" provision should be omitted.]

和 訳　〔**一般条項**〕

〔注意：両当事者の関係条項は除かれる。〕

《**解 説**》 米国から一定の貨物、ソフトウェア、技術を海外へ輸出する場合、又は、米国以外の国から第三国へこれらのアイテムを再輸出する場合には、米国 Export Administration Regulation（EAR）という法律が適用され、輸出又は再輸出が禁止される場合がありますので、米国製品を扱う日本企業は、注意を払う必要があります。売買契約の対象となる製品がこのようなアイテムに該当する可能性がある場合には、売買契約書中に、再輸出禁止条項が定められるのが通常です。

## ■後　文

IN WITNESS WHEREOF, the Parties have caused their duly authorized representatives to execute this Agreement on the dates set forth under their signatures.

| SELLER | BUYER |
|---|---|
| By: ____________________ | By: ____________________ |
| Name: | Name: |
| Title: | Title: |

Date: Date:

和訳

上記の証(あかし)として、本契約の当事者は、本契約を、署名欄記載の日に、正当な権限を持つ代表者によって署名せしめ、締結するものとする。

売主 買主

名前 名前
役職（部署） 役職（部署）
日付 日付

5

## ■別紙 A

Exhibit "A"
（別紙 A）
Product
（製品）

［corn milling machine, Seller model no. AB-9000］
〔とうもろこし轢(ひ)き機　売主モデル NO.AB-9000〕

## ■別紙 B

Exhibit "B"
（別紙 B）
Specifications
（仕様）

［technical specifications of Product］
〔製品の技術仕様〕

# 6 長期販売契約書

長期販売契約とは、一定の期間内に継続してなされる売買取引の条件や発注の仕方についての条項を内容とする契約です。売買取引が長期にわたることから、価格の見直し条項や、ある一定の期間における購入数量の予測を提出させる等の条項を含む場合があります。

目　次

6

## ■頭　書

**LONG TERM SALES AGREEMENT**

This Long Term Sales Agreement (this "Agreement") is entered into effective ______ (the "Effective Date") between [Satonaka Enterprises Co., Ltd.], a [corporation established and existing under the laws of Japan] having its head office at [Miyazaki Building, 10F, 1-1-1 Tamakicho, Chiyoda-ku, Tokyo 101-0001, Japan] ("Seller") and [Harper Enterprises Co., Ltd.] a [corporation established and existing under the laws of Delaware, U.S.A.] having its head office at [Paxson Building, 10F, 1234 Daniel Avenue, New York, New York 10001, U.S.A.] ("Buyer") (collectively the "Parties" or individually a "Party").

和 訳　**長期販売契約書**

この長期販売契約書（本契約書）は、〔年月日〕から効力を有するものとして（「発効日」）、〔里中株式会社〕、〔日本法によって設立された株式会社であって〕、その本店所在地は〔郵便番号 101-0001　日本国東京都千代田区玉木町 1 丁目 1 番 1 号宮崎ビルディング 10 階〕（「売主」）と、〔Harper Enterprises Co., Ltd.〕、〔米国デラウェア州法によって設立された株式会社であって〕、その本店所在地は〔Paxson Building, 10F, 1234 Daniel Avenue, New York, New York 10001, U.S.A.〕（「買主」）との間にて締結された（以下、当事者を総称して「両当事者」、それぞれを「当事者」という。）。

## ■経　緯

**RECITALS**

WHEREAS, Seller desires to sell [silicon powder] to Buyer on a continuous basis during the term of this Agreement, and Buyer desires to purchase such product from Seller on such a basis;

NOW, THEREFORE, the Parties mutually agree to enter into this

Agreement in accordance with the terms and conditions stated herein.

和訳　　経　緯

売主は、買主に対して〔シリコンパウダー〕を本契約書の期間中、長期に販売することを希望し、買主は、その条件で売主からその製品を購入することを希望しており、

そこで、両当事者は、ここに定められた条項と条件に従って本契約を締結することを相互に合意する。

## ■定　義



**Article 1. Definitions**

For purposes of this Agreement, including any Exhibits, the following terms shall have the following meanings:

**1.1** "Delivery Date" shall have the meaning set forth in Article 3.

**1.2** "Product" shall mean [silicon powder] as described in Exhibits "A" and "B".

**1.3** "Purchase Price" shall have the meaning set forth in Article 2.2.

和訳　**第1条　定義**

本契約においては、全ての別紙も含めて、以下の用語は以下の意味を持つ。

**1.1** "引渡日"とは、第3条に定めるものをいう。

**1.2** "製品"とは、別紙A及びB記載の〔シリコンパウダー〕を意味するものとする。

**1.3** "価格"とは、第2.2条に定めるものをいう。

## ■製品の販売

**Article 2. Sale of Product**

**2.1** During the term of this Agreement, Seller shall sell to Buyer, and Buyer shall purchase from Seller, the Product in the amount of [XXX kilograms] per calendar month.

**2.2** The price of the Product will be [price] per kilogram, EXW [Seller warehouse, Tsukuba, Ibaraki prefecture]（Incoterms 2010）（the "Purchase Price"）, excluding applicable taxes.

6

（和 訳） **第２条　製品の販売**

**2.1**　本契約の期間中、１暦月あたり、〔XXX キログラム〕の分量の製品を、売主は買主に売り渡すものとし、買主は、売主からこれを購入しなければならない。

**2.2**　製品の価格は、１キログラムあたり〔価格〕EXW〔茨城県つくば市売主倉庫渡し〕（インコタームズ 2010）、適用される税抜き価格とする。（「価格」という）

**《解 説》**　第 2.1 条では、１暦月あたりの売り渡す数量を、定めています。このような場合には、その数量について買主が購入しなかった場合には、損害賠償の予定（売主の得べかりし利益など）を定めておくこともあります。

第 2.2 条は、販売価格についての定めです。「売買取引基本契約書」第４条の解説をご参照ください（P.65）。なお、本条では、契約期間中、価格を一定にするために価格の値上げ又は値下げについては定めていません。

## ■注　文

**Article 3. Orders**

On or prior to the [first] day of each calendar month during the term of this Agreement, Seller shall send to Buyer a notice of the delivery date of the Product for such calendar month（the

"Delivery Date"). Such delivery date shall be a business day between the [fifth] and [tenth] day of the calendar month, unless otherwise agreed to in writing by Seller and Buyer.

和訳 **第3条　注文**

本契約の期間中、毎暦月の〔最初の〕日以前に、売主は買主に対して、その月の製品の引渡日を通知するものとする（「引渡日」）。この引渡日は、売主と買主の書面による同意がない限り、暦月の〔5日〕から〔10日〕までの間の営業日としなければならない。

## ■引渡し及び検査



**Article 4. Delivery and Inspection**

**4.1** Seller shall deliver the Product to the carrier designated by Buyer at the point of delivery designated in Article 2.2 on each Delivery Date; provided, however, that Seller shall not be obligated to deliver the Product if any invoice previously issued by Seller under this Agreement is past due. Buyer's failure to designate a carrier or other refusal to accept delivery of the Product in the manner provided for above shall constitute a material breach of its obligations under this Agreement.

**4.2** Upon Buyer's receipt at its facility in [the U.S.] of a delivery of the Product, Buyer shall conduct a visual inspection of the Product. If, as a result of the visual inspection, Buyer discovers a defect in the delivery (e.g. wrong volume, wrong Product), it shall inform Seller of the defect within [three(3)] business days after its receipt of the Product, and Seller shall thereby promptly remedy the situation, at its own expense. Any defects that cannot be ascertained by a visual inspection (e.g. defects that become apparent only upon use of the Product) shall be subject to the applicable Seller warranty.

**和訳**　**第４条　引渡し及び検査**

**4.1**　売主は、各引渡日に第2.2条において指定される引渡場所において、買主によって指定される運送人に製品を引渡さなければならない。ただし、本契約に基づき、売主によって前に発行されたいかなる請求書についてであってもその支払期限を徒過している場合には、売主は製品の引渡義務を負わないものとする。買主が運送人を指定しないこと、又は、上記の方法による製品の受渡を拒絶することは、本契約の重大な（ささいなものではない）債務不履行を構成する。

**4.2**　買主は、製品の買主の倉庫〔米国〕における受領後、当該製品の目視検査を実施しなければならない。目視検査の結果、買主が当該製品について瑕疵を発見した場合には（例えば、数量間違い、製品間違い）、買主は、製品の受領から〔3〕営業日以内に当該瑕疵を売主に通知しなければならず、売主は、速やかに、その費用をもって当該状況を救済しなければならない。目視検査によって発見することができないいかなる瑕疵（例えば、当該製品の使用によってはじめて明らかになるような瑕疵）についても、適用される売主の保証に従うべきものとする。

## ■支　払

**Article 5. Payment**

**5.1**　Seller shall send Buyer an invoice for the Purchase Price for each delivery of the Product, on or after the Delivery Date.

**5.2**　Buyer shall pay each invoice amount within [thirty (30)] days after its receipt of the invoice by telegraphic transfer to a bank account designated by Seller. Each Party shall be responsible for any fees charged by its bank in connection with such telegraphic transfers.

**5.3**　Any such amounts not paid by the due date shall accrue interest at the rate of [1%] per calendar month, simple interest.

**5.4**　All sales, consumption, value-added, or similar taxes assessed on the sales of the Product shall be the responsibility of Buyer.

和 訳 第5条 支払

**5.1** 売主は買主に引渡日以後、引渡しが完了された製品の売買代金の請求書を送付する。

**5.2** 買主は、その請求金額を、その請求書の受領日から〔30〕日以内に、売主によって指定された銀行口座に TT 送金によって支払わなければならない。各当事者は、その銀行から、その TT 送金に関連して課されるそれぞれの費用を負担する。

**5.3** いかなる金員についても、その支払期限までに支払わなかった場合には、その未払分について、暦月〔1%〕の割合による遅延損害金が発生するものとする（単利）。

**5.4** 製品の売買取引に関連して課税される全てのセールスタックス（米国の消費税）、消費税、付加価値税、又はその他類似の税金は、買主の責任にて負担すべきものとする。

《解 説》 この条項では、TT 送金により代金決済をするものと定めていますが、数回の船積分の金額、数量分の分割船積可（partial shipment: allowed）を条件とする信用状（Letter of Credit, L/C）によって、代金決済する方法もあります。

## ■期間及び解除

**Article 6. Term and Termination**

**6.1** This Agreement shall be effective from the Effective Date for a period of [two(2)] years. The term of this Agreement may be extended by the written agreement of the Parties, including agreement on the Purchase Price for the extension term.

**6.2** If either Party commits a material breach of any of its obligations under this Agreement and fails to correct such breach within [twenty(20)] days after receiving notice of the breach from the non-breaching Party, the non-breaching Party shall have the right to terminate this Agreement upon [thirty

(30)] days advance written notice to the breaching Party. However, any such notice of termination must be given by the non-breaching Party within [thirty (30)] days after the expiration of the [20]-day period referenced above. If not given within that time, the non-breaching Party's right to terminate this Agreement by reason of that particular breach shall lapse.

**6.3** If either Party is not able to perform its obligations under this Agreement due to a force majeure as described in Article [XX], and such force majeure continues in effect for more than [three (3)] months, the other Party shall have the right to terminate this Agreement effective immediately upon written notice to the non-performing Party.

**6.4** Articles 6.4, 7, 8 [surviving General Terms and Conditions] will survive the expiration or termination of this Agreement for so long as the subject matter therein is relevant. Articles 4 and 5 will survive the expiration or termination of this Agreement as to deliveries of Product for which the Delivery Date was notified by Seller prior to the effective date of the expiration or termination, but delivery was not completed by the effective date of the expiration or termination.

**和訳**　**第6条　期間及び解除**

**6.1**　本契約は、発効日から〔2〕年間、有効である。本契約の期間は、延長期間における価格の合意も含めて、両当事者の書面による合意により、延長することができる。

**6.2**　いずれの当事者も、他方当事者が本契約の重大な（ささいなものではない）債務不履行状態にあり、債務不履行をしていない当事者からの履行請求の通知を受領してから〔20〕日以内にその債務不履行状態を解消しなかった場合には、債務不履行をしていない当事者は、〔30〕日前の書面による通知により直ちに本契約を解除することができる。ただし、上記の〔20〕日間の満了後〔30〕日以内に、債務不履行をしなかった当事者によって契約解除通知が送達されなかった場合には、その債務不履行をしなかった当事者の当該債務不履行を理由とする契約解除権は失効する。

**6.3** いずれの当事者も、第〔XX〕条記載のとおり不可抗力により、本契約に基づく義務を履行することができなくなった場合であって、当該不可抗力事由が〔3〕か月以上継続した場合には、他方当事者は、債務を履行しない当事者に対する書面による通知によって、本契約を直ちに解除することができる。

**6.4** 第6.4条、第7条、第8条、〔有効としておくべき一般条項〕は、その定めに関連する事項が存続する限り、本契約の期間満了又は解除後も効力を有する。第4条及び第5条は、本契約の期間満了又は解除の発効日以前に売主によって通知された引渡日に係る製品であって、本契約の期間満了又は解除の発効日までに、いまだの引渡しが完了していない製品の引渡しについては、本契約の期間満了又は解除にかかわらず効力を有する。



## ■保証及び責任制限

**Article 7. Warranty and Limitation of Liability**

**7.1** Seller warrants that the Product will conform to the specifications for the Product contained in Exhibit "B" for a period of [one(1)] year starting from the Delivery Date for the subject Product. SELLER DISCLAIMS ALL OTHER WARRANTIES, WHETHER EXPRESS OR IMPLIED, RELATING TO THE PRODUCT, INCLUDING BUT NOT LIMITED TO ANY IMPLIED WARRANTIES OF MERCHANTABILITY AND FITNESS FOR A PARTICULAR PURPOSE.

**7.2** Any claim by Buyer alleging a breach of the above warranty shall be made within [one year and one month] after the Delivery Date for the subject Product, in relation to a breach that occurred during the above-referenced warranty period. Buyer's sole remedy for any such breach of warranty shall be replacement Product that conforms to the warranty. Any alleged breach of warranty that cannot be duplicated or otherwise objectively confirmed by Seller shall be deemed to not be a breach of warranty.

**7.3** With the exception of liability relating to intellectual property, Seller shall not be liable to Buyer for any consequential or indirect damages that Buyer may suffer in relation to the Product, including, but not limited to, lost profits, lost revenues, lost business chance, loss of use of the Product, and loss of use of other products or facilities. In addition, notwithstanding any other provision herein to the contrary, Seller's aggregate liability arising from transactions for the Product under this Agreement shall not exceed [the aggregate amount paid by Buyer to Seller for the Product under this Agreement].



**和訳**　**第7条　保証及び責任制限**

**7.1**　売主は製品が別紙Bに示される製品の仕様に合致することを当該製品の引渡日から〔1〕年間、保証する。売主は、商業性及び特定の目的への適合性の黙示の保証を含むがそれに限らず、製品に関する明示又は黙示の他の一切の保証から免責される。

**7.2**　上記の保証期間の間に起こった不履行に関する、買主からの上記保証の不履行のいかなる請求も、対象となる製品の引渡日から〔1年と1か月〕以内になされなければならない。上記保証の不履行に対する買主の唯一の救済は、保証に従っての製品の交換を行うこととすべきである。売主によって再現することができないか、又は、売主によって客観的な確認ができないいかなる保証の不履行の申立も、保証の不履行とはみなされないものとする。

**7.3**　知的財産権に関する責任を除いては、売主は、買主が製品に関して被る、逸失利益、逸失収入、逸失ビジネスチャンス、製品の使用の機会の喪失、及び他の製品又は施設の使用の機会の喪失を含むがこれに限らない、結果的な又は間接的な損害について、買主に対して責任を負わない。

加えて、本条項と矛盾するいかなる他の条項の定めにもかかわらず、売主の本契約に基づく製品の取引から発生する金銭的な責任の合計額は、〔買主によって売主に対して支払われた製品の合計金額〕を超えない。

《解 説》 このような非保証条項については、準拠法によってはボールド文字、大文字、明確に認識しうるフォント、ポイント数での表記が義務付けられている場合（そのような表記をしないと無効になってしまう場合）がありますので、ご注意ください。そのため、本文例においても、大文字にて表記してあります。

なお、日本法の製造物責任法に関する解説は、「売買取引基本契約書」第8条の解説をご参照ください（P.72）。



## ■知的財産権の侵害

**Article 8. Intellectual Property Infringement**

Seller shall defend and indemnify Buyer against any claim or legal action brought by a third party alleging that Buyer's use of the Product infringes the intellectual property or other proprietary rights of the third party.

**和 訳　第8条　知的財産権の侵害**

売主は、買主の製品の利用が、第三者の知的財産権又は他の所有する権利を侵害するとして第三者から買主に対して請求がなされた場合又は訴訟が提起された場合には、買主を防御し、補償しなければならない。

## ■一般条項

[General Terms and Conditions]

[Note: The "Relationship Between Parties" provision should be omitted.]

**和 訳　〔一般条項〕**

〔注意：両当事者の関係条項は除かれる。〕

《解 説》 米国から一定の貨物、ソフトウェア、技術を海外へ輸出する場合、又は、米国以外の国から第三国へこれらのアイテムを再輸出する場合には、米国Export Administration Regulation（EAR）という法律が適用され、輸出又は再輸出が禁止される場合がありますので、米国製品を扱う日本企業は、注意を払う必要があります。売買契約の対象となる製品がこのようなアイテムに該当する可能性がある場合には、売買契約書中に、再輸出禁止条項が定められるのが通常です。

## ■後　文

IN WITNESS WHEREOF, the Parties hereto have caused their duly authorized representatives to excute this Agreement on the dates set forth under their signatures.

| SELLER | BUYER |
| --- | --- |
| By: ____________________ | By: ____________________ |
| Name: | Name: |
| Title: | Title: |
| Date: | Date: |



和 訳

上記の証（あかし）として、本契約の当事者は、本契約を、署名欄記載の日に、正当な権限を持つ代表者によって署名せしめ、締結するものとする。

| 売主 | 買主 |
| --- | --- |
| 名前 | 名前 |
| 役職（部署） | 役職（部署） |
| 日付 | 日付 |

## ■別紙A

Exhibit "A"

（別紙A）

Product

（製品）

〔silicon powder〕
〔シリコンパウダー〕

## ■別紙 B

Exhibit "B"
（別紙 B）
Specifications
（仕様）

〔technical specifications of Product〕
〔製品の技術仕様〕

# 7 販売店契約書

販売店契約とは、継続的な売買契約の一種です。ある製品の製造メーカー等（売主、ベンダー）が、ある地域における販売店（買主）に対して、製品等を継続的に売り渡す契約をいいます。また、ある地域で１社だけを販売店として契約する場合もあります（専属的販売店契約、総代理店契約）。

本契約は、継続的な売買契約の「基本契約」をその中心的な内容とする契約であって、具体的な売買契約は、注文書・注文請書の取交しによって成立します。

「販売店契約」と混同しやすいものとしては、「代理店契約」がありますが、販売店契約では、販売店は製品を買い取り、その在庫リスクをとった上で、これを顧客に販売して、その差益を得るのに対して、代理店契約では、代理店は、自ら製品の在庫リスクを持つことなく、当該製品の販売活動をベンダーのために行い売買が成立することについての手数料（コミッション）を得るという違いがあります。



**目　次**

## ■頭　書

**DISTRIBUTION AGREEMENT**

This Distribution Agreement (this "Agreement") is entered into as of ______ (the "Effective Date") between [Harper Enterprises Co., Ltd.], a [corporation established and existing under the laws of Delaware, U.S.A.], having its head office at [Paxson Building, 10F, 1234 Daniel Avenue, New York, New York 10001, U.S.A.] ("Vendor") and [Satonaka Enterprises Co., Ltd.], a [corporation established and existing under the laws of Japan], having its head office at [Miyazaki Building, 10F, 1-1-1 Tamakicho, Chiyoda-ku, Tokyo 101-0001, Japan] ("Distributor") (collectively the "Parties" or individually a "Party").

7

和 訳　　**販売店契約書**

この販売店契約書（「本契約」）は、〔年月日〕から効力を有するものとして（「発効日」）、〔Harper Enterprises Co., Ltd.〕、〔米国デラウェア州法によって設立された株式会社であって〕、その本店所在地は〔Paxson Building, 10F, 1234 Daniel Avenue, New York, New York 10001, U.S.A.〕（「ベンダー」）と、〔里中株式会社〕、〔日本法によって設立された株式会社であって〕、その本店所在地は〔郵便番号101-0001　日本国東京都千代田区玉木町1丁目1番1号宮崎ビルディング10階〕（「販売店」）との間にて締結された（以下、当事者を総称して「両当事者」、それぞれを「当事者」という。）。

## ■経　緯

**RECITALS**

WHEREAS, Vendor manufactures and sells the [computer servers and related products] described in Exhibit "A" and desires to appoint Distributor as its [exclusive/non-exclusive] distributor of such products in the Territory (as defined below); and

WHEREAS, Distributor desires to become the [exclusive/non-exclusive] distributor in the Territory of the products listed in Exhibit “A”;

NOW THEREFORE, the Parties mutually agree to enter into this Agreement in accordance with the terms and conditions stated herein.

和 訳　　　　経　緯

ベンダーは、別紙 A 記載の〔コンピュータサーバー及び関連製品等〕を製造し販売しており、(以下に定義する) 販売地域において、この製品の〔独占的／非独占的〕販売のために、販売店を選任することを希望している。そして、

販売店は、別紙 A 記載の製品の当該地域における〔独占的／非独占的〕販売店になることを希望しており、

そこで、両当事者は、ここに定められた条項と条件に従って本契約を締結することを相互に合意する。



## ■定　義

**Article 1. Definitions.**

For purposes of this Agreement, including any Exhibits, the following terms shall have the following meanings:

**1.1** “Customer” shall mean the ultimate end user of a Product, which purchases the Product for its own use and not for re-sale.

**1.2** “Products” shall mean the [computer servers and related products] listed in Exhibit “A” attached hereto.

**1.3** “Territory” shall mean [Japan].

**和 訳**　**第 1 条　定義**

本契約においては、全ての別紙も含めて、以下の用語は以下の意味を持つ。

**1.1**　“顧客”とは、再販のためでなく自分自身の使用のために製品を購入する、製品の最終のエンドユーザーをいう。

**1.2**　“製品”とは、別紙 A 記載の〔コンピュータサーバー及び関連製品等製品の種類〕をいう。

**1.3**　“地域”とは、〔日本〕を意味するものとする。

## ■販売店の選任

7

**Article 2. Appointment as Distributor**

**2.1** During the term of this Agreement and subject to the terms and conditions stated herein, Vendor appoints Distributor as its [exclusive/non-exclusive] distributor in the Territory to (1) market and distribute the Products to Customers in the Territory, (2) demonstrate the Products to existing and potential Customers in the Territory, and (3) provide post-sales support to Customers in the Territory which purchase the Products. Distributor shall not engage in any of the aforementioned activities outside of the Territory, unless Vendor consents beforehand in writing. [in case of exclusive right: During the term of this Agreement, Vendor (i) shall not appoint/maintain any other distributors of Products in the Territory, and (ii) shall not sell Products directly to Customers in the Territory. If Vendor receives any inquiries relating to the Products from potential Customers or Distributor's existing Customers in the Territory, it shall promptly forward such inquiries to Distributor for further action.]

**2.2** Vendor warrants to Distributor that it has the authority to grant to Distributor the rights listed in the previous paragraph and that such grant of rights does not conflict with the terms of any other contract to which Vendor is a Party.

**2.3** If Distributor desires to appoint one or more sub-distributors in the Territory, it shall inform Vendor of the details of such sub-distributors and request approval of such sub-distributors. Vendor shall not unreasonably withhold or delay its approval of any sub-distributor.

**2.4** During the term of this Agreement, Distributor shall use commercially reasonable efforts to market the Products throughout the Territory.

[in case of exclusive right: 2.5 During the term of this Agreement, Distributor shall not act as a distributor or reseller or otherwise handle any products that compete directly with the Products in the Territory.]



**和 訳**　**第2条　販売店の選任**

**2.1**　本契約の期間中、本契約の条項及び条件に従って、ベンダーは、販売地域において、(1)地域における顧客に対する製品の市場開拓と販売、(2)地域における現存及び潜在顧客に対する製品の実物宣伝、及び(3)製品を購入した地域の顧客に対する販売後のサポートサービスの提供を目的としてこの製品の〔独占的／非独占的〕販売店として、販売店を選任する。販売店は、ベンダーの事前の書面による承諾なくして、地域外において前述の活動に携わってはならない。〔独占権のある場合：本契約の期間中、ベンダーは、(i)地域において製品の他の販売店を選任／維持してはならず、(ii)地域において、顧客に直接製品を販売してはならない。ベンダーが地域における製品の潜在顧客又は販売店の現存顧客から、製品に関する引合いを受けた場合には、次のアクションを起こすために販売店に対してこの引合いを直ちに伝えなければならない。〕

**2.2**　ベンダーは、販売店に対して、前条に記載された権利を販売店に対して許諾する権限を保有しており、かつ、この権利の許諾は、ベンダーが当事者となっている、いかなる他の契約の条項にも抵触しないことを保証する。

**2.3**　販売店が地域において1つ以上の再販売店を選任することを希望する場合には、ベンダーに対して再販売店の詳細を通知し、かつ再販売店の承認を申請しなければならない。ベンダーは、再販売店の許可を不合理に留保したり遅滞したりしてはならない。

**2.4**　本契約の期間中、販売店は地域における製品の市場開拓について商業的に合理的な努力をしなければならない。

〔独占権のある場合：2.5　本契約の期間中、販売店は、地域において製品と直接的に競合するいかなる製品も販売、再販、又は他の取扱いを行ってはならない。〕



**《解 説》**　本条は、ベンダーが地域において選任した、販売店の活動内容について定めています。この活動内容については、再販売価格維持行為（第4.2条の解説をご参照ください（P.115）。）や、流通業者の取引先や、販売方法に関する制限など、非価格制限行為が決められた場合には違法とされる場合があります（流通・取引慣行に関する独占禁止法の指針第2部第1項及び第2項）。

また、本契約の地域は日本全域ですので問題にはなりませんが、ここで留意しなければならないのは、地域が日本国内の一定の地域である場合の販売店の販売地域に関する制限（「テリトリー制」）についてです。テリトリー制には、①責任地域制（ベンダーが販売店に対して、一定の地域を主たる責任地域として定め、当該地域内において、積極的な販売活動を行うことを義務付けること）、②販売拠点制（ベンダーが販売店に対して、店舗等の販売拠点の設置場所を一定地域内に限定したり、販売拠点の設置場所を指定すること）、③厳格な地域制限（ベンダーが販売店に対して、一定の地域を割り当て、地域外での販売を制限すること）、④地域外顧客への販売制限（ベンダーが販売店に対して、一定の地域を割り当て、地域外の顧客からの求めに応じた販売を制限すること）があります。

このうち、①の責任地域制と、②の販売拠点制については、③厳格な地域制限又は④地域外顧客への販売制限に該当しない限り、違法とはならないとされています。

③の厳格な地域制限については、市場における有力なメーカーが流通業

者に対し厳格な地域制限を行い、これによって当該製品の価格が維持されるおそれがある場合には、不公正な取引方法に該当し、違法となるとされています。

また、④の地域外顧客への販売制限については、メーカーが有力であると否とにかかわらず、これによって当該製品の価格が維持される場合に違法とされます。

第2.1条においては、〔独占権がある場合〕としてベンダーは日本国内市場において製品を販売せず、かつ日本国内の他の事業者に製品の販売権を付与せず、販売店のみにかかる販売権（一手販売権）を付与する条項をオプションとして示しています。このような契約を「総代理店契約」といい、総代理店契約を締結して、一手販売権を与えられる事業者を「総代理店」といいます。総代理店契約は、市場参入コストや参入についてのリスクの軽減を図ることができ、また、総代理店となる事業者の組織的販売活動が期待されるところから、外国事業者が日本国内市場に参入するために活用されることが多いのです。しかし、総代理店とベンダーが競争関係にあったような場合には、総代理店契約によって、競争者間の水平的結合が形成されますので、総代理店のその市場に占めるシェア及び順位を基準として違法性を判断すべきであるとされています（流通・取引慣行に関する独占禁止法の指針第3部第1項）。また、ベンダーが、総代理店契約を締結する場合には、当該契約書中に、販売店は、ベンダーの競争者から商品・役務の提供を受けてはいけないといった条項が入れられることが多いと思われますが（本契約には、第2.5条として文例を掲げています。）、日本法上、公正競争を阻害するとして違法と判断される可能性も存しますので、精査の上、契約を交渉すべきものということができます（流通・取引慣行に関する独占禁止法上の指針第3部第2項）。

## ■注　文

**Article 3. Orders**

Distributor will place orders for the Products to Vendor by issuing a Purchase Order by facsimile or email, specifying the Product names, quantities, prices, requested delivery date, ship-to address, etc. Vendor will inform Distributor, by facsimile or email, whether or not it is able to accept each order within [three(3)] business days after its receipt of the order. Vendor shall not unreasonably reject or delay acceptance of any order. If Vendor accepts an order, it shall send Distributor a Purchase Order Acceptance that confirms all particulars of the order, including but not limited to Product names, quantities, prices, delivery date, and ship-to address.

**和 訳　第3条　注文**

販売店は、ベンダーに対して、ファクシミリ又はEメールによって、製品の名前、数量、価格、引渡希望時期、仕向地等を記載した注文書を送付して注文を行わなければならない。ベンダーは、販売店に対して、ファクシミリ又はEメールによって、その注文書の受領後〔3〕営業日以内にその注文を受諾可能かどうか、通知しなければならない。ベンダーは、合理的な理由なくいかなる注文も拒絶したり、承諾を遅滞してはならない。ベンダーが注文を受諾する場合には、製品名、数量、価格、引渡日、仕向地を含むがこれに限らない、その注文の明細を確認する注文請書を送付しなければならない。

**《解 説》**　本条による注文書と注文請書の授受により、当事者間に、個別の製品の売買契約が成立します。

## ■価　格

**Article 4. Prices**

**4.1** Prices for the Products quoted to Distributor shall be [EXW] (Incoterms 2010) Vendor's shipping facility. Vendor shall provide Distributor with a minimum of [thirty(30)] days advance notice of any price increase, and any orders placed by Distributor before the effective date of the price increase shall be at the pre-increase price. Any price decreases shall be effective immediately and shall also be applied to any pending orders for the subject Products that have not yet been shipped by Vendor.

4.2 Distributor shall be free to set the resale prices it charges to its Customers/sub-distributors for the Products.

**和訳** **第4条　価格**

**4.1** 販売店に対して示される製品の価格は、〔EXW〕（インコタームズ2010）ベンダーの倉庫渡し価格とする。ベンダーは、いかなる価格値上げについても、少なくとも〔30〕日前にそれを販売店に対して通知しなければならず、当該値上げ価格が有効となる前に販売店から発注された注文については、値上げ前の価格が適用されなければならない。いかなる価格の引下げも、直ちに効力が発生するものとし、いまだベンダーによって発送されていない当該製品のペンディングされている注文に対しても同様に適用されるものとする。

**4.2** 販売店は、顧客や再販売店に対する製品の再販価格については拘束されないものとする。

**《解説》** 第4.1条は、販売価格についての定めです。「売買取引基本契約書」第4条の解説をご参照ください （P.65）。

第4.2条では、販売店はベンダーから、販売店の製品についての再販価格を拘束されないことが定められています。本契約の地域を日本とする場合には、再販売価格の拘束は、独占禁止法上、違法とされます（独占禁止法2条9項4号）。再販売価格の拘束とは、例えば、小売業者について登録制を採用して、指示した小売価格を守らなかった場合にはその登録を取り消すなど、何らかの手段によって実効性を確保して、指示した小売価格を守らせるようにすることですので、このような契約内容にならないよう注意が必要です。

## ■引渡し及び検査

**Article 5. Delivery and Inspection**

**5.1** Vendor shall deliver the ordered Products to the carrier designated by Distributor at the point of delivery designated in the Purchase Order/Purchase Order Acceptance on or before the promised delivery date. On or before the date the Products are delivered to the carrier, Vendor shall send Distributor a copy of the [packing slip and] invoice for the order by facsimile or email. Vendor will inform Distributor by facsimile or email as soon as possible, but in no event less than [five(5)] business days prior to the promised delivery date, of any possible delay in the delivery of an order.

**5.2** Upon Distributor's receipt at its facility in [Japan] of an order, Distributor shall conduct a visual inspection of the order. If, as a result of the visual inspection, Distributor discovers a defect in the order (e.g. wrong quantity, wrong product), it shall inform Vendor of the defect within [three(3)] business days after its receipt of the order, and Vendor shall thereby promptly remedy the situation, at its own expense. Any defects that cannot be ascertained by a visual inspection (e.g. defects that become apparent only upon the operation of the Product) shall be subject to the applicable Vendor warranty.

7

**和訳**　**第5条　引渡し及び検査**

**5.1** ベンダーは、約定の引渡日までに、注文書／注文請書において指定された引渡場所において、販売店が指定した運送人に対して製品を引渡さなければならない。製品が運送人に引渡される日までに、ベンダーは、販売店に対してファクシミリ又はEメールによって〔パッキングリスト及び〕請求書のコピーを送付しなければならない。ベンダーは、速やかに、約定引渡日の少なくとも〔5〕営業日前にファクシミリ又はEメールによって、注文の引渡しに関する遅延のおそれを連絡しなければならない。

**5.2** 販売店は、販売店の〔日本〕の倉庫にて注文製品を受領した場合には、当該注文製品の目視検査を速やかに行わなければならない。目視検査の結果、販売店が注文製品に瑕疵（例えば、数量違い、製品間違い）を発見した場合には、注文製品受領後〔3〕営業日以内に、その瑕疵をベンダーに通知しなければならず、ベンダーは、速やかにその費用をもって当該状況を救済しなければならない。目視検査によって確認することができなかったいかなる瑕疵（例えば、製品の運転によってのみ明らかになるような欠陥）についても、適用されるベンダーの保証に従って処理されるものとする。

《解 説》 第5.1条は、製品の引渡しに伴う書類の送付について定めている条項ですが、本契約においては、EXWを取引条件としていますので、仕出国から仕向地（日本）への輸出のためのインボイス、パッキングリストなどの通関、船積書類は、販売店が作成しなければなりません。販売店が、そのために必要となる情報を取得するため、ベンダーは、必要な書類のコピーを、引渡日までに、販売店に送付しなければならないと定めています。

第5.2条は、製品の目視検査について定めています。販売店は、目視検査で瑕疵を発見した場合には、通知が義務付けられており、また、隠れたる瑕疵については、ベンダーの保証によって処理されることが定められています。



## ■支 払

**Article 6. Payment**

**6.1** Distributor shall pay the invoices for the orders within [thirty (30)] days after its receipt of the invoice. Payments will be made by telegraphic transfer to a bank account designated by Vendor. Each Party shall be responsible for any fees charged by its bank in connection with such telegraphic transfers.

**6.2** Any such amounts not paid by the due date will accrue interest at the rate of [1%] per calendar month, simple interest.

**6.3** All sales, consumption, value-added, or similar taxes assessed in connection with the sales of Products under this Agreement shall be the responsibility of Distributor.

**和 訳** **第6条 支払**

**6.1** 販売店は、当該注文に係る請求書受領の日から〔30〕日以内に、その請求書の代金を支払わなければならない。支払は、ベンダーによって指定された銀行口座にTTによって送金されなければならない。各当事者は、その銀行から、そのTT送金に関連して課されるそれぞれの費用を負担する。

**6.2** いかなる金員についても、その支払期限までに支払わなかった場合には、その未払分について、暦月〔1%〕の割合による遅延損害金が発生するものとする（単利）。

**6.3** 本契約に基づく製品の売買取引に関連して課税される全てのセールスタックス（米国の消費税）、消費税、付加価値税、又はその他類似の税金は、販売店の責任にて負担すべきものとする。



## ■期間及び解除

**Article 7. Term of Agreement**

**7.1** This Agreement shall be effective from the Effective Date for an initial term of [one(1)] year. Thereafter, it shall be automatically renewed for successive [one(1)] year renewal terms unless either Party provides notice of non-renewal to the other Party at least [sixty(60)] days prior to the end of the initial term or any subsequent renewal term. The term of this Agreement shall be subject to the termination provisions listed below.

**7.2** If either Party commits a material breach of any of its obligations under this Agreement and fails to correct such breach within [twenty(20)] days after receiving notice of the breach from the non-breaching Party, the non-breaching Party shall have the right to terminate this Agreement effective immediately upon written notice to the breaching Party. However, any such notice of termination must be given by the non-breaching Party within [thirty(30)] days after the expiration of the [20]-day period referenced above. If not given within that time, the non-breaching Party's right to terminate this

Agreement by reason of that particular breach shall lapse.

**7.3** If either Party is not able to perform its obligations under this Agreement due to a force majeure as described in Article [XX], and such force majeure continues in effect for more than [three (3)] months, the other Party shall have the right to terminate this Agreement effective immediately upon written notice to the non-performing Party.

**7.4** Upon the expiration or termination of this Agreement for any reason, (i) Distributor shall return to Vendor all marketing and other materials for the Products in its possession that it received from Vendor and delete any digital data versions of such materials, and (ii) Distributor shall cease to market the Products and solicit orders for the Products. Notwithstanding the above, Distributor may deliver and otherwise process orders for Products which were accepted by Vendor prior to the effective date of the expiration or termination.

**7.5** Articles 4.2, 7.4, 7.5, 9.1 (as to ownership of [Japanese] copyright and other proprietary rights), 11, 12 [surviving General Terms and Conditions] will survive the expiration or termination of this Agreement for so long as the subject matter therein is relevant. Articles 5, 6 and 10 will survive the expiration or termination of this Agreement as to orders for Products which were accepted by Vendor prior to the effective date of the expiration or termination.



**和訳　第７条　期間及び解除**

**7.1** 本契約は、発効日から〔1〕年間、有効である。その後は、当初の期間又はいかなる後続の更新期間についても、その末日の少なくとも〔60〕日前に、いずれかの当事者から他方当事者に対して更新打ち止めの通知をしない限り、自動的に〔1〕年間更新されるものとする。本契約の期間は、以下に定める契約終了条項に従うものとする。

**7.2**　いずれの当事者も、他方当事者が本契約の重大な（ささいなものではない）債務不履行状態にあり、債務不履行をしていない当事者からの履行請求の通知を受領してから〔20〕日以内にその債務不履行状態を解消しなかった場合には、債務不履行をしていない当事者は、書面による通知により直ちに本契約を解除することができる。ただし、上記の〔20〕日間の満了後〔30〕日以内に、債務不履行をしなかった当事者によって契約解除通知が送達されなかった場合には、その債務不履行をしなかった当事者の当該債務不履行を理由とする契約解除権は失効する。

**7.3**　いずれの当事者も、第〔XX〕条記載のとおり不可抗力により、本契約に基づく義務を履行することができなくなった場合であって、当該不可抗力事由が〔3〕か月以上継続した場合には、他方当事者は、債務を履行しない当事者に対する書面による通知によって、本契約を直ちに解除することができる。

**7.4**　本契約が期間満了又は理由のいかんを問わず解除された場合には、(i)販売店はベンダーに対してベンダーから受領したその所有する製品の市場開拓その他の資料の全てを返却し、その資料のいかなるデジタルデータも削除し、及び(ii)販売店は、製品の売り込みや製品のための勧誘をやめなければならない。上記にもかかわらず、販売店は、期間満了又は終了日の前にベンダーによって承認された製品の注文に関しては、配達その他製品注文の処理を行うことができる。

**7.5**　第 4.2 条、第 7.4 条、第 7.5 条、第 9.1 条（〔日本語〕による著作権やその他の資産的権利の所有権に関して）、第 11 条、第 12 条、〔有効としておくべき一般条項〕は、それに関連する事項が存する限り、本契約の期間満了又は解除後も効力を保持する。第 5 条、第 6 条及び第 10 条は、契約期間満了又は解除日前にベンダーによって受注された製品の注文に関しては、契約期間満了又は解除後もその効力を有する。

## ■ベンダーの販売前及び販売後の義務

**Article 8. Vendor's Pre-Sales and Post-Sales Support**

Vendor will provide Distributor with pre-sales and post-sales support free of charge in the form of written sales materials and answers to Distributor's inquiries. Vendor will provide Distributor with the sales materials, in the form of product catalogs/brochures and technical documents, in quantities reasonably requested by Distributor. Vendor will answer Distributor's pre-sales and post-sales inquiries by telephone and email in a reasonably prompt manner.

**和訳** **第8条　ベンダーの販売前及び販売後の義務**

ベンダーは販売店に対して、無償で、販売前及び販売後のサポートを、販売資料及び販売店の質問に対する書面による回答によって、提供しなければならない。ベンダーは販売店に対して、販売店による合理的な要求数量の製品のカタログ／パンフレット及び技術資料による販売資料を提供する。ベンダーは、販売店からの販売前及び販売後の質問に対して電話及びEメールによる合理的な迅速性を有する方法により回答するものとする。

## ■販売店の翻訳権及びベンダーの情報の利用

**Article 9. Distributor's Translation Rights and Use of Vendor Information**

**9.1** Distributor will have the right to translate any of the sales materials and technical documents received from Vendor into the [Japanese] language for distribution to existing and potential Customers in the Territory. Distributor shall bear all costs of such translations and will retain sole ownership of all copyright and other proprietary rights relating to such translated materials.

**9.2** Distributor shall have the right to incorporate into its marketing materials for the Products any information contained on Vendor's internet webpage, without the need to obtain prior consent from Vendor.

**和 訳**　**第９条　販売店の翻訳権及びベンダーの情報の利用**

**9.1**　販売店は、当該地域の現存及び潜在顧客に対して頒布するためにベンダーから受領した販売資料及び技術資料を〔日本語〕に翻訳する権利を有する。販売店は、この翻訳に係る全ての費用を負担しなければならず、この翻訳された資料に関する著作権及び他の権利を単独で保有するものとする。

**9.2**　販売店は、その製品の市場開拓資料の中にベンダーのインターネットウェブページに含まれる情報を、ベンダーからの事前承諾を得ることなく組み入れる権利を有する。

《解 説》　販売店がベンダーから提供を受けた資料等の利用方法について定めた条項です。特に、販売店が、販売のための資料を自国の言語に翻訳することができる権利は、重要です。

7

## ■商標のライセンス

**Article 10. Trademark License**

Vendor grants to Distributor during the term of this Agreement a non-exclusive, royalty-free license to use Vendor's trademarks and logos (collectively the "Trademarks") in connection with Distributor's sales, marketing, post-sale support, and other activities under this Agreement. Distributor shall obtain prior written approval from Vendor for any use of the Trademarks. Vendor shall respond to any such request for approval within [five (5)] business days. If Vendor does not respond within such [five (5)] business day period, it shall be deemed to have approved the requested use of the Trademarks. Vendor shall separately inform Distributor of the Trademarks covered by this license and provide Distributor with appropriate samples of relevant logos in printed and/or digital data form. Except for the license granted hereunder, all rights in the Trademarks shall remain the sole property of Vendor. Distributor agrees that it will not use or apply for registration of any other trademarks or logos that are confusingly similar to any of the Trademarks.

和 訳 **第10条 商標のライセンス**

ベンダーは販売店に対して、本契約の有効期間中、販売店の販売、市場開拓、販売後のサポート、及び本契約に基づくその他の活動に関連して、非独占的に、無償にて、ベンダーの商標及びロゴ（以下「トレードマーク」と総称する。）を使用することを許諾する。販売店は、いかなるトレードマークの使用についても、ベンダーからの事前の書面による使用許諾を受けなければならない。ベンダーは、そのような使用許諾申請に対しては〔5〕営業日以内に回答しなければならない。仮に、ベンダーが〔5〕営業日以内に回答しなかった場合には、当該トレードマークの使用許諾がなされたものとみなされる。ベンダーは、この使用許諾がなされたトレードマークを個別に通知しなければならず、販売店に対して、印刷及び／又はデジタルデータにより、当該ロゴの適切なサンプルを供給しなければならない。ここに許諾されたライセンスを除いて、トレードマークの全ての権利は、ベンダー単独の資産で有り続ける。販売店は、そのトレードマークと類似する他の商標やロゴを使用したり、登録申請しないことに同意する。

7

## ■保証と製品責任

**Article 11. Warranty and Limitation of Liability**

**11.1** Vendor warrants that the Products will conform to the specifications and descriptions of features listed in its catalogs/brochures for a period of [one (1)] year from the date of receipt by [Distributor/the Customer]. VENDOR DISCLAIMS ALL OTHER WARRANTIES, WHETHER EXPRESS OR IMPLIED, RELATING TO THE PRODUCTS, INCLUDING, BUT NOT LIMITED TO, ANY IMPLIED WARRANTIES OF MERCHANTABILITY AND FITNESS FOR A PARTICULAR PURPOSE.

**11.2** Any claim by Distributor alleging a breach of the above warranty shall be made within [one year and one month] after the date of receipt of the Product by [Distributor/the Customer], in relation to a breach that occurred during the above-referenced warranty period. Distributor's sole remedy for any such breach of warranty shall be, at the option of Vendor, (i) repair of the Product to cause it to conform to the warranty, or (ii) a replacement Product that conforms to the warranty. Any alleged breach of warranty that cannot be duplicated or otherwise objectively confirmed by Vendor shall be deemed to not be a breach of warranty.

7

**11.3** With the exception of liability relating to intellectual property and breaches of Vendor's warranty in Article 2.2, Vendor shall not be liable to Distributor for any consequential or indirect damages that Distributor may suffer in relation to the Products, including, but not limited to, lost profits, lost revenues, lost business chance, loss of use of the Products, and loss of use of other products or facilities. In addition, notwithstanding any other provision herein to the contrary, Vendor's aggregate liability arising from transactions for Products under this Agreement shall not exceed [the aggregate amount paid by Distributor to Vendor for the Products under this Agreement].

**和 訳**　**第 11 条　保証と製品責任**

**11.1**　ベンダーは、引き渡した製品は、〔販売店／顧客〕による製品受領後〔1〕年間は、ベンダーのカタログ／パンフレットに記載されたスペックや特徴の詳細に合致することを保証する。ベンダーは、商業性及び特定の目的への適合性の黙示の保証を含むがそれに限らず、製品に関する明示又は黙示の他の一切の保証から免責される。

**11.2**　上記の保証期間の間に起こった不履行に関する、販売店からの上記保証の不履行のいかなる請求も、対象となる製品の〔販売店／顧客〕の受領日から〔1 年と 1 か月〕以内になされなければならない。上記保証の不履行に対する販売店の唯一の救済は、ベンダーの選択によって、(i)保証に従っての製品の補修、又は(ii)保証に従っての製品の交換を行うこととすべきである。ベンダーによって再現することができないか、または、ベンダーによって客観的な確認ができないいかなる保証の不履行の申立も、保証の不履行とはみなされないものとする。

**11.3** 知的財産権に関する責任及び第2.2条のベンダーの保証の不履行を除いては、ベンダーは、販売店が製品に関して被る、逸失利益、逸失収入、逸失ビジネスチャンス、製品の使用の機会の喪失及び、他の製品又は施設の使用の機会の喪失を含むがこれに限らない、結果的な又は間接的な損害について、販売店に対して責任を負わない。加えて、本条項と矛盾するいかなる他の条項の定めにもかかわらず、ベンダーの本契約に基づく製品の取引から発生する金銭的な責任の合計額は、〔本契約に基づいて販売店によってベンダーに対して支払われた累計金額〕を超えない。

**《解 説》** 本条は、製品の保証について定めています。

このような非保証条項については、準拠法によってはボールド文字、大文字、明確に認識しうるフォント、ポイント数での表記が義務付けられている場合（そのような表記をしないと無効になってしまう場合）がありますので、ご注意ください。そのため、本文例においても、大文字にて表記してあります。

なお、日本法の製造物責任法に関する解説は、「売買取引基本契約書」第8条の解説をご参照ください（P.72)。

## ■知的財産権の侵害

**Article 12. Intellectual Property Infringement**

Vendor will defend and indemnify Distributor against any claim or legal action brought by a third party alleging that Distributor's use or sale of the Products infringes the intellectual property or other proprietary rights of the third party.

**和 訳　第12条　知的財産権の侵害**

ベンダーは、販売店のその製品の利用又は販売が、第三者の知的財産権又は他の所有する権利を侵害するとして請求がなされた場合又は訴訟が第三者から販売店に対して提起された場合には、販売店を防御し、補償しなければならない。

## ■一般条項

[General Terms and Conditions]

和訳　〔一般条項〕

《解説》　米国から一定の貨物、ソフトウェア、技術を海外へ輸出する場合、又は、米国以外の国から第三国へこれらのアイテムを再輸出する場合には、米国 Export Administration Regulation（EAR）という法律が適用され、輸出又は再輸出が禁止される場合がありますので、米国製品を扱う日本企業は、注意を払う必要があります。販売店契約の対象となる製品がこのようなアイテムに該当する可能性がある場合には、販売店契約書中に、再輸出禁止条項が定められるのが通常です。

## ■後　文

IN WITNESS WHEREOF, the Parties have caused their duly authorized representatives to execute this Agreement on the dates set forth under their signatures.

| VENDOR | DISTRIBUTOR |
|---|---|
| By: ____________________ | By: ____________________ |
| Name: | Name: |
| Title: | Title: |
| Date: | Date: |

和訳

上記の証（あかし）として、本契約の当事者は、本契約を、署名欄記載の日に、正当な権限を持つ代表者によって署名せしめ、締結するものとする。

ベンダー　　　　販売店

名前　　　　　　　　　　　　名前
役職（部署）　　　　　　　　役職（部署）
日付　　　　　　　　　　　　日付

## ■別紙 A

Exhibit "A"
（別紙 A）
Products
（製品）

〔all computer servers and related products marketed by Vendor during the term of this Agreement〕
〔本契約期間中ベンダーによって示される全てのコンピューターサーバー及び関連製品〕

# 8 販売代理店契約書

販売代理店契約とは、製品の製造メーカー等（売主、ベンダー）が、ある地域における顧客に対して、製品等を継続的に売り渡す契約を締結するに際して、販売代理店が、当該製品の販売活動をベンダーのために行い、売買が成立することについての手数料（コミッション）を得ることを内容とする契約をいいます。

「販売代理店契約」と混同しやすいものとしては、「販売店契約」がありますが、販売店契約では、販売代理店は製品を買い取り、その在庫リスクをとった上で、これを顧客に販売して、その差益を得るのに対して、販売代理店契約では、代理店は、自ら製品の在庫リスクを持つことなく、当該製品の販売活動をベンダーのために行い、その対価としての手数料（コミッション）を得るという大きな違いがあります。



目　次

## ■頭　書

**SALES AGENCY AGREEMENT**

This Sale Agency Agreement (this "Agreement") is entered into as of ______ (the "Effective Date") between [Harper Enterprises Co., Ltd.], a [corporation established and existing under the laws of Delaware, U.S.A.], having its head office at [Paxson Building, 10F, 1234 Daniel Avenue, New York, New York 10001, U.S.A.] ("Vendor") and [Satonaka Enterprises Co., Ltd.], a [corporation established and existing under the laws of Japan], having its head office at [Miyazaki Building, 10F, 1-1-1 Tamakicho, Chiyoda-ku, Tokyo 101-0001, Japan] ("Agent") (collectively the "Parties"or individually a "Party").

8

和 訳　**販売代理店契約書**

この販売代理店契約書（「本契約」）は、〔年月日〕から効力を有するものとして（「発効日」）、〔Harper Enterprises Co., Ltd.〕、〔米国デラウェア州法によって設立された株式会社であって〕、その本店所在地は〔Paxson Building, 10F, 1234 Daniel Avenue, New York, New York 10001, U.S.A.〕（「ベンダー」）と、〔里中株式会社〕、〔日本法によって設立された株式会社であって〕、その本店所在地は〔郵便番号 101-0001　日本国東京都千代田区玉木町1丁目1番1号宮崎ビルディング10階〕（「代理店」）との間にて締結された（以下、当事者を総称して「両当事者」、それぞれを「当事者」という。）。

## ■経　緯

**RECITALS**

WHEREAS, Vendor manufactures and sells the [computer servers and related products] described in Exhibit "A" attached hereto and desires to appoint Agent as its [exclusive/non-exclusive] sales agent for such products in the Territory (as defined below); and

WHEREAS, Agent desires to become the [exclusive/non-exclusive] sales agent in the Territory of the products listed in Exhibit "A" attached hereto;

NOW, THEREFORE, the Parties mutually agree to enter into this Agreement in accordance with the terms and conditions stated herein.

和 訳　　経　緯

ベンダーは、明細は別紙A記載の〔コンピュータサーバー及び関連製品等〕を製造し販売しており、(以下に定義する) 販売地域において、この製品の〔独占的／非独占的〕販売代理店として、代理店を選任することを希望している。そして、

代理店は、別紙A記載の製品の当該地域における〔独占的／非独占的〕販売代理店になることを希望しており、

そこで、両当事者は、ここに定められた条項と条件に従って本契約を締結することを相互に合意する。

## ■定　義

**Article 1. Definitions.**

For purposes of this Agreement, including any Exhibits, the following terms shall have the following meanings:

**1.1** "Customer" shall mean the ultimate end user of a Product, which purchases the Product for its own use and not for re-sale.

**1.2** "Products" shall mean the [computer servers and related products] listed in Exhibit "A" attached hereto.

**1.3** "Territory" shall mean [Japan].

8

**和訳**　**第１条　定義**

本契約においては、全ての別紙も含めて、以下の用語は以下の意味を持つ。

**1.1**　“顧客”とは、再販のためでなく自分自身の使用のために製品を購入する、製品の最終のエンドユーザーをいう。

**1.2**　“製品”とは、別紙Ａ記載の〔コンピュータサーバー及び関連製品等製品の種類〕をいう。

**1.3**　“地域”とは、〔日本〕を意味するものとする。

## ■販売代理店の選任



**Article 2. Appointment as Agent**

**2.1** During the term of this Agreement and subject to the terms and conditions stated herein, Vendor appoints Agent as its [exclusive/non-exclusive] agent in the Territory to (1) market and solicit orders for the Products from existing and potential Customers in the Territory, and (2) demonstrate the Products to existing and potential Customers in the Territory. Agent shall not engage in any of the aforementioned activities outside of the Territory, unless Vendor consents beforehand in writing. [in case of exclusive right: During the term of this Agreement, Vendor (i) shall not appoint/maintain any other sales agents for the Products in the Territory, and (ii) shall not itself solicit orders for the Products in the Territory.]

**2.2** During the term of this Agreement, Agent shall use commercially reasonable efforts to market and solicit orders for the Products from Customers throughout the Territory. Agent shall solicit orders for the Products based on the prices and other terms and conditions instructed by Vendor.

**2.3** The orders for the Products shall be placed by the Customers directly with Vendor. No order shall be binding on Vendor until it is accepted in writing by Vendor. Agent shall not have the authority to bind Vendor to any contract or legal obligation as to Customers or any other party. Agent shall take all measures reasonably necessary to ensure that Customers and other parties understand that Agent's role is to solicit orders for and demonstrate the Products and not to enter into contracts on behalf of Vendor.

**2.4** Vendor warrants to Agent that it has the authority to grant to Agent the rights listed in Article 2.1, and that such grant of rights does not conflict with the terms of any other contract to which Vendor is a Party.

**2.5** Agent shall not appoint any sub-Agents in the Territory (or elsewhere) unless it receives the prior written approval of Vendor, which shall have complete discretion to approve or not approve any proposed sub-Agent.

[in case of exclusive right: 2.6 During the term of this Agreement, Agent shall not act as a sales agent, distributor, or reseller of or otherwise handle any products that compete directly with the Products in the Territory.]



**和 訳　第2条　販売代理店の選任**

**2.1** 本契約の期間中、本契約の条項及び条件に従って、ベンダーは、販売地域において、(1)地域における現存及び潜在顧客に対する製品の市場開拓と注文の勧誘、(2)地域における現存及び潜在顧客に対する製品の実物宣伝を目的としてこの製品の〔独占的／非独占的〕販売代理店として、代理店を選任する。代理店は、ベンダーの事前の書面による承諾なくして、地域外においてここにいう活動に携わってはならない。〔独占権のある場合：本契約の期間中、ベンダーは、(i)地域において製品の他の販売代理店を選任／維持してはならず、(ii)地域において製品の注文を自ら勧

誘してはならない。〕

**2.2**　本契約の期間中、代理店は、地域において、市場開拓と顧客からの製品の注文を勧誘する商業的合理的な努力を払わなければならない。代理店は、ベンダーによる指示に基づく価格及びその他の条件で製品の注文の勧誘を行わなければならない。

**2.3**　製品の発注は、顧客によって直接ベンダーとの間でなされなければならない。どのような発注も、ベンダーによる書面による受諾がない限り、ベンダーを拘束するものではない。代理店は、顧客又は第三者とのいかなる契約又は法的義務についても、ベンダーを拘束する権限を有するものではない。代理店は、顧客及び第三者が、代理店の役割は、注文の勧誘や製品の宣伝であり、ベンダーのために契約を締結するものではないことを理解できるようにするための全ての合理的な方法を取らなければならない。



**2.4**　ベンダーは、代理店に対して、第2.1条に記載された権利を販売代理店に対して許諾する権限を保有しており、かつ、この権利の許諾は、ベンダーが当事者となっている、いかなる他の契約の条項にも抵触しないことを保証する。

**2.5**　代理店は、ベンダーの事前の書面による許可がないかぎり、地域において再販売代理店を選任してはならず、ベンダーは、その提案された再販売代理店の許可、不許可について完全なる自由裁量を有する。

〔独占権のある場合：2.6　本契約の期間中、代理店は、地域において、製品と直接的に競合するいかなる製品についても、販売代理店として行為したり、販売、再販、又は他の取扱いを行ってはならない。〕

**《解 説》**　本条は、ベンダーが地域において選任した、販売代理店の活動内容について定めています。

本契約では、海外のベンダーと顧客とが製品の売買取引を行い、販売代理店は、(1)地域における現存及び潜在顧客に対する製品の市場開拓と注文の勧誘、(2)地域における現存及び潜在顧客に対する製品の実物宣伝を行うことをその内容としていますので、販売店契約とは異なり、独占禁止法は適用にならないことが通常です。

## ■コミッション

**Article 3. Commissions**

As compensation for Agent's services provided hereunder, Vendor will pay Agent a commission in the amount of [XX%] of the contract price of Products (including spare parts) actually sold by Vendor during the term of this Agreement to Customers introduced by Agent. The contract price on which the commissions are based shall be the basic sales price of the Product, excluding any other charges/fees, including but not limited to taxes, delivery charges, customs charges, and insurance fees. Agent will not receive any commissions in connection with [support, maintenance, repair] or other services purchased by Customers.



**和訳　第3条　コミッション**

ここに定める代理店のサービスの対価として、ベンダーは代理店から紹介された顧客に対し実際に販売された製品（スペアパーツを含む。）の売買契約金額の〔XX%〕のコミッションを支払うものとする。コミッションが計算される基となる契約金額は、製品の代金とし、税金、受渡費用、関税費用、保険料などを含むがそれに限らず、いかなる費用も含まないものとする。代理店は、〔サポート、メンテナンス、修理〕又は他の顧客によって購入されたサービスに関連するいかなるコミッションも受け取らないものとする。

## ■支　払

**Article 4. Payment**

**4.1** Vendor will pay Agent the commissions by the [15th] day of each calendar month, for all Product contracts entered into between Vendor and Customers (introduced by Agent) during the previous calendar month; provided, however, that, if any Customer fails to pay Vendor's invoice for any such Product contract within [ninety (90)] days after the date of invoice, the commission for such Product contract shall be deducted from Agent's next commission payment; provided further, however, that, if the Customer subsequently pays the invoice amount, the commission for such Product contract shall be added back to Agent's next commission payment. Interest (i.e., the time value of money) shall not be considered when making the above-described deductions and additions to the commission payments.

**4.2** Payments of the commissions will be made by telegraphic transfer to a bank account designated by Agent. Each Party shall be responsible for any fees charged by its bank in connection with such telegraphic transfers. On or about the day on which Vendor pays the commissions, it will send to Agent a commission calculation sheet, which sets forth the calculation of the commission amount.

**4.3** Any such amounts not paid by the due date will accrue interest at the rate of [1%] per calendar month, simple interest.

**4.4** All sales, consumption, value-added, or similar taxes assessed on the payment of the commissions will be the responsibility of Vendor.



**和 訳**　**第4条　支払**

**4.1** ベンダーは、各暦月の〔15〕日までに、1暦月前のベンダーと顧客との間の製品の売買契約のコミッションを支払わなければならない。ただし、顧客が、請求書の日付の〔90〕日以内に製品の契約の代金を支払わなかった場合には、契約された製品についてのコミッションは、代理店の次のコミッションの支払から減額される。また、顧客が、後に請求金額を支払った場合には、その製品の契約についてのコミッションは、代理店の次のコミッションの支払に追加して戻される。利息は、その減額や増額がコミッションの支払においてなされても、発生しない。

**4.2** ベンダーは、そのコミッションを、代理店によって指定された銀行口座にTT送金によって支払わなければならない。各当事者は、その銀行から、そのTT送金に関連して課されるそれぞれの費用を負担する。ベンダーによるコミッションの支払の前後数日間のうちに、ベンダーは、コミッションの金額計算が記載されたコミッションの計算書を代理店に送付するものとする。

**4.3** いかなる金員についても、その支払期限までに支払わなかった場合には、その未払分について、暦月あたり〔1%〕の割合による遅延損害金が発生するものとする（単利）。

**4.4** コミッションの支払に関して課税される全てのセールスタックス（米国の消費税）、消費税、付加価値税、又はその他類似の税金は、ベンダーの責任にて負担すべきものとする。

## ■期間及び解除



**Article 5. Term and Termination**

**5.1** This Agreement shall be effective from the Effective Date for an initial term of [one (1)] year. Thereafter, it shall be automatically renewed for successive [one (1)] year renewal terms, unless either Party provides notice of non-renewal to the other Party at least [sixty (60)] days prior to the end of the initial term or any subsequent renewal term. The term of this Agreement shall be subject to the termination provisions listed below.

**5.2** If either Party commits a material breach of any of its obligations under this Agreement and fails to correct such breach within [twenty (20)] days after receiving notice of the breach from the non-breaching Party, the non-breaching Party shall have the right to terminate this Agreement effective immediately upon written notice to the breaching Party. However, any such notice of termination must be given by the non-breaching Party within [thirty (30)] days after the expiration

8

of the [20]-day period referenced above. If not given within that time, the non-breaching Party's right to terminate this Agreement by reason of that particular breach shall lapse.

**5.3** If either Party is not able to perform its obligations under this Agreement due to a force majeure as described in Article [XX], and such force majeure continues in effect for more than [three (3)] months, the other Party shall have the right to terminate this Agreement effective immediately upon written notice to the non-performing Party.

**5.4** Upon the expiration or termination of this Agreement for any reason, (i) Agent shall return to Vendor all marketing and other materials for the Products in its possession that it received from Vendor and delete any digital data versions of such materials, and (ii) Agent shall cease to solicit orders for the Products.

**5.5** Agent shall not be entitled to any commissions for sales of Products that occur after the expiration or termination of this Agreement, even if the subject Customers were introduced by Agent to Vendor.

**5.6** Articles 7.1 (as to ownership of [Japanese] copyright and other proprietary rights), 5.4, 5.5, 5.6, [surviving General Terms and Conditions] will survive the expiration or termination of this Agreement for so long as the subject matter therein is relevant. Articles 3 and 4 will survive the expiration or termination of this Agreement as to Product contracts entered into between Vendor and Customers prior to the effective date of the expiration or termination. Article 9 will survive the expiration or termination of this Agreement for the period of time set forth therein.

和 訳　**第5条　期間及び解除**

**5.1**　本契約は、発効日から〔1〕年間、有効である。その後は、当初の期間又はいかなる後続の更新期間についても、その末日の少なくとも〔60〕日前に、いずれかの当事者から他方当事者に対して更新打ち止めの通知をしない限り、自動的に〔1〕年間更新されるものとする。本契約の期間は、以下に定める契約終了条項に従うものとする。

**5.2**　いずれの当事者も、他方当事者が本契約の重大な（ささいなものではない）債務不履行状態にあり、債務不履行をしていない当事者からの履行請求の通知を受領してから〔20〕日以内にその債務不履行状態を解消しなかった場合には、債務不履行をしていない当事者は、書面による通知により直ちに本契約を解除することができる。ただし、上記の〔20〕日間の満了後〔30〕日以内に、債務不履行をしなかった当事者によって契約解除通知が送達されなかった場合には、その債務不履行をしなかった当事者の当該債務不履行を理由とする契約解除権は失効する。

**5.3**　いずれの当事者も、第〔XX〕条記載のとおり不可抗力により、本契約に基づく義務を履行することができなくなった場合であって、当該不可抗力事由が〔3〕か月以上継続した場合には、他方当事者は、債務を履行しない当事者に対する書面による通知によって、本契約を直ちに解除することができる。

**5.4**　本契約が期間満了又は理由のいかんを問わず解除された場合には、(a)代理店はベンダーに対してベンダーから受領したその所有する製品の市場開拓その他の資料の全てを返却し、(b)代理店は製品のための勧誘を止めなければならない。

**5.5**　代理店は、代理店によってベンダーに紹介された顧客に対する販売であったとしても、本契約の期間満了又は解除後における製品の販売に対するコミッションを請求することはできない。

**5.6**　第7.1条（〔日本語〕による著作権やその他の資産的権利の所有権）、第5.4条、第5.5条、第5.6条、〔有効としておくべき一般条項〕は、それに関連する事項が存する限り、本契約の期間満了又は解除後も効力を保持する。第3条及び第4条は、契約期間満了又は解除日前にベンダーと顧客との間で締結された製品の契約に関しては、契約期間満了又は解除後も、その効力を有する。第9条は、本契約の期間満了又は解除後も、同条に定められる期間、その効力を有する。

## ■ベンダーによる市場開拓サポート

**Article 6. Vendor's Marketing Support**

Vendor will provide Agent with marketing support free of charge in the form of written marketing materials and answers to Agent's inquiries. Vendor will provide Agent with the marketing materials, in the form of product catalogs/brochures and technical documents, in quantities reasonably requested by Agent. Vendor will answer Agent's inquiries by telephone and email in a reasonably prompt manner.



**和 訳**　**第6条　ベンダーによる市場開拓サポート**

ベンダーは、代理店に対して、無償で、市場開拓のサポートを、販売資料及び代理店の質問に対する書面による回答によって、提供しなければならない。ベンダーは、代理店に対して、代理店による合理的な要求数量の製品のカタログ／パンフレット及び技術資料による販売資料を提供する。ベンダーは、代理店からの質問に対して、電話及びEメールによる合理的な迅速性を有する方法により回答するものとする。

## ■販売代理店の翻訳権及びベンダー情報の利用

**Article 7. Agent's Translation Rights and Use of Vendor Information**

**7.1** Agent will have the right to translate any of the marketing materials and technical documents received from Vendor into the [Japanese] language for distribution to existing and potential Customers in the Territory. Agent shall bear all costs of such translations and will retain sole ownership of all copyright and other proprietary rights relating to such translated materials.

**7.2** Agent shall have the right to incorporate into its marketing materials for the Products any information contained on Vendor's internet webpage, without the need to obtain prior consent from Vendor.

**和 訳**　**第7条　販売代理店の翻訳権及びベンダー情報の利用**

**7.1**　代理店は、当該地域の現存及び潜在顧客に対して頒布するためにベンダーから受領した販売資料及び技術資料を〔日本語〕に翻訳する権利を有する。代理店は、この翻訳に係る全ての費用を負担しなければならず、この翻訳された資料に関する著作権及び他の権利を単独で保有するものとする。

**7.2**　代理店は、その製品の市場開拓資料にベンダーのインターネットウェブページに含まれる情報を、ベンダーからの事前承諾を得ることなく組み入れる権利を有する。

**《解 説》**　販売代理店によるベンダーから提供を受けた資料等の利用方法について定めた条項です。特に、販売代理店が、製品の市場開拓のための資料を自国の言語に翻訳することができる権利は、重要です。

## ■トレードマークのライセンス

**Article 8. Trademark License**

Vendor grants to Agent during the term of this Agreement a non-exclusive, royalty-free license to use Vendor's trademarks and logos (collectively the "Trademarks") in connection with Agent's marketing and other activities under this Agreement. Agent shall obtain prior written approval from Vendor for any use of the Trademarks. Vendor shall respond to any such request for approval within [five (5)] business days. If Vendor does not respond within such [five (5)] business day period, it shall be deemed to have approved the requested use of the Trademarks. Vendor shall separately inform Agent of the Trademarks covered by this license and provide Agent with appropriate samples of relevant logos in printed and/or digital data form. Except for the license granted hereunder, all rights in the Trademarks shall remain the sole property of Vendor. Agent agrees that it will not use or apply for registration of any other trademarks or logos that are confusingly similar to any of the Trademarks.

**和訳**　**第8条　トレードマークのライセンス**

ベンダーは代理店に対して、本契約の有効期間中、代理店の市場開拓、及び本契約に基づくその他の活動に関連して、非独占的に、無償にて、ベンダーの商標及びロゴ（以下、「トレードマーク」と総称する。）を使用することを許諾する。代理店は、ベンダーに対して、いかなるトレードマークの使用についても、事前の書面による使用許諾を受けなければならない。ベンダーは、そのような使用許諾申請に対しては〔5〕営業日以内に回答しなければならない。仮に、ベンダーが〔5〕営業日以内に回答しなかった場合には、当該トレードマークの使用許諾がなされたものとみなされる。ベンダーは、この使用許諾がなされたトレードマークを個別に通知しなければならず、代理店に対して、印刷及び／又はデジタルデータにより、当該ロゴの適切なサンプルを供給しなければならない。ここに許諾されたライセンスを除いて、トレードマークの全ての権利は、ベンダー単独の資産で有り続ける。代理店は、そのトレードマークと類似する他の商標やロゴを使用したり、登録申請しないことに同意する。

## ■秘密保持

**Article 9. Confidentiality**

Agent shall keep confidential all non-public information of Vendor (“Confidential Information”) that it receives from Vendor in connection with this Agreement. Agent shall use the Confidential Information only for the purposes of this Agreement. Agent shall not disclose the Confidential Information to any third party, unless it obtains the prior written consent of Vendor. The obligations in this Article will survive the expiration or termination of this Agreement for a period of [three (3)] years.

和 訳　**第 9 条　秘密保持**

代理店は、ベンダーから本契約に関連して受領した秘密情報を保持しなければならない。代理店は、本契約の目的のみ秘密情報を使用しなければならない。代理店は、ベンダーの事前の書面による同意を得ないかぎり、いかなる第三者に対しても、秘密情報を開示してはならない。この条項の義務は、〔3〕年間、本契約の期間満了又は解除後もその効力を有する。

**《解 説》**　当事者間にて、あらかじめ秘密保持契約書を締結していて、本契約書の中に完全合意条項が定められる場合の本契約に定める秘密情報と先に締結していた秘密保持契約書との関係については、「秘密保持契約書」第 4 条の解説をご参照ください（P.53、P.54）。

秘密保持義務の存続期間については、秘密保持及び利用の制限といった本条の目的にかなった期間を、当事者間の合意により定めることになります。当該秘密情報の性質によって、3 年から 10 年程度の期間を定めることになろうかと思われます。

8

## ■一般条項

〔General Terms and Conditions〕
〔Note: The “Relationship Between Parties” provision should be omitted.〕

和 訳　〔**一般条項**〕

〔注意：両当事者の関係条項は除かれる。〕

**《解 説》**　本契約においては、両当事者の関係については、定められていますので、一般条項の「両当事者の関係」条項は、入れる必要はありません。

## ■後　文

IN WITNESS WHEREOF, the Parties have caused their duly authorized representatives to execute this Agreement on the dates set forth under their signatures.

VENDOR　　　　　　　　　　AGENT

| | |
|---|---|
| By: ______________________ | By: ______________________ |
| Name: | Name: |
| Title: | Title: |
| Date: | Date: |

**和 訳**

上記の証（あかし）として、本契約の当事者は、本契約を、署名欄記載の日に、正当な権限を持つ代表者によって署名せしめ、締結するものとする。

| | |
|---|---|
| ベンダー | 代理店 |
| 名前 | 名前 |
| 役職（部署） | 役職（部署） |
| 日付 | 日付 |



## 別紙A

Exhibit "A"
（別紙A）
Products
（製品）

[1. all computer servers marketed by Vendor during the term of this Agreement
2. all software products for the computer servers
3. all related products for the computer servers (e.g. cables, racks)]
〔1. 本契約の期間中、ベンダーによって示される全てのコンピューターサーバー
2. コンピューターサーバーのための全てのソフトウエア製品
3. コンピュータサーバーのための全ての関連製品（例えば、ケーブル、棚）〕

# 9 サービス契約書

サービス契約とは、業務委託契約の一種です。本契約は、ベンダーがサービス会社に対して、ベンダーが一定の地域で販売した製品の修理、メンテナンス等のアフターサービス業務を委託して、サービス会社はこの業務をベンダーに対して提供することによって、報酬を受け取るという内容となっています。

目　次

## ■頭　書

**SERVICE AGREEMENT**

This Service Agreement (this "Agreement") is entered into effective ______ (the "Effective Date") between [Harper Enterprises Co., Ltd.], a [corporation established and existing under the laws of Delaware, U.S.A.] having its head office at [Paxson Building, 10F, 1234 Daniel Avenue, New York, New York 10001, U.S.A.] ("Vendor") and [Satonaka Enterprises Co., Ltd.] a [corporation established and existing under the laws of Japan] having its head office at [Miyazaki Building, 10 F, 1-1-1 Tamakicho, Chiyoda-ku, Tokyo 101-0001, Japan] ("Service Provider") (collectively the "Parties" or individually a "Party").



和訳　**サービス契約書**

本サービス契約書（「本契約」）は、〔年月日〕から効力を有するものとして（「発効日」）、〔Harper Enterprises Co., Ltd.〕、〔米国デラウェア州法によって設立された株式会社であって〕、その本店所在地は〔Paxson Building, 10F, 1234 Daniel Avenue, New York, New York 10001, U.S.A.〕（「ベンダー」）と、〔里中株式会社〕、〔日本法によって設立された株式会社であって〕、その本店所在地は〔郵便番号101-0001　日本国東京都千代田区玉木町1丁目1番1号宮崎ビルディング10階〕（「サービス会社」）との間にて締結された（以下、当事者を総称して「両当事者」、それぞれを「当事者」という。）。

## ■経　緯

**RECITALS**

WHEREAS, Vendor desires to engage Service Provider to render after-sale services for the Products (as defined below) sold by Vendor in the Territory (as defined below); and

WHEREAS, Service Provider desires to accept such engagement.

NOW, THEREFORE, the Parties mutually agree to enter into this Agreement in accordance with the terms and conditions stated herein.

和訳　　　　経　緯

ベンダーは、当該地域（以下に定義する。）においてベンダーによって販売された製品（以下に定義する。）についてのアフターサービス業務をサービス会社に提供させることを希望し、

サービス会社は、この業務の提供を受諾することを希望しており、

そこで、両当事者は、ここに定められた条項と条件に従って本契約を締結することを相互に合意する。

## ■定　義



**Article 1. Definitions**

For purposes of this Agreement, including any Exhibits, the following terms shall have the following meanings:

**1.1** "Non-Warranty Services" shall have the meaning set forth in Article 2.1.

**1.2** "Products" shall mean the [computer hardware products] sold by Vendor in the Territory.

**1.3** "Reports" shall have the meaning set forth in Article 6.2.

**1.4** "Service Fee" shall have the meaning set forth in Article 2.3.

**1.5** "Services" shall have the meaning set forth in Article 2.1.

**1.6** "Spare Parts" shall have the meaning set forth in Article 2.2.

**1.7** "Territory" shall mean [Japan].

**1.8** "Users" shall mean the users of Products in the Territory.

**1.9** "Warranty Services" shall have the meaning set forth in Article 2.1.

**和 訳**　**第1条　定義**

本契約においては、全ての別紙も含めて、以下の用語は以下の意味を持つ。

**1.1** "非保証サービス"とは、第2.1条に定めるものをいう。

**1.2** "製品"とは、地域においてベンダーによって販売された〔コンピュータハードウエアプロダクト〕をいう。

**1.3** "報告書"とは、第6.2条に定めるものをいう。

**1.4** "サービス報酬"とは、第2.3条に定めるものをいう。

**1.5** "サービス"とは、第2.1条に定めるものをいう。

**1.6** "スペアパーツ"とは、第2.2条に定めるものをいう。

**1.7** "地域"とは、〔日本〕とする。

**1.8** "ユーザー"とは、地域における製品のユーザーをいう。

**1.9** "保証サービス"とは、第2.1条に定めるものをいう。

## ■委嘱と報酬

**Article 2. Services and Service Fee**

**2.1** During the term of this Agreement, Service Provider shall provide to Vendor the services described in Exhibit "A" attached hereto (the "Services"). The Services shall be divided into "Warranty Services", i.e., services that are covered by Vendor's warranty for the Product, and "Non-Warranty Services", i.e., services that are not covered by Vendor's warranty for the Product.

**2.2** Service Provider shall maintain a reasonable inventory of spare parts for the Products in connection with the repair and maintenance services performed in connection with the Services (the "Spare Parts"). Spare Parts used in connection with Warranty Services will be provided by Vendor to Service Provider free of charge. Spare Parts used in connection with Non-Warranty Services will be purchased by Service Provider from Vendor, based on the prices and other terms and conditions described in Exhibit "B".

**2.3** In consideration of the Services provided by Service Provider to Vendor under this Agreement, other than the Non-Warranty Services, Vendor shall pay to Service Provider a fee (the "Service Fee") in the fixed amount of [XX] per calendar month during the term of this Agreement. The Service Fee for any partial calendar month during the term of this Agreement shall be calculated on a pro-rata basis. For Non-Warranty Services, Service Provider shall receive compensation directly from Users in amounts reasonably set by Service Provider, and Vendor shall be deemed to not pay compensation to Service Provider for the provision of Non-Warranty Services.

**2.4** On or before the [15th] day of each calendar month during the term of this Agreement, Service Provider will prepare and send to Vendor an invoice for the Service Fee for the previous calendar month. Vendor will pay such invoice within [thirty (30)] days after its receipt of the invoice.

**2.5** On or before the [1st] day of each January, April, July, and October during the term of this Agreement, Service Provider will prepare and send to Vendor a report on the Spare Parts utilized during the just-completed calendar quarter in connection with Non-Warranty Services. On or before the [last] day of the same month, Vendor will send Service Provider an invoice for such Spare Parts, and Service Provider will pay such invoice within [thirty (30)] days after its receipt of the invoice.

**2.6** The payments of all invoices will be made by telegraphic transfer to a bank account designated by the receiving Party. Each Party shall be responsible for any fees charged by its bank in connection with such telegraphic transfers.

**2.7** Any invoiced amounts not paid by the due date will accrue interest at the rate of [1%] per calendar month, simple interest.

**2.8** All sales, consumption, value-added, or similar taxes assessed on the Service Fee or payments for Spare Parts will be the responsibility of the paying Party.



**和訳**　**第2条　委嘱と報酬**

**2.1**　本契約の期間中、サービス会社はベンダーに別紙A記載のサービスを提供すべきものとする（以下、「サービス」という。）。サービスは、保証サービス、すなわち、ベンダーによる当該製品の保証により行われるべきサービスと、非保証サービス、すなわち、ベンダーによる当該製品の保証によらないサービスに区別されるものとする。

**2.2**　サービス会社は、サービスに関して履行される修理や保守に関連する製品のスペアパーツの合理的な在庫を維持しなければならない（以下「スペアパーツ」という。）。保証サービスに関するスペアパーツは、ベンダーからサービス会社に無償で提供されるものとする。非保証サービスに関するスペアパーツは、別紙B記載の価格及びその他の条件に基づき、サービス会社に有償で供給されるものとする。

**2.3**　本契約に基づきサービス会社によってベンダーに提供される非保証サービス以外のサービスの対価として、ベンダーはサービス会社に対して、本契約の期間中、暦月あたり〔XX〕の固定報酬（「サービス報酬」）を支払う。本契約の期間中、暦月の一部のサービス報酬の金額は、日割りにて計算されるものとする。非保証サービスについては、サービス会社は、サービス会社の取り決めた合理的な金額の報酬をユーザーから直接受領するものとし、ベンダーは、非保証サービスについてのサービス会社に対する報酬を支払わないものとする。

**2.4** 毎暦月の〔15日〕までに、サービス会社はベンダーに対して、前暦月に提供したサービスのサービス報酬金額の請求書を作成し、送付するものとする。ベンダーは、請求書受領後〔30〕日以内に、その請求書の支払いを行うものとする。

**2.5** 本契約の期間中、1月、4月、7月、及び10月の各〔1〕日に、サービス会社は、終了した四半期の間に利用した非保証サービスに係るスペアパーツに関するレポートをベンダーに対して作成、送付するものとする。同月〔末〕日までに、ベンダーは、サービス会社に対して、これらのスペアパーツについての請求書を送付するものとし、ベンダーは、請求書受領後〔30〕日以内に、その請求書の支払を行うものとする。

**2.6** 全ての請求書の支払は、金員を受領する当事者によって指定された銀行口座にTT送金によって支払われなければならない。各当事者は、その銀行から、そのTT送金に関連して課されるそれぞれの費用を負担する。

**2.7** 支払期限までに請求金額が支払われなかった場合には、暦月あたり〔1%〕の割合にて遅延損害金が発生する（単利）。

**2.8** サービス報酬又はスペアパーツの代金に対して課されるセールスタックス（米国の消費税）、消費税、付加価値税、その他類似の税金は、支払を行う当事者の責任とする。

**《解 説》** サービス会社が外国会社、ベンダーが日本の会社である場合には、サービス報酬の支払に際して、源泉所得税の支払が必要となる場合もあります。この場合には、「コンサルティング契約書」第2.7条等をご参照ください（P.174、P.176）。

## ■ベンダーの責任

**Article 3. Vendor Responsibilities**

**3.1** Vendor will provide Service Provider, free of charge, with technical information and technical training to reasonably allow

9

Service Provider to become sufficiently knowledgeable about the Products to perform the Services in a competent manner.

**3.2** In connection with Service Provider's performance of the Services, Vendor will provide Service Provider, free of charge, with backup support to address technical issues that are beyond the reasonable scope of Service Provider's knowledge of the Products.

**3.3** Vendor shall defend and indemnify Service Provider against any claim or legal action brought by a third party alleging that Service Provider's use of the Products or sale of the Spare Parts in connection with its provision of the Services infringes the intellectual property or other proprietary rights of the third party.



**和訳**　**第3条　ベンダーの責任**

**3.1**　ベンダーはサービス会社に対して、製品についての適切な方法によるサービスの履行をするのに十分な知識を持つための技術情報及び技術訓練を、無償で、提供するものとする。

**3.2**　ベンダーは、サービス会社のサービスの履行に関連して、サービス会社が有する製品についての知識の合理的な範囲を超える技術的問題についてのバックアップサポートを、無償で、提供するものとする。

**3.3**　ベンダーは、サービス会社を、サービスの支給に関連して製品の使用やスペアパーツの販売によって、第三者の知的財産権又は他の権利を侵害するとして請求がなされた場合又は訴訟が提起された場合には、防御し、補償しなければならない。

**《解説》**　第3.3条のdefend and indemnifyの意味ですが、英米諸国においては、例えば、第三者から、被補償当事者が訴えを起こされた場合には、補償しなければならない当事者が、自ら弁護士を選任して、訴訟活動を被補償当事者のために行い、当該訴えの防御活動を行って、損害賠償請求に対抗することを意味しています。

## ■期間及び解除

**Article 4. Term and Termination**

**4.1** This Agreement shall be effective from the Effective Date for an initial term of [two (2)] years. Thereafter, it shall be automatically renewed for successive [one (1)] year renewal terms unless either Party provides notice of non-renewal to the other Party at least [sixty (60)] days prior to the end of the initial term or any subsequent renewal term. The term of this Agreement shall be subject to the termination provisions listed below.

**4.2** If either Party commits a material breach of any of its obligations under this Agreement and fails to correct such breach within [twenty (20)] days after receiving notice of the breach from the non-breaching Party, the non-breaching Party shall have the right to terminate this Agreement upon [thirty (30)] days advance written notice to the breaching Party. However, any such notice of termination must be given by the non-breaching Party within [thirty (30)] days after the expiration of the [20]-day period referenced above. If not given within that time, the non-breaching Party's right to terminate this Agreement by reason of that particular breach shall lapse.

**4.3** If either Party is not able to perform its obligations under this Agreement due to a force majeure as described in Article [XX], and such force majeure continues in effect for more than [three (3)] months, the other Party shall have the right to terminate this Agreement effective immediately upon written notice to the non-performing Party.

**4.4** At any time following the first anniversary of the Effective

Date, if either Party believes that the amount of the Service Fee is too high or too low, it may provide the other Party with a request to modify the amount of the Service Fee. The notice shall include the modified Service Fee requested by the sending Party and the reasons for the request. After the delivery of such notice, the Parties shall discuss the request for modification and attempt to mutually agree upon a modified Service Fee. If the Parties are not able to agree on a modified Service Fee within [sixty (60)] days after the receipt of the notice, then, either Party shall have the right to terminate this Agreement upon [ninety (90)] days advance written notice to the other Party. However, any such notice of termination must be given within [ten (10)] days after the expiration of the [60]-day period referenced above. If not given within that time, the Parties' right to terminate this Agreement by reason of that particular failure to reach agreement on the modified Service Fee shall lapse. Unless and until any modification of the Service Fee is mutually agreed to by the Parties, the then-current Service Fee shall continue to be effective, and payment shall be made based thereon. If the Parties agree on a modified Service Fee, neither Party shall request a further modification until such modified Service Fee has been effective for at least [one (1)] year.



**4.5** Upon the expiration or termination of this Agreement for any reason, (i) Service Provider shall promptly return to Vendor any remaining inventory of Spare Parts (at Vendor's expense), and (ii) the Parties shall complete the invoicing and payment procedures referenced in Article 2 as quickly as reasonably possible for any Service Fees and payments for Spare Parts that had accrued but not yet been invoiced/paid as of the effective date of the expiration/termination.

**4.6** Articles 2 (as to Service Fees and payment for Spare Parts that have accrued but not been invoiced/paid as of the effective date of the expiration/termination), 3.3, 4.5, 4.6, 9 [Surviving General Terms and Conditions] will survive the expiration or termination of this Agreement for so long as the subject matter therein is relevant. Articles 6, 8 and 10 will survive the expiration or termination of this Agreement for the period of time set forth therein.

**和 訳**　**第４条　期間及び解除**

**4.1** 本契約は、発効日から〔2〕年間、最初の期間として有効である。その後、一方当事者が他方当事者に対して、最初の期間の終了日、又はそれに続く更新後の期間の最終日の少なくとも〔60〕日前までに、更新をしない旨の通知をしない限り、本契約は、自動的にそれに続く〔1〕年間更新される。本契約の期間は、以下に定める契約終了条項に従うものとする。

**4.2** いずれの当事者も、他方当事者が本契約の重大な（ささいなものではない）債務不履行状態にあり、債務不履行をしていない当事者からの履行請求の通知を受領してから〔20〕日以内にその債務不履行状態を解消しなかった場合には、債務不履行をしていない当事者は、〔30〕日前の書面による通知により本契約を解除することができる。ただし、上記の〔20〕日間の満了後〔30〕日以内に、債務不履行をしなかった当事者によって契約解除通知が送達されなかった場合には、その債務不履行をしなかった当事者の当該債務不履行を理由とする契約解除権は失効する。

**4.3** いずれの当事者も、第〔XX〕条記載のとおり不可抗力により、本契約に基づく債務を履行することができなくなった場合であって、当該不可抗力事由が〔3〕か月以上継続した場合には、他方当事者は債務を履行しない当事者に対する書面による通知によって、本契約を直ちに解除することができる。

**4.4** 発効日の最初の１年間が経過した時点で、随時、一方当事者がサービス報酬を高すぎる又は低すぎる金額であると確信した場合には、他方当事者に対して、サービス報酬の金額の改訂を要求することができる。通知には、通知者によって要求する改訂金額及び要求の理由についても記載されていなければならない。通知が送達された後、両当事者は、改訂の要求を協議し、サービス報酬金額改訂について、相互に合意するよう努めなければならない。両当事者が、通知受領後、〔60〕日以内に合意ができなかった場合には、一方当事者は、他方当事者に対する〔90〕日前の書面による通知によって本契約を解除する権利を有するものとする。ただし、いかなるこの解除通知も、上記の〔60〕日の期間満了後、〔10〕日以内に送達されなければならない。その期間内に通知がなされなかった場合には、当該当事者のそのサービス報酬改定についての合意に達することができなかったという理由による、本契約解除の権利は消滅する。サービス報酬の両当事者による合意に基づく改定がなされない限り、現行のサービス報酬は有効であり、それに基づき支払がなされなければならない。両当事者が、サービス報酬を改訂することに合意した場合には、その改訂されたサービス報酬は少なくとも〔1〕年間効力を有するものとし、いずれの当事者も、その間は、更なる改訂の要求はできない。



**4.5**　本契約の期間満了又は理由のいかんを問わず解除された場合であっても、(i)契約終了日に、サービス会社は、ベンダーに対して速やかに、スペアパーツの在庫を返却しなければならず（ベンダーの費用にて）、(ii)両当事者は、契約期間満了／解除までに発生し、かつ未請求／未払のいかなるサービス報酬及びスペアパーツ代金の支払についても、合理的に可能な早さで第2条に定められる請求及び支払手続を完了しなければならない。

**4.6**　第2条（契約期間満了／解除までに発生し、かつ未請求／未払のいかなるサービス報酬及びスペアパーツ代金に関して）、第3.3条、第4.5、第4.6条、第9条、及び〔有効としておくべき一般条項〕は、本契約に関連する事項が存する限り、本契約が終了した後も効力を有するものとする。第6条、第8条及び第10条は、契約期間満了／解除にもかかわらず、当該条項に定める期間、効力を有するものとする。

## ■サービスの基準

**Article 5. Standard of Services**

**5.1**　Service Provider will use commercially reasonable efforts in its provision of the Services and will comply with all reasonable requests and instructions given by Vendor in connection with this Agreement.

**5.2** In providing the Services, Service Provider will comply with all relevant laws, regulations, licensing requirements, professional standards, and other rules/standards that apply to the Services.

**和 訳**　**第5条　サービスの基準**

**5.1**　サービス会社は、サービスを提供することについて、商業的に合理的な努力を払うものとし、本契約に関連して、ベンダーによる要求及び指示を遵守する。

**5.2**　サービス会社は、サービスの提供において、そのサービスに適用される関連法令、法規、許認可の要否、職業的標準、及びその他のルール／基準に従わなければならない。

《**解 説**》 日本法上、業務委託契約は、委任又は準委任とされていますので、契約において、そのサービスの履行の水準について、何も定めていない場合には、善管注意義務がその基準となります。そのため、当事者間において、業務の水準について争いを予防するために、本条のように、業務の水準を定めておくことが必要なのです。なお、再委託の原則禁止についても、定めておくことが通常ですが、本契約例においては、一般条項にてそれを定めるようにしています。

## ■記録保存、監査及び報告書

**Article 6. Recordkeeping, Audit, and Reports**

**6.1** Service Provider will maintain accurate and detailed records of the Services to allow Vendor to understand, among other things, (i) the after-sale performance of the Products in the Territory, (ii) the quality of the Services provided by Service Provider, (iii) the quantities of Spare Parts consumed in connection with the Warranty Services and Non-Warranty Services and remaining Spare Parts inventory levels, and (iv) the number of cases and details of Warranty Services and Non-Warranty Services provided by Service Provider, including the amounts charged by Service Provider to Users for Non-Warranty Services. The details of Service Provider's recordkeeping obligations shall be separately discussed and mutually agreed upon by the Parties. Service Provider will retain such records for at least [four (4)] years after the end of the calendar quarter to which the records pertain.

**6.2** Within [thirty (30)] days after the end of each calendar quarter during the term of this Agreement, Service Provider shall provide Vendor with a report on its Services provided during the calendar quarter (the "Reports"). Service Provider shall comply with Vendor's reasonable instructions as to the contents and format of the Reports.



**6.3** Vendor shall have the right, but not more than twice per calendar year, to audit the originals of Service Provider's records relating to the Services to confirm the accuracy of the Reports and the invoices for Spare Parts used in connection with Non-Warranty Services, the quality of the Services provided by Service Provider, and other details of the Services provided by Service Provider. Each audit may cover one or more calendar quarters, but not any calendar quarter which ended more than [three (3)] years prior to the date of the audit. The audit may be performed by Vendor personnel or by an accountant or accounting firm hired by Vendor. Vendor will perform the audits during Service Provider's normal business hours at Service Provider's offices or at a nearby location designated by Service Provider. Vendor will provide Service Provider at least [ten (10)] business days notice before the audits.

**和訳** **第6条　記録保存、監査及び報告書**

**6.1**　サービス会社は、ベンダーに理解させるためのサービスの正確かつ詳細な記録を保持しなければならない。それらの中には以下を含むものとする。(i)地域における製品の販売後の稼働状況、(ii)サービス会社によって提供されたサービスの質、(iii)保証サービス及び非保証サービスに関連して消費されたスペアパーツの量及びスペアパーツの在庫量、及び(iv)ユーザーによってサービス会社に対して非保証サービスの料金として支払われた金額を含む、保証サービス及び非保証サービスの件数及び詳細。サービス会社の記録保持義務の詳細は、別途協議の上、両当事者によって相互に同意されるべきものとする。サービス会社は、その記録が属する4半暦年の終了から〔4〕年間その記録を保持しなければならない。

**6.2**　本契約の期間の4半暦年の末日から〔30〕日以内に、サービス会社は、ベンダーに、4半暦年のそのサービスについての報告書（以下「報告書」）を提出する。サービス会社は、ベンダーによる報告書の内容及び様式に関する合理的な指示に従わなければならない。

**6.3**　ベンダーは、暦年ごとに2回に限り、報告書、非保証サービスに関連する使用されたスペアパーツの請求書の正確性、サービス会社によって提供されたサービスの質、及びサービス会社によって提供されたサービスの他の詳細を確認するために、本サービスに関連するサービス会社の記録の原本を監査する権利を有するものとする。監査は、1期以上の4半暦年をカバーすることができるが、監査の日前の〔3〕年間以上前に末日がくる4半暦年は含まない。監査は、ベンダーの人員、若しくは、ベンダーによって委嘱される会計士又は会計事務所によって行われることができるものとする。ベンダーは、サービス会社の通常の営業時間内に、サービス会社のオフィス、又はサービス会社によって指示された近くの場所において、監査を実施するものとする。ベンダーはサービス会社に対して、監査の日の少なくとも〔10〕営業日前に通知を行うものとする。

9

## ■競業者に対するサービスの禁止

**Article 7. No Services to Competitors**

During the term of this Agreement, Service Provider and its employees and other personnel shall not provide services or other assistance of any kind to any direct competitor of Vendor. If Service Provider is uncertain whether a customer or potential customer is a direct competitor of Vendor, it shall promptly inform Vendor of the matter and discuss the matter with Vendor.

**和訳**　**第7条　競業者に対するサービスの禁止**

本契約の期間中、サービス会社並びにその従業員及び他の人員は、ベンダーの直接的競業者に対して、サービス又はその他の支援を提供してはならない。サービス会社が、客先又は潜在的客先がベンダーの直接的競業者であるかどうか確かではない場合には、ベンダーに対して、そのことを直ちに通知し、ベンダーとその事項を話し合うものとする。

**《解説》**　サービス会社は、自らの一定分野の専門的知識及び技術に基づいて、アフターサービス業務を遂行することから、同種の事業を営み、当該ベンダーと競業する事業者に対して同様の業務を提供することは、自らの営業において必要不可欠ともいえることです。一方、ベンダーとしては、同業他社に対して、同一のサービス会社がアフターサービス業務を提供することは決して好ましいことではありません。このように、当事者間において、利益が相反する可能性もありますので、競業者へのサービス提供の制限の有無について、取り決めておく必要があるのですが、本条項においては、本契約の期間中のサービス会社によるベンダーの直接的競業者に対するアフターサービス業務の提供を制限しています。



## ■秘密保持

**Article 8. Confidentiality**

**8.1** The Parties acknowledge that they may disclose their confidential or other proprietary information (“Confidential Information”) to each other in the course of the performance of this Agreement. All Confidential Information provided by one Party (the "Disclosing Party") to the other Party (the "Receiving Party") under this Agreement in written or other tangible form shall be clearly and conspicuously marked as "Confidential" or "Proprietary". All Confidential Information provided in electromagnetic files or other digital data form (including email text) shall be clearly and conspicuously marked as "Confidential" or "Proprietary" within such file/email. All Confidential Information provided in oral or visual form shall be designated as confidential at the time of disclosure and confirmed in writing by the Disclosing Party to the Receiving Party within [fourteen (14)] days after the date of disclosure. The Receiving Party (i) shall use the Confidential Information only for the purposes of this Agreement, (ii) shall not disclose the Confidential Information to any third party, unless it obtains the prior written consent of the Disclosing Party, and (iii) shall disclose the Confidential Information only to its employees, directors, contractors, and advisers who have a reasonable need to know the Confidential Information, and who are bound by duties of confidentiality and limited use at least as strict as those stated herein. The obligations in this Article will survive the expiration or termination of this Agreement for a period of [three (3)] years.

**8.2** Notwithstanding the foregoing, the confidentiality and limited use obligations set forth above shall not apply to Confidential Information that (i) was publicly available at the time of first disclosure by the Disclosing Party or becomes publicly available after the time of first disclosure through no fault of the Receiving Party, (ii) was already in the possession of the Receiving Party at the time of first disclosure, (iii) is received by the Receiving Party from an unrelated third party with no confidentiality obligations attached, (iv) is authorized for release by the Disclosing Party in writing, or (v) is the subject of a government or judicial subpoena or other order, provided that the Receiving Party promptly informs the Disclosing Party of the situation and allows the Disclosing Party to control any efforts to challenge the subpoena/order.

**8.3** Within [thirty (30)] days after the effective date of expiration or termination of this Agreement for any reason, the Receiving Party will (i) return to the Disclosing Party all copies of Confidential Information in its possession (whether in written or any other tangible form) and (ii) permanently delete all copies (including backup copies) of the Confidential Information contained in the Receiving Party's computer disks or other electromagnetic storage media or in any other intangible form and certify the completion of such deletion in writing to the Disclosing Party.



**和 訳**　**第8条　秘密保持**

**8.1**　両当事者は、本契約の履行の過程において、お互い自らの秘密又は社内情報（「秘密情報」）を開示することがあり得ることを認める。一方当事者（以下、「開示当事者」という。）によって他方当事者（以下「受領当事者」という。）に対して、本契約に基づいて文章又は他の有形の方法により提供される全ての秘密情報には、「秘密」又は「社外秘」と明確かつ明瞭に表示されなければならない。電子ファイル又はその他のデジタルデータ（Eメールを含む。）には、ファイル又はEメールの中に、それが、明確かつ明瞭に表示されなければならない。全ての口頭又は可視的な秘密情報は、開示当事者により、開示時に、秘密情報である旨が指示されなければならず、かつ、開示日から〔14〕日以内に、開示当事者によって受領当事者に対して、書面により確認するものとする。受領当事者は、(i)秘密情報を本契約の目的のみに利用しなければならず、(ii)開示当事者の事前の書面による同意を得なければ秘密情報をいかなる第三者に対してもこれを開示してはならず、(iii)秘密情報を合理的に知る必要があって、本契約に定めるものと少なくとも同等の秘密保持義務及び利用制限によって拘束されるその従業員、取締役、業務委託者、及びアドバイザーに対してのみ、秘密情報を開示する。本条に定める義務は、本契約の期間満了又は解除後〔3〕年間存続するものとする。

**8.2** 前条にかかわらず、秘密情報についての秘密保持や限定的利用の上記の義務は、以下の秘密情報については適用されないものとする。(i)開示当事者による最初の開示時点において公知情報であったか、受領当事者の過失なく最初の開示以後に公知になった情報、(ii)最初に開示された時点で、既に、受領当事者が知っていた情報、(iii)受領当事者において、何ら秘密保持義務を課されず無関係の第三者から受領した情報、(iv)開示当事者によって書面によって免責された情報、(v)政府や司法機関の文書提出命令又は他の命令の対象となった情報。ただし、受領当事者は、開示当事者にその状況を速やかに通知し、開示当事者がその文書提出命令やその他の命令に対して、異議を申立ての方策を講じることができるようにしなければならない。

**8.3** 本契約の期間満了又はその理由のいかんを問わず解除された日から[30]日以内に、受領当事者は、開示当事者に対して、その保有する（文章か他の有形の方法かを問わず）秘密情報の全ての複製を返還し、かつ、受領当事者のコンピュータのディスク又は他の電子記録媒体又は他の無形の方法に含まれる秘密情報の全ての複製（バックアップも含む。）を永久的に削除しなければならず、開示当事者に対して、書面によりこの削除が完了したことについて証明しなければならない。

**《解 説》** 当事者間にて、あらかじめ秘密保持契約書を締結していて、本契約書の中に完全合意条項が定められる場合の本契約に定める秘密情報と先に締結していた秘密保持契約書との関係については、「秘密保持契約書」第 4 条の解説をご参照ください（P.53、P.54）。

第 8.1 条に定める、秘密保持義務の存続期間については、秘密保持及び利用の制限といった本条の目的にかなった期間を、当事者間の合意により定めることになります。当該秘密情報の性質によって、3 年から 10 年程度の期間を定めることになろうかと思われます。

第 8.3 条に定める、当該契約の期間満了又は終了時における秘密情報の

9

返還については、「秘密保持契約書」第4条の解説をご参照ください（P. 54、P.55）。

## 保証及び責任限定

**Article 9. Warranty and Limitation of Liability**

**9.1** Vendor warrants the Spare Parts as stated in Exhibit "B".

**9.2** With the exception of liability for breaches of obligations relating to intellectual property, confidentiality, prohibition against providing services to Vendor's competitors, and non-solicitation, neither Party shall be liable to the other Party for any consequential or indirect damages suffered by such other Party in connection with the Services or this Agreement. In addition, notwithstanding any provision herein to the contrary, the aggregate liability incurred by either Party under this Agreement (excluding Vendor's obligation to pay the Service Fees), under any legal theory, shall not exceed [the total Service Fees paid or payable by Vendor to Service Provider under this Agreement].

9

**和訳**　**第9条　保証及び責任限定**

**9.1** ベンダーは、別紙Bに定めるとおり、スペアパーツを保証する。

**9.2** 知的財産又は秘密保持に関する義務の違反、ベンダーの競争者に対するサービスの提供の禁止、及び勧誘の禁止の義務違反を除いては、いずれの当事者も他方当事者に対して、本契約に関して、他方当事者が被った、結果的な又は間接的な損害の責任を負うものではなく、加えて、本条項と矛盾する条項の定めにもかかわらず、本契約に基づいて、いかなる法律上の理論に基づいた場合であっても、他方当事者によって負担される金銭的な責任（ベンダーによるサービス報酬の支払義務を除く。）による損害賠償の合計は、〔本契約に基づいて、ベンダーによってサービス会社に対し支払われたか支払われるサービス料の合計額〕を超えないものとする。

## ■勧誘の禁止

**Article 10. Non-Solicitation**

During the term of this Agreement and for a period of [one(1)] years after the expiration or termination thereof, neither Party will hire any employee or other personnel of the other Party or solicit such employee/personnel to leave the employ of the other Party.

**和 訳　第10条　勧誘の禁止**

本契約の期間満了又は解除後〔1〕年間、いずれの当事者も他方当事者の従業員や他の人員を雇用してはならず、他方当事者の雇用を離脱させ、その従業員や人員を引き抜こうと勧誘してはならない。

## ■一般条項

[General Terms and Conditions]
[Note: The "Relationship Between Parties" provision should be omitted.]

**和 訳**　〔一般条項〕

〔注意：両当事者の関係条項は除かれる。〕

9

## ■後　文

IN WITNESS WHEREOF, the Parties have caused their duly authorized representatives to execute this Agreement on the dates set forth under their signatures.

| VENDOR | SERVICE PROVIDER |
|---|---|
| By: ______________________ | By: ______________________ |
| Name: | Name: |
| Title: | Title: |

| Date: | Date: |
|---|---|

和訳

上記の証（あかし）として、本契約の当事者は、本契約を、署名欄記載の日に、正当な権限を持つ代表者によって署名せしめ、締結するものとする。

| ベンダー | サービス会社 |
|---|---|
| 名前 | 名前 |
| 役職（部署） | 役職（部署） |
| 日付 | 日付 |

## 別紙 A

9

Exhibit "A"

Description of Services

[Simple Example:

general nature of Services: comprehensive after-sales service to Users regarding the Products, including repair services, maintenance services, and call-center services to answer questions from Users.

details of Services: The Parties shall discuss and mutually agree upon the details of the Services, including, but not limited to, Spare Parts inventory levels, target turnaround times for repairs, hours of operation of call center, target average wait times for Users calling the call center, target response times for questions to call center, procedure for escalating questions and repairs to Vendor when they are beyond the knowledge of Service Provider.]

和訳

別紙 A

サービスの詳細

〔シンプルな例:

サービスの一般的性質：製品に関する、修理、メンテナンス、及びユーザーからのコールセンターへの質問に対する回答を含む、包括的なユーザーへのアフターセールスサービス

サービスの詳細：両当事者は、スペアパーツの在庫数量、修理の目標日数、コールセンターの営業時間、コールセンターにおけるユーザーの平均待ち時間、コールセンターでの質問への目標回答時間、サービス会社の知識を超える場合のベンダーへの質問や修理の依頼の手続を含むがこれに限らない、サービスの詳細について協議し、相互に同意しなければならない。〕

9

## ■別紙 B

Exhibit "B"
Details of Spare Parts

pricing of Spare Parts for Non-Warranty Work: [The prices payable by Service Provider to Vendor for Spare Parts used in connection with Non-Warranty Services shall be those listed on Vendor's standard spare parts price list as issued and updated from time to time by Vendor.]

warranty for Spare Parts: [Vendor warrants that the Spare Parts, for a period of [ninety (90)] days after they are installed in a Product, will not be the direct cause of the Product's breach of its warranty (whether or not the Product warranty has expired). VENDOR DISCLAIMS ALL OTHER WARRANTIES, WHETHER EXPRESS OR IMPLIED, RELATING TO THE SPARE PARTS, INCLUDING, BUT NOT LIMITED TO, THE IMPLIED WARRANTIES OF

MERCHANTABILITY AND FITNESS FOR A PARTICULAR PURPOSE. Service Provider's sole remedy for any breach of warranty shall be a replacement Spare Part that conforms to the warranty.]

**和 訳**

別紙B
スペアパーツの詳細

非保証サービスのためのスペアパーツの価格：〔サービス会社からベンダーに非保証サービスに関して使用されるスペアパーツの支払うべき価格は、ベンダーによって都度発行され更新されたベンダーの標準価格のリストに記載の価格とする。〕

スペアパーツの保証：〔ベンダーは、その製品にそれらが組み込まれてから、〔90〕日間、当該スペアパーツを、製品の保証の違反の直接の原因とならないように保証する（当該製品の保証期間が満了しているかどうかにかかわらない）。ベンダーは、スペアパーツに関して、商業性及び特定目的への適合性を含むがこれに限らない、明示又は黙示の全ての保証から免責されるものとする。保証責任の不履行に対するサービス会社の唯一の救済は、保証に適合するスペアパーツの交換のみである。〕

# 10 コンサルティング契約書

コンサルティング契約とは、業務委託契約の一種です。コンサルタントは、クライアントから一定の業務を受託して、この業務をクライアントに対して提供することによって、報酬を受け取る約束をします。経営・企画等についての助言指導、M＆Aアドバイザリー契約などがその一例ということができますが、業務の内容は多種多様ですので、契約書において、その業務の内容を定めておくべきです。コンサルティング契約は、日本法上では、委任又は準委任であるか、または、その中に一部請負を含む契約ということができます。

目 次



10

## ■頭　書

**CONSULTING SERVICES AGREEMENT**

This Consulting Services Agreement (this "Agreement") is entered into effective ______ (the "Effective Date") between [Satonaka Enterprises Co., Ltd.], a [corporation established and existing under the laws of Japan] having its head office at [Miyazaki Building, 10F, 1-1-1 Tamakicho, Chiyoda-ku, Tokyo 101-0001, Japan] ("Client") and [Harper Enterprises Co., Ltd.] a [corporation established and existing under the laws of Delaware, U.S.A.] having its head office at [Paxson Building, 10F, 1234 Daniel Avenue, New York, New York 10001, U.S.A.] ("Consultant") (collectively the "Parties" or individually a "Party").

(和 訳)　**コンサルティング契約書**

本コンサルティング契約書（「本契約」）は、〔年月日〕から効力を有するものとして（「発効日」）、〔里中株式会社〕、〔日本法によって設立された株式会社であって〕、その本店所在地は〔郵便番号101-0001　日本国東京都千代田区玉木町1丁目1番1号宮崎ビルディング10階〕（「クライアント」と、〔Harper Enterprises Co., Ltd.〕、〔米国デラウェア州法によって設立された株式会社であって〕、その本店所在地は〔Paxson Building, 10F, 1234 Daniel Avenue, New York, New York 10001, U.S.A.〕（「コンサルタント」）との間にて締結された（以下、当事者を総称して「両当事者」、それぞれを「当事者」という。）。

## ■経　緯

**RECITALS**

WHEREAS, Client desires to engage Consultant to render certain consulting services in connection with [fashion product marketing in Japan/logistics administration]; and

WHEREAS, Consultant desires to accept such engagement.

10

NOW, THEREFORE, the Parties mutually agree to enter into this Agreement in accordance with the terms and conditions stated herein.

和 訳　　　　経　緯

クライアントは、コンサルタントを、〔ファッション製品の日本における市場開拓／物流管理〕に関連するコンサルティングサービスを提供することに起用することを希望し、

コンサルタントは、この起用を受諾することを希望しており、

そこで、両当事者は、ここに定められた条項と条件にしたがって本契約を締結することを相互に合意する。

## ■定　義

**Article 1. Definitions**

For purposes of this Agreement, including any Exhibits, the following terms shall have the following meanings:

**1.1** "Client Pre-Existing Work Product" shall have the meaning set forth in Article 6.2.

**1.2** "Consultant Pre-Existing Work Product" shall have the meaning set forth in Article 6.2.

**1.3** "Ending Date" shall have the meaning set forth in Article 4.1.

**1.4** "Expenses" shall have the meaning set forth in Article 2.3.

**1.5** "Service Fee" shall have the meaning set forth in Article 2.2.

**1.6** "Services" shall have the meaning set forth in Article 2.1.

1.7 "Work Product" shall have the meaning set forth in Article 6.1.

**和訳**　**第1条　定義**

本契約においては、全ての別紙も含めて、以下の用語は以下の意味を持つ。

**1.1** "コンサルタントの元からのワークプロダクト"とは、第6.2条に定めるものをいう。

**1.2** "クライアントの元からのワークプロダクト"とは、第6.2条に定めるものをいう。

**1.3** "契約終了日"とは、第4.1条に定めるものをいう。

**1.4** "費用"とは、第2.3条に定めるものをいう。

**1.5** "サービス報酬"とは、第2.2条に定めるものをいう。

**1.6** "サービス"とは、第2.1条に定めるものをいう。

**1.7** "ワークプロダクト"とは、第6.1条に定めるものをいう。

## ■委嘱と報酬



**Article 2. Appointment and Fees**

**2.1** The consulting services to be provided by Consultant to Client under this Agreement (the "Services") and the time schedule for the providing of the Services are described in Exhibit "A" attached hereto, which shall be treated as a part of this Agreement.

**2.2.**:

[Option A: Fixed Monthly Service Fee]

In consideration of the Services to be provided by Consultant to Client under this Agreement, Client shall pay to Consultant a fee (the "Service Fee") in the amount of [XX] per calendar month during the term of this Agreement. The Service Fee for any partial calendar month during the term of this Agreement shall be calculated on a pro-rata basis.

[Option B: Monthly Service Fee Calculated on Time-Charge Basis]

In consideration of the Services to be provided by Consultant to Client under this Agreement, Client shall pay Consultant a fee on a calendar month basis (the "Service Fee"). The Service Fee shall be calculated based on the hourly fee rates and number of hours worked by Consultant personnel during the subject calendar month in the course of providing the Services. The hourly fee rates will be as stated in Consultant's Fee Schedule attached as Exhibit "B". If Consultant believes that the Service Fee for any given calendar month is reasonably likely to exceed [XX], it will promptly inform Client, and the Parties will discuss and mutually agree on the handling of the matter.

[Option C: Fixed Monthly Service Fee and Results-Based Bonus]

In consideration of the Services to be provided by Consultant to Client under this Agreement, Client shall pay to Consultant a fee (the "Service Fee"), which shall be comprised of (i) a fixed fee of [XX] per calendar month during the term of this Agreement, and (ii) a bonus which shall be based on the results achieved by Client as a result of the Services, as follows:

[explanation of results-based bonus, including timing of payment]

The fixed portion of the Service Fee for any partial calendar month during the term of this Agreement shall be calculated on a pro-rata basis.

**2.3** Client shall also reimburse Consultant for the reasonable out-of-pocket expenses incurred by Consultant in connection with its providing of the Services (the "Expenses"). The Parties shall separately confer and agree upon the types of expenses which will be subject to reimbursement, the types of expenses for which receipts must be submitted, and a procedure for approval of large and/or unusual expenses.

**2.4** On or before the [15th day] of each calendar month, Consultant will prepare and send to Client an invoice which covers the Services provided and Expenses incurred during the previous calendar month. If the invoice conforms to the terms of this Agreement and any other terms agreed to by the Parties, Client will pay such invoice within [thirty (30)] days after its receipt of the invoice.

**2.5**. The payments of the invoices will be made by telegraphic transfer to a bank account designated by Consultant. Each Party shall be responsible for any fees charged by its bank in connection with such telegraphic transfers.



**2.6** Any such amounts not paid by the due date will accrue interest at the rate of [1%] per month, simple interest.

**2.7**. All sales, consumption, value-added, or similar taxes assessed on the Service Fee will be the responsibility of Client. If relevant laws or regulations require Client to withhold from the payments of the Service Fee any income taxes imposed on Consultant, Client shall comply with such requirements and provide Consultant with the related tax-withholding certificates.

**和 訳**　**第 2 条　委嘱と報酬**

**2.1** コンサルタントによってクライアントに対して提供される本契約に基づくコンサルティング業務（以下「サービス」）及びサービスが提供されるスケジュールは、別紙 A 記載のとおりであり、この別紙は本契約の一部を構成するものとする。

**2.2**

〔オプションA：月額固定サービス報酬〕

コンサルタントによってクライアントに対して提供される本契約に基づくサービスの対価として、クライアントはコンサルタントに対して本契約の期間中、暦月〔XX〕のサービス報酬（「サービス報酬」）を支払うものとする。本契約の期間中、暦月途中までのサービス報酬の金額は、日割りにて計算されるものとする。

〔オプションB：タイムチャージ制によって計算された月ごとのサービス報酬〕

コンサルタントによってクライアントに対して提供される本契約に基づくサービスの対価として、クライアントはコンサルタントに対して、本契約の期間中、暦月ごとのサービス報酬を支払うものとする（「サービス報酬」）。暦月ごとのサービス報酬は、時間単価及びサービスを提供するについてコンサルタントの担当者によって作業された時間数から計算するものとする。時間単価は、別紙Bとして、サービス報酬スケジュールに記載されるものとする。コンサルタントが、暦月ごとの報酬が、合理的に〔XX〕を超えるであろうと考えた場合には、速やかにクライアントに対してそれを告げるものとし、両当事者は、これについて協議し取扱いについて相互に合意するものとする。

〔オプションC：月額固定サービス報酬及び成功報酬〕

コンサルタントによってクライアントに対して提供される本契約に基づくサービスの対価として、クライアントはコンサルタントに対して、(i)本契約の期間中、暦月〔XX〕のサービス報酬、及び(ii)以下のとおり、サービスの結果としてクライアントによって獲得された成果をもとにする成功報酬を支払わなければならない（以下(i)(ii)を併せて「サービス報酬」という）。

〔支払時期を含む、成功報酬の説明〕

本契約の期間中、月額固定サービス報酬の暦月途中までのサービス報酬の金額は、日割りにて計算されるものとする。

**2.3**　クライアントはコンサルタントに対して、サービスの提供に関してコンサルタントによって負担された相当な実費（「費用」）を償還しなければならない。両当事者は、償還の対象となる費用の種類、その領収書が提出されなければならない費用、大きな及び／又は通常ではない費用の承認の手続について、別途協議し合意しなければならない。

**2.4**　毎暦月の〔15 日〕までに、コンサルタントはクライアントに対して、前暦月に提供したサービスのサービス報酬金額及び前暦月の期間に発生した費用を記載した請求書を作成し、送付するものとする。請求書が本契約の条件及び両当事者によって合意された他の条件に適合した場合には、クライアントは、請求書の受領から〔30 日〕以内にその請求書の支払を行うものとする。

**2.5**　請求書の支払は、コンサルタントによって指定された銀行口座に TT 送金によって支払われるものとする。各当事者は、その銀行から、その TT 送金に関連して課されるそれぞれの費用を負担する。



**2.6**　支払期限までに請求金額が支払われなかった場合には、暦月あたり〔1%〕の割合にて遅延損害金が発生する（単利）。

**2.7**　サービス報酬に対して課されるセールスタックス（米国の消費税）、消費税、付加価値税、その他類似の税金は、クライアントの責任とする。関連法又は法規によって、コンサルタントに賦課されるいかなる所得税についても、クライアントがサービス報酬の支払から源泉するように要求されている場合には、クライアントは、その要求に従わなければならず、コンサルタントに対してその関連する税金についての支払調書を提供しなければならない。

**《解 説》**　第 2.1 条及び別紙 A は、コンサルタントが提供するべき仕事（業務）の内容の特定に関する条項です。「コンサルティング」の場合には、業務内容を詳しく特定することができない場合も多く、その場合には、一定の事項に関するアドバイスや調査、検討等の提供という程度にその業務の内容として契約書に記載しておく場合もあります。

第 2.2 条～第 2.7 条は、コンサルタント業務の報酬や、当該業務に関する実費の精算に関する定めです。第 2.2 条のオプション A は、顧問料的な定額料金制をとることを定めた例文であり、オプションBは、タイムチャージ制を定めた例文です。オプションCは、定額料金制に、一定の成果が上がった場合に、成功報酬を支払う旨定めた文例です。

## ■クライアントの責任

**Article 3. Client Responsibilities**

Client will provide Consultant with access to Client's facilities, as well as work spaces, equipment, and other assistance, as reasonably required by Consultant to perform the Services. Client will also provide Consultant with access to Client personnel and Client information as reasonably required by Consultant to perform the Services.

和訳　**第3条　クライアントの責任**

クライアントは、コンサルタントに対して、コンサルタントが施設へ立ち入ることについての許可を与えるとともに、サービス遂行のためのスペースと設備、その他のサービスを遂行するために、コンサルタントによって合理的に要求された援助等を提供するものとする。また、クライアントは、コンサルタントによって合理的に要求されたクライアントの業務遂行担当者との面会の機会及びクライアントの情報をコンサルタントに提供するものとする。

## ■期間及び解除

**Article 4. Term and Termination**

**4.1** This Agreement shall be effective from the Effective Date and will continue in effect until [Ending Date] (the "Ending Date"). The term of this Agreement shall be subject to the termination provisions listed below.

**4.2**

[In the case of Option A in Article 2.2]

Client may terminate this Agreement at any time, with or

without cause, by providing a written notice of termination to Consultant at least [thirty (30)] days prior to the effective date of termination. Client shall be liable to Consultant for the Service Fee for the Services provided prior to the effective date of termination.

[In the case of Option B in Article 2.2]

Client may terminate this Agreement at any time, with or without cause, by providing a written notice of termination to Consultant, which shall be effective upon receipt by Consultant. Consultant will immediately cease all Services upon receipt of the notice of termination.

[In the case of Option C in Article 2.2]

Client may terminate this Agreement at any time, with or without cause, by providing a written notice of termination to Consultant at least [thirty (30)] days prior to the effective date of termination. Client shall be liable to Consultant for the fixed portion of the Services Fee for the Services provided prior to the effective date of termination. Additionally, the Parties shall confer and mutually agree upon a reasonable bonus portion of the Services Fee to be paid by Client to Consultant (which may include the possibility of no bonus payment if such result is reasonable in light of the circumstances), taking into consideration the results achieved by Consultant prior to the effective date of termination and any other relevant factors,

**4.3** If Client commits a material breach of any of its obligations under this Agreement and fails to correct such breach within [twenty (20)] days after receiving notice of the breach from Consultant, Consultant shall have the right to terminate this Agreement effective immediately upon written notice to Client.

However, any such notice of termination must be given by Consultant within [thirty (30)] days after the expiration of the [20]-day period referenced above. If not given within that time, Consultant's right to terminate this Agreement by reason of that particular breach shall lapse.

**4.4** If either Party is not able to perform its obligations under this Agreement due to a force majeure as described in Article [XX], and such force majeure continues in effect for more than [three (3)] months, the other Party shall have the right to terminate this Agreement effective immediately upon written notice to the non-performing Party.

**4.5** If this Agreement is terminated prior to the Ending Date for any reason, Consultant will promptly deliver to Client any Work Product, whether completed or not, that has not yet been delivered to Client.

**4.6** Articles 2 (as to Service Fees and Expenses incurred prior to the termination), 4.2, 4.5, 4.6, 5.1 (warranty disclaimer), 6, 9 [surviving General Terms and Conditions] will survive the expiration or termination of this Agreement for so long as the subject matter therein is relevant. Articles 8 and 10 will survive the expiration or termination of this Agreement for the period of time set forth therein.



**和 訳**　**第4条　期間及び解除**

**4.1**　本契約は、発効日から有効となり、〔契約終了の年月日〕（「契約終了日」）まで有効なものとする。本契約の期間は、以下に掲げる契約終了条項に従うものとする。

**4.2**

〔2.2条　オプションAの場合〕

クライアントは、いつでも、理由の有無にかかわらず、契約解除日の少なくとも〔30〕日前までに、書面による契約の解除通知を送付することによって、本契約を終了させることができる。クライアントはコンサルタントに対して、契約解除日以前に遂行されたコンサルタントのサービスに対するサービス報酬を支払う責任がある。

〔2.2 条　オプション B の場合〕

クライアントは、いつでも、理由の有無にかかわらず、書面による契約の解除通知を送付することによって、本契約を終了させることができるものとし、当該通知がコンサルタントに受領されたときに、その解除の効果は発生する。コンサルタントは、解除通知の受領とともに全てのサービスの遂行を直ちに停止するものとする。

〔2.2 条　オプション C の場合〕

クライアントは、いつでも、理由の有無にかかわらず、契約解除日の少なくとも〔30〕日前までに、書面による契約の解除通知を送付することによって、本契約を終了させることができる。クライアントはコンサルタントに対して、契約解除日以前に遂行されたコンサルタントのサービスに対する、固定月額サービス報酬を支払う責任がある。また、両当事者は、クライアントによってコンサルタントに対して支払われるべきサービス報酬のうち、相当な成功報酬部分をコンサルタントによって契約終了日前に達成された結果やその他の関連要素を考慮にいれて、協議し合意しなければならない（それは、その結果が当該状況において合理的である場合には、成功報酬を支払わない可能性も含むものとする。）。

**4.3**　クライアントが、本契約の重大な（ささいなものではない）債務不履行状態にあり、コンサルタントからの履行請求の通知を受領してから〔20〕日以内にその債務不履行状態を解消しなかった場合には、コンサルタントは、コンサルタントによる書面による契約解除通知により直ちに本契約を解除する権利を有する。ただし、いかなる契約解除通知も、上記〔20〕日間の満了後〔30〕日以内にコンサルタントによって送達されなければならない。それまでに通知がなされなかった場合には、当該債務不履行を理由とするコンサルタントの契約解除権は失効する。

**4.4** いずれの当事者も、第〔XX〕条記載のとおり不可抗力により、本契約に基づく債務を履行することができなくなった場合であって、当該不可抗力事由が〔3〕か月以上継続した場合には、他方当事者は債務を履行しない当事者に対する書面による通知によって直ちに本契約を解除することができる。

**4.5** 本契約が契約終了日前に、理由のいかんを問わず解除された場合であっても、コンサルタントはクライアントに対して、それが完了しているか否かを問わず、クライアントにいまだ引き渡されていなかったワークプロダクトを速やかに引き渡すものとする。

**4.6** 第2条（契約終了日以前に発生するサービス報酬及び費用に関して)、第4.2条、第4.5条、第4.6条、第5.1条（保証の免責)、第6条及び第9条、〔有効としておくべき一般条項〕は、本契約に関連する事項が存する限り、本契約が終了した後も効力を有するものとする。第8条及び第10条は、契約期間満了／解除にもかかわらず、当該条項に定める期間、効力を有するものとする。

**《解 説》** 日本法上においては、委任及び準委任契約について、各当事者は、いつでも契約を解除できます。ただし、当事者の一方が相手方に不利な時期に契約解除をしたときは、その当事者の一方は、相手方の損害を賠償しなければなりませんが、やむを得ない事由があったときは、この限りではないと定めています（民法651条1項・2項)。したがって、本契約が日本法を準拠法とする場合には、コンサルタントも、クライアントも本契約を途中解除することができます。しかし、この場合、損害（クライアントによる途中解除による、コンサルタントの損害等)、あるいは、やむを得ない事由の存否等について、当事者間で、争いが生ずる可能性があります。

そこで、第4.2条では、途中解除の場合の、コンサルタントのサービス報酬について、それぞれ、第2.2条のオプションA、オプションB、及びオプションCに対応するように定めています。なお、オプションCにおいて、成功報酬について、契約の途中解除の場合、協議により決定すると定めていますが、例えば、みなし報酬として、ある一定の金額を合意して、コンサルタントがそれを受ける旨を定める場合もあります。

## ■サービスの基準／保証の免責

**Article 5. Standard of Services/Warranty Disclaimer**

**5.1** Consultant will use commercially reasonable efforts to provide Services that comply with Exhibit "A" and the requests and instructions given by Client in connection with this Agreement; provided, however, that Consultant disclaims all warranties concerning (i) Client's business or other outcomes resulting from the Services, and (ii) the Work Product and other results of the Services.

**5.2** Client shall have the right to pre-approve the Consultant employees or other personnel involved in the provision of the Services; provided, however, that such approval shall not be unreasonably withheld.

**5.3** In providing the Services, Consultant will comply with all relevant laws, regulations, licensing requirements, professional standards, and other rules/standards that apply to the Services.



**和訳　第5条　サービスの基準／保証の免責**

**5.1** コンサルタントは、別紙A及び本契約に関連して、クライアントによる要求及び指示に適合するサービスを提供することについて、商業的に合理的な努力を払うものとするが、コンサルタントは、(i)サービスの結果としての、クライアントの営業又はその他の結果、及び(ii)ワークプロダクト及び他のサービスの結果に関する全ての保証から免責される。

**5.2** クライアントは、サービスの項目に関与するコンサルタントの従業員又はその他の人員について事前承認を与える権利を有する。ただし、この承認を非合理的に留保してはならない。

**5.3** サービスの提供において、コンサルタントは、そのサービスに適用される関連法令、法規、許認可の要否、職業的標準、及びその他のルール／基準に従わなければならない。

《解 説》 日本法上、業務委託契約は、委任又は準委任とされていますので、契約において、そのサービスの履行の水準について、何も定めていない場合には、善管注意義務がその基準となります。そのため、当事者間において、業務の水準について争いを予防するために、本条のように、業務の水準を定めておくことが必要なのです。なお、再委託の原則禁止についても、定めておくことが通常ですが、本契約例においては、一般条項にてそれを定めるようにしています。

## ■知的財産権

**Article 6. Intellectual Property**

**6.1** Subject to the exceptions set forth below concerning Pre-Existing Work Product, all work product that is prepared in the course of the Services (the "Work Product") shall be owned by Consultant, including but not limited to all reports [add other examples of work product that will result from the Services].

**6.2** Any parts of the Work Product that were in the possession of either of the Parties prior to this Agreement or were otherwise originally created by such Party outside the scope of the Services shall be referred to herein as "Pre-Existing Work Product". Notwithstanding any provision herein to the contrary, Pre-Existing Work Product shall remain the property of the creating Party. Pre-Existing Work Product created by Consultant and Client shall be referred to herein as "Consultant Pre-Existing Work Product" and "Client Pre-Existing Work Product" respectively.

**6.3** Consultant shall grant to Client a non-exclusive, irrevocable, perpetual, royalty-free license to (i) use, copy, modify, prepare derivatives works of or otherwise exploit Work Product for internal business purposes, and (ii) to sublicense such rights to third parties authorized by Client who will use Work Product solely for the benefit of Client and who are bound by duties of confidentiality and limited use at least as strict as those stated herein.

**6.4** Consultant shall defend and indemnify Client against any claim or legal action brought by a third party alleging that Client's use of Work Product (other than Client Pre-Existing Work Product) infringes the intellectual property or other proprietary rights of the third party.

**和訳**　**第6条　知的財産権**

**6.1**　元からのワークプロダクトに関する以下の除外事由を除いて、サービスの提供の過程で準備された成果物（「ワークプロダクト」）は、全ての報告書、〔その他のサービスからのワークプロダクトの例示〕、これらを含むがこれらに限らない、はコンサルタントにその権利は帰属するものとする。

**6.2**　本契約の前から、一方当事者のものであったもの、又は、この当事者によって独創的に生み出されたワークプロダクトのいかなる部分についても、ここでは、元からのワークプロダクトと言う。本条項と矛盾する条項の定めにもかかわらず、元からのワークプロダクトは、それを生み出した当事者の資産であることを維持される。コンサルタント又はクライアントによって生み出された、元からのワークプロダクトは、それぞれコンサルタントの元からのワークプロダクト、及びクライアントの元からのワークプロダクトと称される。

**6.3**　コンサルタントはクライアントに対して、(i)当初のビジネスの目的のためにワークプロダクトを使用し、複製し、改変し、派生物の制作、又はその他の利用をすることを内容とする、(ii)クライアントによって許諾された、クライアントの利益のためだけにワークプロダクトを利用し、かつ、少なくともここに定められるのと同様の厳しさの秘密保持義務及び利用制限によって拘束される第三者（「許諾された第三者」）に対して、この権利をサブライセンスすることを内容とする、非独占的、取消不能な、永久かつ無償の使用許諾権を与える。

10

**6.4** コンサルタントは、クライアントを、ワークプロダクト（クライアントの元からのワークプロダクト以外のもの）を使用すること又はそのほかの利用によって、第三者の知的財産権又は他の権利を侵害するとして請求がなされた場合又は訴訟が提起された場合には、防御し、補償しなければならない。

**《解 説》** 第6.3条には、クライアントがコンサルタントから受領した報告書等の何らかの成果物には、コンサルタントの重要なノウハウや技術が含まれている場合があることから、クライアントは、そのことを理由として、その報告書等の利用を制限されないということを定めています。

第6.4条に関して、defend and indemnifyの意味ですが、英米諸国においては、例えば、第三者から、被補償当事者が訴えを起こされた場合には、補償しなければならない当事者が、自ら弁護士を選任して、訴訟活動を被補償当事者のために行い、当該訴えの防御活動を行って、損害賠償請求に対抗することを意味しています。

## ■競業者に対するサービスの禁止

**Article 7. No Services to Competitors**

During the term of this Agreement, Consultant and its employees and other personnel shall not provide consulting or other services to any direct competitor of Client. If Consultant is uncertain whether a client or potential client is a direct competitor of Client, it shall promptly inform Client of the matter and discuss the matter with Client.

**和 訳　第7条　競業者に対するサービスの禁止**

本契約の期間中、コンサルタント及びその従業員及び他の人員は、クライアントの直接的競業者に対して、コンサルタント又はその他のサービスを提供してはならない。コンサルタントが、クライアント又は潜在的クライアントがクライアントの直接的競業者であるかどうか確かではない場合には、クライアントに対して、そのことを直ちに通知し、クライアントとその事項を話し合うものとする。

**《解 説》** コンサルタントは、自らの一定分野の専門的知識及び技術に基づいて、コンサルティング業務を遂行することから、同種の事業を営み、当該クライアントと競業する事業者に対してコンサルティング業務を提供することは、自らの営業において必要不可欠ともいえることです。一方、クライアントとしては、同業他社に対して、同一のコンサルタントがコンサルティング業務を提供することは決して好ましいことではありません。このように、競業者へのサービス提供の制限の有無については、当事者間において、利益が相反する場合もありますので、取り決めておく必要があるのですが、本条項においては、本契約の期間中コンサルタントによるクライアントの直接的競業者に対するコンサルティング業務の提供を制限しています。

## ■秘密保持

**Article 8. Confidentiality**

**8.1** The Parties acknowledge that they may disclose their confidential or other proprietary information (“Confidential Information”) to each other in the course of the performance of this Agreement. All Confidential Information provided by one Party (the “Disclosing Party”) to the other Party (the “Receiving Party”) under this Agreement in written or other tangible form shall be clearly and conspicuously marked as “Confidential” or “Proprietary”. All Confidential Information provided in electromagnetic files or other digital data form (including email text) shall be clearly and conspicuously marked as “Confidential” or “Proprietary” within such file/email. All Confidential Information provided in oral or visual form shall be designated as confidential at the time of disclosure and confirmed in writing by the Disclosing Party to the Receiving Party within [fourteen (14)] days after the date of disclosure. The Receiving Party (i) shall use the Confidential Information only for the purposes of this Agreement, (ii) shall not disclose the Confidential Information to any third party, unless it obtains the prior written consent of the Disclosing

10

Party, and (iii) shall disclose the Confidential Information only to its employees, directors, contractors, and advisers who have a reasonable need to know the Confidential Information, and who are bound by duties of confidentiality and limited use at least as strict as those stated herein. The obligations in this Article will survive the expiration or termination of this Agreement for a period of [three (3)] years.

**8.2** Notwithstanding the foregoing, the confidentiality and limited use obligations set forth above shall not apply to Confidential Information that (i) was publicly available at the time of first disclosure by the Disclosing Party or becomes publicly available after the time of first disclosure through no fault of the Receiving Party, (ii) was already in the possession of the Receiving Party at the time of first disclosure, (iii) is received by the Receiving Party from an unrelated third party with no confidentiality obligations attached, (iv) is authorized for release by the Disclosing Party in writing, or (v) is the subject of a government or judicial subpoena or other order, provided that the Receiving Party promptly informs the Disclosing Party of the situation and allows the Disclosing Party to control any efforts to challenge the subpoena/order.

**8.3** Client Pre-Existing Work Product shall be treated as Confidential Information of Client. Work Product (excluding Client Pre-Existing Work Product) shall be treated as Confidential Information of Consultant. Notwithstanding anything herein to the contrary, Client shall have the right to disclose and use Work Product as reasonably necessary to exercise the license and sublicensing rights provided for in Article 6.3.

和 訳　**第 8 条　秘密保持**

**8.1**　両当事者は、本契約の履行の過程において、お互い自らの秘密又は社内情報（「秘密情報」）を開示することがあり得ることを認める。一方当事者（「開示当事者」という。）によって他方当事者（「受領当事者」という。）に対して、本契約に基づいて文章又は他の有形の方法により提供される全ての秘密情報には、「秘密」又は「社外秘」と明確かつ明瞭に表示されなければならない。電子ファイル又はその他のデジタルデータ（E メールを含む。）には、ファイル又は E メールの中に、それが、明確かつ明瞭に表示されなければならない。全ての口頭又は可視的な秘密情報は、開示当事者により、開示時に、秘密情報である旨が指示されなければならず、かつ、開示日から〔14〕日以内に、開示当事者によって受領当事者に対して、書面により確認するものとする。受領当事者は、(i) 秘密情報を本契約の目的のみに利用しなければならず、(ii) 開示当事者の事前の書面による同意を得なければ秘密情報をいかなる第三者に対してもこれを開示してはならず、(iii) 秘密情報を合理的に知る必要があって、本契約に定めるものと少なくとも同等の秘密保持義務及び利用制限によって拘束されるその従業員、取締役、業務委託者、及びアドバイザーに対してのみ、秘密情報を開示する。本条に定める義務は、本契約の期間満了又は解除後〔3〕年間存続するものとする。

10

**8.2**　前条にかかわらず、秘密情報についての秘密保持や限定的利用の上記の義務は、以下の秘密情報については適用されないものとする。(i) 開示当事者による最初の開示時点において公知情報であったか、受領当事者の過失なく最初の開示以後に公知になった情報、(ii) 最初に開示された時点で、すでに、受領当事者が知っていた情報、(iii) 受領当事者において、何ら秘密保持義務を課されず無関係の第三者から受領した情報、(iv) 開示当事者によって書面によって免責された情報、(v) 政府や司法機関の文書提出命令又は他の命令の対象となった情報。ただし、受領当事者は、開示当事者にその状況を速やかに通知し、開示当事者がその文書提出命令やその他の命令に対して、異議を申立ての方策を講じることができるようにしなければならない。

**8.3**　クライアントの元からのワークプロダクトは、クライアントの秘密情報として取り扱われなければならない。ワークプロダクト（クライアントの元からのワークプロダクトを除く。）は、コンサルタントの秘密情報として取り扱われなければならない。ここに定められるいかなる矛盾する条項にもかかわらず、クライアントは、第6.3条に定められるライセンス権及びサブライセンス権の実施に合理的に必要な範囲で、ワークプロダクトを公表及び利用する権利を有するものとする。

**《解 説》** 当事者間にて、あらかじめ秘密保持契約書を締結していて、本契約書の中に完全合意条項が定められる場合の本契約に定める秘密保持条項と先に締結していた秘密保持契約書との関係については、「秘密保持契約書」第4条の解説をご参照ください（P.53、P.54）。

第8.1条に定める、秘密保持義務の存続期間については、秘密保持及び利用の制限といった本条の目的にかなった期間を、当事者間の合意により定めることになります。当該秘密情報の性質によって、3年から10年程度の期間を定めることになろうかと思われます。

本契約の終了時において、全ての秘密情報を受領当事者から開示当事者に対して返還し、PDFファイル、ワードプロセッサーファイル、パワーポイントファイル等に含まれる秘密情報を検索して削除することを定めることもあります。しかし、コンサルティング契約においては、クライアント側は、これらの秘密情報をワークプロダクトの利用に伴い秘密情報を利用したり、また、コンサルタント側も、本契約終了後であっても、本契約に関してクライアントの秘密情報を保持している必要があることから（例えば、後日、秘密保持に関して紛争になったような場合。）、本契約においては、秘密情報の返還又は削除については定めませんでした。

## ■責 任

**Article 9. Liability**

With the exception of liability for breaches of obligations relating to intellectual property, confidentiality, prohibition against providing services to Client's competitors, and non-solicitation, neither Party shall be liable to the other Party for any consequential or indirect damages suffered by such other Party in connection with the Services or this Agreement. In addition, notwithstanding any provision herein to the contrary, the aggregate liability incurred by either Party under this Agreement (excluding Client's obligation to pay the Service Fees), under any legal theory, shall not exceed [the total Service Fees paid or payable by Client to Consultant under this Agreement].

(和訳)　**第9条　責任**

知的財産又は秘密保持に関する義務の違反、コンサルタントの競争者に対するサービスの提供の禁止、及び勧誘の禁止の義務違反を除いては、いずれの当事者も他方当事者に対して、本契約に関して、他方当事者が被った、結果的な又は間接的な損害の責任を負うものではなく、加えて、本条項と矛盾する条項の定めにもかかわらず、本契約に基づいて、いかなる法律上の理論に基づいた場合であっても、他方当事者によって負担される金銭的な責任（クライアントによるサービス報酬の支払義務を除く。）による損害賠償の合計も、〔本契約に基づいて、クライアントによってコンサルタントに支払われたか支払われるサービス報酬の合計額〕を超えないものとする。



## ■勧誘の禁止

**Article 10. Non-Solicitation**

During the term of this Agreement and for a period of [one (1)] year after the expiration or termination thereof, neither Party will hire any employee or other personnel of the other Party or solicit such employee/personnel to leave the employ of the other Party.

(和訳)　**第10条　勧誘の禁止**

本契約の期間満了又は解除後〔1〕年の期間、いずれの当事者も他方当事者の従業員や他の人員を雇用してはならず、他方当事者の雇用を離脱させ、その従業員や人員を引き抜こうと勧誘してはならない。

## ■一般条項

[General Terms and Conditions]

[Note: The "Relationship Between Parties" provision should be omitted.]

和訳 〔一般条項〕

〔注意：両当事者の関係条項は除かれる。〕

## ■後　文

IN WITNESS WHEREOF, the Parties have caused their duly authorized representatives to execute this Agreement on the dates set forth under their signatures.

| CLIENT | CONSULTANT |
|---|---|
| By: ______________________ | By: ______________________ |
| Name: | Name: |
| Title: | Title: |
| Date: | Date: |

和訳

上記の証（あかし）として、本契約の当事者は、本契約を、署名欄記載の日に、正当な権限を持つ代表者によって署名せしめ、締結するものとする。

| クライアント | コンサルタント |
|---|---|
| 名前 | 名前 |
| 役職（部署） | 役職（部署） |
| 日付 | 日付 |

## ■別紙A

Exhibit "A"

Contents of Services

[Simple Example 1 (Client is foreign company, Consultant is Japan company)

Purpose of Services: Consultant will provide Client with advice concerning the luxury fashion market in Japan and assist Client with the marketing of its fashion products in the Japan market.

Consultant will provide the Services to Client as follows:

1. attend meetings with Client's marketing and other personnel

2. attend meetings with Client's business partners or potential business partners

3. be available by telephone and/or email to answer questions from Client's personnel



4. if requested by Client, travel from Tokyo to other parts of Japan

5. provide any other relevant services as requested by Client

Client and Consultant currently expect that Consultant will provide approximately 20-30 hours of Services to Client per calendar month.]

[Simple Example 2（Client is Japan company, Consultant is foreign company）

Purpose of Services: Consultant will provide Client with advice concerning Client's logistics facility in Chiba Prefecture, Japan with the goal of improving the reliability and efficiency of the operations at the facility.

Consultant will provide the Services to Client as follows:

1. inspect Client's facility with the assistance of Client's personnel, including a review of the IT systems at the facility (April 1 to 10) (approximately 50 hours)

2. prepare a report with detailed recommendations to improve the reliability and efficiency of the operations at the facility (deliver to Client by April 25) (approximately 50 hours); the report will be similar in nature to the sample report provided by Consultant to Client prior to the execution of this Agreement

3. meet with Client's personnel at the facility to discuss the recommendations in the report (May 1-2) (approximately 15 hours)

4. be available for follow-up consulting to assist Client with the implementation of the recommendations in Consultant's report that Client decides to implement (May 3 to December 31; may be extended by mutual agreement)

Note: In the case of Simple Example 2, Options A and C referenced in Article 2.2 for payment of the Service Fee would not be appropriate.]

10

和 訳

別紙A

サービスの内容

〔シンプルな例1（クライアントは外国企業、コンサルタントは日本企業である場合）〕

サービスの目的：コンサルタントは、クライアントに、日本の高級ファッション市場に関する助言を提供し、日本市場におけるそのファッション製品についてのマーケティングを支援する。

コンサルタントがクライアントに対して提供するサービスは、以下のとおりである：

1. クライアントのマーケティング担当と他の人員との会議に出席すること

2. クライアントのビジネスパートナー、又は潜在的なビジネスパートナーとの会議に出席すること

3. クライアントの担当者からの電話及び／又はEメールで質問に回答すること

4. クライアントからの要請によって東京から地方に出張すること



5. クライアントによって要求された他の関連するサービスを提供すること

クライアント及びコンサルタントは、現段階において、コンサルタントは1暦月あたり20時間から30時間のサービスをクライアントに提供するものと予測している。〕

〔シンプルな例2（クライアントは日本企業、コンサルタントは外国企業の場合）〕

サービスの目的：コンサルタントは、クライアントに対して、日本の千葉県所在のクライアントの配送設備に関して、当該設備における運営の信頼性及び実効性に関する改良の到達点についての助言を提供する。

コンサルタントがクライアントに対して提供するサービスは、以下のとおりである：

1. クライアントの人員による案内を受けての、クライアントの施設のITシステムの検討を含む、当該施設の実地検査（4月1日から10日まで）（約50時間）。

2. 当該設備における運営の信頼性及び実効性についての改良に関する詳細な提案についての報告書を作成すること（4月25日までにクライアントに提出されること）（約50時間）；その報告書は、本契約書締結前にコンサルタントからクライアントに対して提出されたサンプルの報告書と同様の内容を備えるものとする。

3. 当該施設において、クライアントの人員と当該報告書に関して検討会議をすること（5月1日、2日）（約15時間）

4. クライアントがその改良を決定した、コンサルタントの報告書中において推奨する改良について、サービスのフォローアップをして、クライアントを支援すること（5月3日から12月31日まで：両当事者の合意によって延長することができる。）

注：シンプルな例2においては、第2.2条のサービス報酬の支払についてのオプションA及びCは、適用されない。］



## ■別紙B

Exhibit "B"

Consultant's Fee Schedule

[only used if Option B in Article 2.2 is applicable]

[Partners: US $ 400/hour

Managers: US $ 300/hour

Associates: US $ 100-US $ 200/hour]

和 訳

別紙 B

コンサルタントの報酬スケジュール

〔第 2.2 条オプション B が適用される場合に限る〕

〔パートナー　400 米国ドル／時間
マネージャー　300 米国ドル／時間
アソシエイト　100-200 米国ドル／時間〕

10

# 11 労働契約書

労働契約とは、労働者が会社の中で「社員」などの身分を得て、使用者と契約した労働条件のもとで、労働を継続的に供給する契約のことです。日本における労働者は、労働基準法及び関連法規の適用を受けます。これらに違反する労働条件を定める労働契約は、その部分については無効となり、この場合においては、無効となった部分は、労働基準法などが定めるところになります（労働基準法13条）。

労働契約との区別が問題となる契約としては、個人業務受託者契約（インディペンデント・コントラクター契約）があります。この契約の法的性質は業務委託であり、労働基準法及び関連法規の適用を受けないという点が大きな特色です。

本労働契約書の文例及び解説は、外資系企業（日本の株式会社）が日本人労働者との間で、日本において、労働契約を締結するケースを想定しています。

## 目　次

## ■頭　書

**EMPLOYMENT AGREEMENT**

This Employment Agreement (this "Agreement") is entered into effective ______ (the "Effective Date") between [Harper Japan Co., Ltd.], a [corporation established and existing under the laws of Japan] having its head office at [Sekiguchi Building, 10F, 1-1-1 Inouecho, Chiyoda-ku, Tokyo 102-0002, Japan] (the "Company") and [Mr. Ryo Tohyama] a [Japan] national having his/her residence at [1-1-1-101 Kurokicho, Suginami-ku, Tokyo 103-0003] (the "Employee") (collectively the "Parties" or individually a "Party").

和 訳　　**労働契約書**

本労働契約書（「本契約」）は、〔年月日〕から効力を有するものとして（「発効日」）、〔日本ハーパー株式会社〕、〔日本法によって設立された会社であって〕、その本店所在地は〔郵便番号 102-0002　日本国東京都千代田区井上町1丁目1番1号関口ビルディング10階〕（「会社」）と、〔富山亮〕、〔郵便番号 103-0003　東京都杉並区黒木町1丁目1番1号の101〕〔国籍：日本〕（「従業員」）との間にて締結された（以下、当事者を総称して「両当事者」、それぞれを「当事者」という。）。

11

## ■経　緯

**RECITALS**

WHEREAS, the Company desires to employ the Employee in the capacity of [Manager of its Product Development Division]; and

WHEREAS, the Employee desires to accept such employment;

NOW, THEREFORE, the Parties mutually agree to enter into this Agreement in accordance with the terms and conditions stated herein.

和訳 **経　緯**

会社は、〔商品開発部の部長職〕に従事する従業員を雇用することを希望している。そして、

従業員は、この雇用を受諾することを希望し、

そこで、両当事者は、ここに定められた条項と条件にしたがって本契約を締結することを相互に合意する。

《解 説》 労働基準法が適用される労働者とは、職業の種類を問わず、事業又は事務所に使用されるもので、賃金を支払われる者です（労働基準法9条)。したがって、本契約の労働者が外国人であったとしても、当然、日本の労働基準法及び関係法規が適用になります。

労働基準法において、使用者は、労働契約締結に際して、労働者に対して、「賃金、労働時間その他の労働条件」を明示することが義務付けられています。そして、「賃金及び労働時間に関する事項その他の厚生労働省令で定める事項」については、「厚生労働省令で定める方法」で明示しなければならないとされています（労働基準法15条)。そこで、本契約においても、以下の条文により、これらの事項を明示しています。

(1) 次の①～⑤は、必ず書面で明示しなければなりません。

① 労働契約の期間に関する事項：第3条

② 就業の場所及び従事すべき業務に関する事項：第2.4条及び第2.3条

③ 労働時間（始業・就業時刻、所定労働時間を超える労働の有無、休憩時間、休日、休暇等）に関する事項：第4条、第6条

④ 賃金（賃金の決定、計算及び支払方法、賃金の締切り及び支払時期、昇給）に関する事項：第5条

⑤ 退職に関する事項（解雇事由を含む)：第3条

(2) 次の⑥～⑬は、当該事項を制度として設けている場合には、口頭又は書面により明示する義務があります。これらは、第2.2条によって、就業規則に従うことが明示されていますので、労働条件を提示する際には、就業規則に定められているこれらの制度について合わせて明示すべきです。

⑥　退職金に関する事項
⑦　臨時払い賃金、賞与等に関する事項：第 5.2 条
⑧　労働者に負担させる食費、作業用品等に関する事項
⑨　安全衛生に関する事項
⑩　職業訓練に関する事項
⑪　災害補償等に関する事項
⑫　表彰及び制裁に関する事項
⑬　休職に関する事項

## ■定　義

**Article 1. Definitions**

For purposes of this Agreement, including any Exhibits, the following terms shall have the following meanings:

**1.1** "Employment Rules" shall have the meaning set forth in Article 2.2.

**1.2** "Salary" shall have the meaning set forth in Article 5.1.

**1.3** "Services" shall have the meaning set forth in Article 2.3.

**1.4** "Work Day" shall have the meaning set forth in Article 4.1.

**和 訳**　**第 1 条　定義**

本契約においては、全ての別紙も含めて、以下の用語は以下の意味を持つ。

**1.1** "就業規則" とは、第 2.2 条に定めるものをいう。
**1.2** "年俸" とは、第 5.1 条に定めるものをいう。
**1.3** "業務" とは、第 2.3 条に定めるものをいう。
**1.4** "勤務日" とは、第 4.1 条に定めるものをいう。

## ■雇　用

**Article 2. Employment**

**2.1** During the term of this Agreement and in accordance with the terms and conditions herein, the Company agrees to employ the Employee as [the Manager of its Product Development Division] and the Employee agrees to be so employed.

**2.2** The Employee acknowledges that he/she will be subject to the Company's Rules of Employment and [list of other employment rules], including any amendments thereto that may be made from time to time (collectively the "Employment Rules") and agrees to abide by the Employment Rules. The Company intends that the terms and conditions of this Agreement will be consistent with the Employment Rules. If the Employee believes that any of the terms and conditions herein are inconsistent with the Employment Rules, he/she shall discuss the matter with his/her supervisor and/or the Company's personnel department and resolve the matter.

**2.3** The services to be provided by the Employee to the Company are as listed in Exhibit "A" (the "Services").

**2.4** The Employee shall generally perform the Services at the Company's office in [Tokyo, Japan]; provided, however, that the Employee shall perform the Services at other locations from time to time as reasonably required and requested by the Company.

**和訳**　**第2条　雇用**

**2.1**　本契約の期間中、会社は、本契約の条項と条件に従って、従業員を〔商品開発部の部長〕として雇用することに同意し、従業員は雇用される

11

ことに同意する。

**2.2**　従業員は、会社の就業規則及び〔他の就業規則のリスト〕、随時改訂されるものを含めてこれら（以下総称して「就業規則」という。）が適用されることに同意し、就業規則を遵守することに同意する。会社は、本契約の条項及び条件を就業規則と一致させるものとする。従業員が、本契約のいかなる条項及び条件であっても、就業規則と一致しないと確信した場合には、彼／彼女は、彼／彼女の上長、及び／又は、会社の人事部と協議して、問題を解決しなければならない。

**2.3**　従業員が会社において従事すべき業務は、別紙A記載のとおりである（「業務」）。

**2.4**　従業員は、原則として、〔日本、東京〕の会社の事業所において勤務しなければならない。ただし、従業員は、随時会社によって合理的に命令及び要求された他の場所で勤務しなければならない。

## ■期間及び終了

**Article 3. Term and Termination**

**3.1** This Agreement shall be effective from the Effective Date for a term of [one (1)] year. The term of this Agreement shall not be extended. The term of this Agreement shall be subject to the termination provisions listed below.

**3.2** Notwithstanding the above, the initial [three (3)] months of the term of this Agreement shall be considered a probationary period, during which the Company shall have the unilateral right to terminate this Agreement, with or without cause, (i) upon thirty (30) days advance written notice to the Employee or (ii) immediately upon written notice to the Employee and payment to the Employee of an amount equivalent to thirty (30) days of the Salary.

**3.3** The Company shall have the right to terminate this Agreement immediately upon written notice to the Employee under the following circumstances:

(a) the Employee fails to perform the Services in accordance with the reasonable expectations of the Company for an employee in his/her position;

(b) the Employee commits a significant breach of any of his/her obligations hereunder;

(c) the Employee is unable to provide the Services due to extended illness or physical or mental incapacity;

(d) the Employee is convicted of a criminal offense or engages in behavior which the Company reasonably judges to be illegal, unethical, or of a nature that would harm the reputation of the Company.

**3.4** Additionally, the Company shall have the right to terminate this Agreement without cause (i) upon thirty (30) days advance written notice to the Employee, or (ii) immediately upon written notice to the Employee and the payment of an amount equivalent to thirty (30) days of the Salary.

**3.5** The Employee shall have the right to terminate this Agreement, with or without cause, upon [thirty (30)] days advance written notice to the Company.



**和訳　第3条　期間及び終了**

**3.1** 本契約の期間は、発効日から〔1〕年間とする。契約の更新は行わない。本契約の期間は、以下の終了事由に従うものとする。

**3.2** 上記にかかわらず、最初の〔3〕か月間は試用期間とし、その期間においては、会社は、従業員に対する30日間の事前通知によるかまたは30日分の解雇予告手当を支払うことによって、理由の有無にかかわらず、本契約の一方的解除権を留保するものとする。

**3.3** 会社は、以下の事由がある場合には、従業員に対する書面による通知によって本契約を直ちに終了する権利を有する。

(a)　従業員が、彼／彼女の地位の従業員に対する会社の合理的な期待に沿う勤務をできなかったこと
(b)　従業員が、ここに定める彼／彼女の重大な債務不履行のいかなるものでも犯したとき
(c)　従業員が、長期の病気、若しくは肉体的又は精神的無能力によって勤務を行うことができないとき
(d)　従業員が、有罪判決を受けたとき、又は、会社が、違法、倫理違反又は会社の評判を害する性質のものであると合理的に判断する行為をしたとき

**3.4**　加えて、会社は、(i)30日前の従業員に対する書面による解雇予告、又は(ii)書面による解雇通知及び月額給与分の支払（解雇予告手当）によって、本契約を終了することができる。

**3.5**　従業員は、会社に対する〔30〕日の事前の書面による通知によって、理由の有無にかかわらず、本契約を終了する権利を有する。

**《解説》**　第3.1条は、契約期間を1年間と定めています。労働契約には、期間の定めのない労働契約と、期間の定めのある労働契約があります。有期の労働契約期間については、労働基準法に定める範囲内としなければなりません。期間を定める場合には、原則として3年を超えてはならず、専門的な知識、技能又は経験を有する者、あるいは、60歳以上の者の場合は、5年の労働契約を締結することが認められています（労働基準法14条1項）。また、このような有期の労働契約については、更新の有無について、明示する必要があります。更新なしの契約の場合においては、契約期間の満了により契約が終了後、再度、当該労働者を雇用する場合には、新たに労働条件を明示した上で、労働契約を新たに締結する必要があります。

有期雇用については、2011年12月、厚生労働省の労働政策審議会は、その期間の上限を5年とし、それを超えた場合は、契約の期限を決めない無期雇用に転換する仕組みの導入も盛り込まれた建議を厚生労働省大臣に提出したとのことですので、今後、法改正もあり得ます。

なお、本契約における従業員は、日本人としていますが、日本企業が外国人を雇用する場合について付言しますと、日本人については、全て、期間の定めのない労働契約を締結しているにもかかわらず、外国人に対して

11

のみ、本契約のような有期の労働契約を締結することが、外国籍を理由とする差別に該当しないかどうかの点が問題となります。例えば、外国人は、いずれ本国に帰るということから短期的な雇用とならざるを得ず、長期継続雇用を前提とした一般社員の雇用管理体系となじまないことから、有期の労働契約とせざるを得ず、その中で、平等な職務内容、処遇条件としているような場合には、格別、労働基準法3条に違反するものではないと考えられます。

第3.2条は、試用期間中における解雇権を定めています。試用期間は、一般には、「解約権留保付の本採用契約」であると解されていますので、本採用拒否、すなわち、契約終了を行う場合もあるわけです。この本採用拒否や、本条で定める契約終了の通知は、解雇にあたります。よって、本条には「理由の有無にかかわらず」と定められていても、次に述べる「正当事由」が存在しなければ、本採用を拒否することはできません。試用期間開始後14日を超えた場合には、解雇予告の適用がありますので、本契約においても、解雇の場合に、解雇予告又は解雇予告手当の支払が必要であることを明記しました（労働基準法21条但書4号）。

第3.3条及び第3.4は、解雇について定めています。また、就業規則には、通常、「普通解雇」「懲戒解雇」などの定めがありますので、本契約においては、第2.2条によって、就業規則の解雇についての条項も適用されます。ところで、労働契約法は、「解雇は、客観的に合理的な理由を欠き、社会通念上相当であると認められない場合は、その権利を濫用したものとして、無効とする。」と規定して、「正当事由」の存在を解雇の有効性の要件としています（労働契約法第16条）。解雇が有効であるための条件として、「正当事由」が必要であるという点は、外国人労働者についても同様です。したがって、第3.3条及び第3.4条のように定めていたとしても、解雇は、「正当事由」がなければ有効とはなりません。そこで、第3.3条(b)においては、「重大な債務不履行」というのに、ささいなものではないという意味の「material～」ではなく、「significant～」を用いています。第3.3条(c)(d)のケースは、その重大性からして、「正当事由」が存在すると認められる可能性が高いということができます。なお、即時解雇を行うためには、行政官庁の認定を受けなければなりません（労働基準法20条3項、19条2項）。

一方、日本法上においては、委任及び準委任契約について、各当事者は、いつでも契約を解除できます。ただし、「当事者の一方が相手方に不利な時期に契約解除をしたときは、その当事者の一方は、相手方の損害を賠償しなければならない。ただし、やむを得ない事由があったときは、この限りではない。」と定められています（民法651条1項・2項）。したがって、本契約が日本法を準拠法とする個人業務受託契約であって、労働契約ではない場合には、会社は、正当事由の存否にかかわらず、それが必要な場合には、損害賠償金を支払って、本契約をいつでも途中解除することができます。

## ■勤務日及び労働時間

**Article 4. Working Days and Hours**

**4.1** Except as expressly otherwise provided herein or in the Employment Rules, the Employee shall provide the Services on each day, except for Saturdays, Sundays, national holidays in Japan, and any other Company holidays (“Work Days”).

**4.2** The Employee shall provide the Services for eight (8) hours per Work Day and shall be allotted one (1) hour for a lunch break, which shall not be counted towards the eight-hour Work Day. The start and end times of the Work Day and the start and end times for the lunch break shall be as follows:

Work Day Start Time: [XX] Work Day End Time: [XX]
Lunch Break Start Time: [XX] for one hour

**4.3** Notwithstanding the provisions of Articles 4.1 and 4.2 above, the Company shall have the right to require the Employee to provide the Services on days and at hours other than those listed above, when reasonably necessary for the benefit of the Company and in compliance with relevant Japan labor laws,

11

with no additional compensation paid to the Employee.

**和 訳** **第4条 勤務日及び労働時間**

**4.1** 本契約書又は就業規則に明記されている場合を除いて、従業員は、土曜、日曜、日本の国民の祝日、他の会社の休日を除いて、毎日勤務しなければならない(「勤務日」)。

**4.2** 従業員は、勤務日あたり8時間の勤務をしなければならず、うち1時間を食事休憩とし、それは、勤務日の8時間のうちに入らないものとする。従業員の、勤務開始時刻及び終了時刻、食事休憩の開始時刻と終了事項は、以下のとおりとする。

始業〔 時 分〕 終業〔 時 分〕
食事休憩時間〔 時 分〕から1時間

**4.3** 第4.1条及び第4.2条にかかわらず、会社の業務のために合理的な必要性が存し、かつ日本の関連する労働法規を遵守するときには、会社は従業員に対して、上記に掲げられた以外の日及び時間に勤務するよう命ずることができるものとする。この場合、従業員に対する追加の手当は支払われないものとする。

**《解 説》** 労働基準法の労働時間の規制は、実労働時間を対象としていますので、労働契約において、単純に、「1日7時間労働する。」と定めた場合には、労働者の遅刻、早退、職場離脱、私用外出、組合活動の時間等現実に勤務しなかった時間がある場合には、これらを除いて通算して、労働時間や時間外労働時間を計算することになります。しかし、本契約4.2条では、労働者と会社との間で、始業、就業時刻を定めていますので、時間外労働を始業・就業時刻を基準として算定することになります。時間外手当の取扱いに関しては、第5条の解説をご参照ください(P.210)。

## ■賃 金

**Article 5. Compensation**

**5.1** During the term of this Agreement and as compensation for the Services, the Company shall pay the Employee a total annual salary of [XXXX yen] (the "Salary"), which corresponds to a monthly salary of [XXX yen]. Each monthly salary payment shall be deemed to be compensation for the Services performed during such calendar month. Each monthly salary payment shall be deemed to include [XX] hours of Services provided outside of the normal working hours and [XX] hours of paid vacation. The monthly salary shall be paid to the Employee on the [25th] day of each month; provided, however, that if the [25th] day falls on a non-business day, the payment will be made on the previous business day.

**5.2** The Employee acknowledges that he/she will not be entitled to receive any overtime pay, bonus pay, or other cash compensation for the Services, in addition to the Salary, even if other employees of the Company may receive such compensation.



**5.3** The Employee acknowledges that the Salary includes all income taxes and social insurance premiums (e.g. health insurance, pension insurance, nursing insurance, unemployment insurance) that are required to be deducted from the Salary under applicable laws, regulations, and the Employment Rules. The Company shall deduct all such amounts from the Salary before payment to the Employee.

**5.4** The Company shall have sole discretion to increase or decrease the Salary during the term of this Agreement, upon [thirty (30)] days advance written notice to the Employee, based on factors including but not limited to the Employee's performance and results in connection with his/her provision of the Services, the Company's business or financial circumstances, and changes in applicable laws or regulations.

**5.5** In addition to the Salary, the Company shall pay the Employee a commuting allowance. The commuting allowance shall reflect the Employee's actual commuting expenses, which shall be calculated as the train fare from the station nearest to the Employee's residence to the station nearest to the Company's office. The exact route upon which the reimbursement is based shall be determined by the Company, based on ticket prices, commute times, and any other relevant factors.

**5.6** In addition, the Employee shall be entitled to receive any other benefits provided for in the Employment Rules that are applicable to his/her employee category, unless such benefits are expressly excluded in this Agreement.

**和 訳　第5条　賃金**

**5.1** 本契約の期間中、会社は従業員に対して、労働の対価として年間合計〔XXXX円〕の年俸を支払わなければならず（「年俸」）、それは月額給与〔XXX円〕にあたり、各月時間外勤務各月平均〔XX〕時間分及び休日出勤各月平均〔XX〕日分を含むものとする。各月額給与は、当該暦月の労働の対価とみなされる。月額給与は、各月〔25〕日に従業員に対して支払われなければならない。ただし、〔25〕日が営業日ではなかった場合には、前の営業日に支払が行われなければならない。

**5.2** 従業員は、たとえ、会社の他の従業員がこの手当を受けていたとしても、年俸に加えて、いかなる時間外手当、賞与、又は、他の労働に対する対価についてもその支払を受ける権利を有しないことを確認する。

**5.3** 従業員は、年俸には、適用される法律、規則及び就業規則に基づいて年俸から控除されることを要求される全ての所得税及び社会保険料（例えば、健康保険、国民年金、介護保険、労働保険）が含まれていることに同意する。会社は、従業員に対して支払う前に年俸から全てのこれらの金額を控除しなければならない。

**5.4** 会社は、本契約の期間中、彼／彼女の業務の条項に関連しての従業

11

員の勤務状況及び成果、会社の営業又は財務状況、及び適用される法律又は法規の変更を含むがこれに限らない諸要素に基づいて、従業員に対する〔30〕日前の書面による通知によって、年俸の増額又は減額を単独で決定する権限を持つ。

**5.5**　会社は、年俸に加えて、従業員に対して、通勤手当を支払うものとする。通勤手当は、従業員の実際の交通費を反映するものとし、それは、従業員の住宅から最も近い駅から、会社の事業所に最も近い駅までの電車賃として計算されるものとする。支払がなされる正確なルートは、会社によって、金額、通勤時間及び他の関連要素によって、決定されるものとする。

**5.6**　加えて、従業員は、彼／彼女の従業員カテゴリーに適用される就業規則によるいかなる他の手当についても、その手当が、本契約において明確に除外されていない限り、受領することができる。

**《解 説》**　第5.1条及び第5.2条では、賃金については、年俸制を採用して、当該年俸の中に、一定の時間外割増賃金等が含まれるとして定めています。このような定め方が有効とされるかどうかですが、厚生労働省の通達によれば、「年俸に時間外労働等の割増賃金が含まれていることが労働契約の内容であることが明らかであって、割増賃金相当部分と通常の労働時間に対応する賃金部分とに区別することができ、かつ、割増賃金相当部分が法定の割増賃金額以上支払われている場合は、労働基準法第37条に違反しないと解される。」「割増賃金相当部分と通常の労働時間に対応する賃金部分とを明確に区別していないが、当該労働者の前年度実績からみて一定の時間外労働等が存在することが想定され、その分の割増賃金を含めて年俸額が決められていることを、労使双方が認識していれば、労働基準法第37条に違反しない。」と述べられています。そこで、第5.1条のように、年俸の中に、何時間分の時間外労働分の時間外割増賃金、何日分の休日労働分の割増賃金が含まれているのかを明示しておく必要があるのです。



## ■有給休暇〔／病欠〕

**Article 6. Paid Vacation[/Sick Leave]**

**6.1**　During the term of this Agreement, the Employee shall be entitled to a total of [10 or more days] of paid vacation per year. The Employee shall provide reasonable advance notice to the Company of his/her use of vacation days; provided, however, that the Company shall have the right to reject a request for vacation on a certain day if the Employee's presence at the Company is reasonably required for the benefit of the Company on such day.

**6.2** A maximum of [ten (10)] vacation days that are not used by the Employee by the end of any calendar year during the term of this Agreement may be carried forward to the next calendar year. Upon the expiration or termination of this Agreement for any reason, the Employee shall not be entitled to any compensation for his/her accrued but unused vacation days.

[**6.3** If the Employee is unable to perform the Services on any Work Day due to illness or other health reasons, he/she shall promptly notify the Company, and such days will be treated as paid sick leave.]



**和 訳**　**第 6 条　有給休暇〔／病欠〕**

**6.1** 本契約の期間中、従業員は、1 年間に有給休暇を合計〔10 日以上の日数〕取得する権利を有する。従業員は、彼／彼女の有給休暇の取得の会社に対する合理的な日数をおいた事前の申請を行わなければならない。ただし、会社は、会社の業務のために、従業員が会社において当該申請日に勤務することが合理的に必要とされる場合には、当該日についての休暇の申請を拒否する権利を有する。

**6.2** 従業員によって、本契約の期間中、従業員によって消化されなかった最大〔10〕日の有給休暇日は、次暦年に繰り越すことができる。本契約の期間満了又は理由のいかんを問わず終了したときには、従業員は、彼／彼女の発生はしたが未使用の有給休暇のためのいかなる償還も受ける権利を有しない。

〔**6.3**　従業員が、病気又は他の健康上の理由によって勤務日に勤務することができなかった場合には、彼／彼女は、速やかに会社に通知し、有給の病欠として取り扱われるものとする。〕

**《解 説》**　労働基準法は、6か月間継続勤務して、全労働日の8割以上出勤した労働者に対しては、10労働日の有給休暇を与えなければならないと定めています（第39条1項）。また、法は、契約期間1年を定める契約であっても、この法定の有給休暇の日数を半分にするなどの措置を定めていませんので、契約期間である1年間で10日以上与えなければならないものと解されています。また、法定の有給休暇は、勤務が継続すると、その付与日数も増えていきますが、本契約のような有期の労働契約であって、契約終了後、再度、新たに労働契約が締結されたような場合には、この勤続勤務か否かについては、勤務の実態に即して実質的に判断すべきものとされています（厚生労働省昭和63年3月14日付通達　基発150）。

## ■秘密保持

**Article 7. Confidentiality**

The Employee acknowledges that, in the course of his/her employment with the Company, he/she will receive information from the Company that is of a confidential and proprietary nature (“Confidential Information”), and that disclosure of Confidential Information to third parties would cause harm to the Company. Thus, the Employee agrees that (i) he/she will not disclose Confidential Information to any third party and (ii) he/she will not use Confidential Information for any purpose other than the Services, unless he/she receives prior written approval for such disclosure/use from a representative of the Company who has the authority to give such an approval. These non-disclosure and limited use obligations shall not apply to Confidential Information that is publicly available at the time of receipt by the Employee from the Company or which becomes publicly available after such receipt by the Employee from the Company through no fault of the Employee. These non-disclosure and limited use obligations shall survive the expiration or termination of this Agreement for a period of [three (3)] years. Upon the expiration or termination of this Agreement for any reason, the Employee shall promptly return to the Company all copies (or permanently delete, in the case of intangible copies) of Confidential Information that may be in his/her possession.

**和訳** **第7条　秘密保持**

従業員は、会社と彼／彼女の雇用において、彼／彼女は、会社から秘密及び社外秘である情報（「秘密情報」）を受領することがあり得ること、そして、秘密情報を第三者に対して開示することは会社に対して害悪となることを認める。それゆえ、従業員は、そのような許可を与える権限のある会社代表者から、この開示／使用の事前の書面による許可を受領しない限り、(i)彼／彼女は、いかなる第三者に対しても秘密情報を開示せず、(ii)彼／彼女は、秘密情報を業務以外の目的に利用しないことに同意する。秘密情報についての秘密保持や利用制限の義務は、従業員による最初の会社からの受領時点において公知情報であったか、従業員によって会社から受領された以後に過失なく公知になった情報には適用されない。これらの秘密保持や利用制限の義務は、本契約の期間満了又は終了後〔3〕年間有効である。本契約の期間満了又はその理由のいかんにかかわらず終了後、従業員は、彼／彼女が保有していた秘密情報の全ての複製を会社に対して速やかに返還（又は、無形の複製の場合には、永久消去）しなければならない。

## ■兼業禁止及び競業禁止

**Article 8. No Other Employment and Non-Compete Obligation**

**8.1** During the term of this Agreement, the Employee shall not engage in any other work or employment, with or without compensation, unless he/she obtains the prior written consent of the Company.

**8.2** The Employee agrees that, for a period of [one (1)] year after the expiration or termination of this Agreement for any reason, the Employee shall not be employed by or otherwise provide his/her services or assistance, directly or indirectly, to any company, organization, or person which is a direct competitor of the Company.

**和 訳**　**第8条　兼業禁止及び競業禁止**

**8.1**　本契約の期間中、従業員は、彼／彼女が会社の事前の書面による同意を得ない限り、報酬の有無にかかわらず、他の仕事をしたり、雇用されてはならない。

**8.2**　本契約の期間満了又はその理由のいかんにかかわらず終了後〔1〕年間、従業員は、会社の直接的競業者である、いかなる会社、組織、又は個人事業者に雇用されたり、それらに対して、直接的にも間接的にも、彼／彼女の役務や支援を提供してはならない。

**《解 説》**　第8.2条は、従業員の退職後の競業を一定期間制限する規定ですが、永遠に無限定に制限することは、合理性がないとして無効とされる可能性があります。したがって、制限期間を1年～2年等と限定したり、対象地域を定めたり、対象職種や業務を限定したり、在職中にこのような制限を課する何らかの代償（開発手当、役職手当等）が支払われているかどうか等の点を考慮して、不当に従業員の転職を制限するものではないよう留意すべきです。

11

## ■補　償

**Article 9. Indemnification**

**9.1**　The Employee shall indemnify the Company against any damages that the Company may suffer as a result of (i) the Employee's breach of any of his/her obligations under this Agreement, (ii) the Employee's breach of the Employment Rules, or (iii) the Employee's illegal activities.

**9.2**　The Employee shall defend and indemnify the Company against any claim or legal action brought by a third party (including another employee of the Company) against the Company that alleges damages caused by the wrongdoing of the Employee.

**9.3** The indemnification obligations in this Article shall survive the expiration or termination of this Agreement for any reason.

**和 訳**　**第9条　補償**

**9.1**　従業員は、(i)従業員の本契約に基づくいかなる彼／彼女の義務についての不履行によっても、(ii)従業員の就業規則の不履行、又は(iii)従業員の違法行為の結果として会社が被るいかなる損害に対しても、会社を補償しなければならない。

**9.2**　従業員は、従業員の非行為によって損害が発生したとして、第三者によって会社に対して請求がなされた場合又は訴訟が提起された場合には、会社を防御し、補償し、損害を与えないようにしなければならない。

**9.3**　本補償義務は、本契約の期間満了又は理由のいかんを問わず終了した場合であっても、有効に存続する。

《**解 説**》　第9.2条に関して、defend and indemnifyの意味ですが、英米諸国においては、例えば、第三者から、被補償当事者が訴えを起こされた場合には、補償しなければならない当事者が、自ら弁護士を選任して、訴訟活動を被補償当事者のために行い、当該訴えの防御活動を行って、損害賠償請求に対抗することを意味しています。

## ■査　証（ビザ）

**[Article XX. Immigration Status**

During the term of this Agreement, the Employee shall be solely responsible for maintaining a proper immigration status under the relevant laws of Japan to allow him/her to reside in Japan and perform the Services as described in this Agreement and will provide proof of the same to the Company upon request. If the Employee fails to obtain or loses any necessary visa or other permission, he/she shall immediately inform the Company of the same, and such failure shall be deemed a material breach of this

Agreement which provides the Company the right to terminate this Agreement in accordance with Article 3.3(b) above.]

和 訳　〔第 XX 条　査証（ビザ）

本契約の期間中、従業員は、関連する日本法に基づいて、日本に滞在し、本契約に記載の勤務を行うことができる正当な査証を維持する単独の責任を負わなければならず、その要求に従って、会社に対して査証の証明を提出しなければならない。従業員が、必要な査証又は他の必要な許可を取得することができないか喪失した場合には、彼／彼女は、会社に対して直ちにそれを報告し、この不履行は、会社に、第3.3(b)条に従って、会社が本契約を終了する権利を与える本契約の重大な債務不履行とみなされるべきものとする。〕

**《解 説》** 日本にある企業が、外国人を雇用する場合には、本契約中に、就労可能なビザについて定めます。

就労可能な在留資格を有していなかったり、あるいは認められる就労の範囲を超える違法な就労をした外国人は、出入国管理及び難民認定法により処罰、及び強制退去の対象となります。また、就労可能な在留資格を有しないことを知りながら外国人を雇用し就労させた事業主も処罰の対象となります。

11

## ■一般条項

[General Terms and Conditions]
[Note: The “Force Majeure”, “Relationship Between Parties”, “Execution in Counterparts”, and “Conferral with Counsel” provisions should be omitted.]
[Note: The “Entire Agreement” provision should refer to the “Employment Rules”.]

和 訳　〔一般条項〕

〔注意：不可抗力、両当事者の関係、契約の締結、及び弁護士への相談条項は除かれる。〕

〔注意：完全合意条項には、本契約とともに、両当事者間の就業規則につ

いても完全合意であることを定めるべきである。〕

## ■後　文

IN WITNESS WHEREOF, the Parties hereto have executed this Agreement on the dates set forth under their signatures.

| | |
|---|---|
| COMPANY | EMPLOYEE |
| By: ____________________ | By: ____________________ |
| Name: | Name: |
| Title: | Title: |
| Date: | Date: |

和 訳

上記の証（あかし）として、本契約の当事者は、本契約を、署名欄記載の日に署名して、締結する。

| | |
|---|---|
| 会社 | 従業員 |
| 名前 | 名前 |
| 役職（部署） | 役職（部署） |
| 日付 | 日付 |



## ■別紙 A

Exhibit "A"

Services to be Provided by the Employee

[simple example:

In his capacity as Manager of the Product Development Division, the Employee will oversee all day-to-day aspects of the product development activities of the Company including but not limited to the following:

(1) manage the members of the Product Development Division to ensure that they are performing their duties in an appropriate manner and in accordance with relevant product development schedules;

(2) communicate and work directly with existing and potential customers and partners, of the Company, as appropriate, to promote the products and services of the Company;

(3) communicate with other managerial and non-managerial employees and directors of the Company as well as employees and directors of the Company's parent company and other affiliates to exchange appropriate information and opinions;

(4) prepare appropriate periodic reports concerning the activities of the Product Development Division for distribution to persons within the Company and its affiliates;

(5) travel domestically and/or internationally as reasonably necessary to perform his/her duties as Manager of the Product Development Division;

(6) ensure that the Product Development Division is complying with all applicable internal rules and practices required by the Company.]



和 訳

別紙 A

従業員によって従事されるべき業務の内容

〔シンプルな例；

製品開発部のマネージャーとして、従業員は、以下を含むものとするがこれらに限らない、会社の製品開発業務の見地から、以下のような、日々の業務を監督すること。

(1) 製品開発部のメンバーを、彼らが適切な方法で、商品開発スケジュールにしたがって、彼らの義務を果たすことができるよう、監督すること；

(2) 会社の現在及び潜在する顧客やパートナーと、会社の製品及びサービスの宣伝のため、適切に、直接交流し仕事をすること；

(3) 会社の他のマネージャー、マネージャーではない従業員、取締役のみならず会社の親会社及び他の関連会社の従業員及び会社の役員と交流して、適切な情報及び意見を交換すること；

(4) 会社及びその関連会社の担当者に対して配布する、製品開発部の営業に関する適正な期間報告書を準備すること；

(5) 製品開発部のマネージャーとしての彼／彼女の義務を履行するのに合理的に必要とされる、国内／海外出張；

(6) 製品開発部の活動が、全ての適用され、会社によって要求される社内規則や実務に適合させること。〕

# 12 共同研究開発契約書

**共同研究開発とは、二者以上の当事者が、それぞれの研究員等人員、金銭、設備、資産を提供して共同して研究開発を行うことです。本契約には、各当事者の役割分担や費用負担を、明確に取り決めておくことはもちろん、研究開発のための基となる知的財産権、開示される企業秘密の取扱いや、共同研究開発の成果物・派生物（知的財産権や、秘密情報）についての取扱いを定めておくことになります。**

**目　次**

## ■頭　書

**JOINT DEVELOPMENT AGREEMENT**

This Joint Development Agreement（this “Agreement”）is entered into effective ______（the “Effective Date”）between [Satonaka Enterprises Co., Ltd.], a [corporation established and existing under the laws of Japan], having its head office at [Miyazaki Building, 10F, 1-1-1 Tamakicho, Chiyoda-ku, Tokyo 101-0001, Japan]（“Satonaka”）and [Harper Enterprises Co., Ltd.], a [corporation established and existing under the laws of Delaware, U.S.A.], having its head office at [Paxson Building, 10F, 1234 Daniel Avenue, New York, New York 10001, U.S.A.]（“Harper”）（collectively the “Parties” or individually a “Party”）.

（和 訳）　**共同研究開発契約書**

この共同研究開発契約書（「本契約」）は、〔年月日〕から効力を有するものとして（「発効日」）、〔里中株式会社〕、〔日本法によって設立された株式会社であって〕、その本店所在地は〔郵便番号 101-0001　日本国東京都千代田区玉木町 1 丁目 1 番 1 号宮崎ビルディング 10 階〕（「里中社」）と、〔Harper Enterprises Co., Ltd.〕、〔米国デラウェア州法によって設立された株式会社であって〕、その本店所在地は〔Paxson Building, 10F, 1234 Daniel Avenue, New York , New York 10001, U.S.A.〕（「HARPER 社」）との間にて締結された（以下、当事者を総称して「両当事者」、それぞれを「当事者」という。）。

《解 説》　表題は、Joint Development Agreement としています。development は、開発の意味ですが、研究による開発すなわち研究開発についても、契約書の表題としては、development のみの表記で足ります。

12

## ■経　緯

**RECITALS**

WHEREAS, the Parties desire to conduct joint development work in the area of [mobile communication technologies];

NOW, THEREFORE, the Parties hereto mutually agree to enter into this Agreement in accordance with the terms and conditions stated herein.

和 訳　　経 緯

両当事者は、〔モバイルコミュニケーションテクノロジー〕分野の共同研究開発を行うことを希望しており、

そこで、両当事者は、ここに定められた条項と条件に従って本契約を締結することを相互に合意する。

## ■定 義

**Article 1. Definitions**

For purposes of this Agreement, including any Exhibits, the following terms shall have the following meanings:

**1.1** "BIP" shall have the meaning set forth in Article 4.1.

**1.2** "Confidential Information" shall have the meaning set forth in Article 9.1.

**1.3** "Intellectual Property" shall have the meaning set forth in Article 5.1.

**1.4** "Joint Work" shall have the meaning set forth in Article 2.

**1.5** "NIP" shall have the meaning set forth in Article 6.3.

和 訳　**第1条　定義**

本契約においては、別紙も含めて、以下の用語は以下の意味を持つ。

**1.1** 基になる知的財産権とは、第 4.1 条に定めるものをいう。

**1.2** 秘密情報とは、第 9.1 条に定めるものをいう。

**1.3** 知的財産権とは、第 5.1 条に定めるものをいう。

**1.4** 共同研究開発とは、第 2 条に定めるものをいう。

**1.5** 開発された知的財産とは、第 6.3 条に定めるものをいう。

## ■共同研究開発の内容

**Article 2. Contents of Joint Work**

The contents of and the Parties' work responsibilities for the joint development work that is the subject of this Agreement (the "Joint Work") are detailed in the Joint Development Work Plan attached as Exhibit "A" to this Agreement.

**和 訳**　**第 2 条　共同研究開発の内容**

両当事者の本契約に基づく共同研究開発の内容、及びその両当事者の責務は、本契約書別紙 A 共同研究開発計画書記載のとおりとする（「共同研究開発」）。

## ■費　用



**Article 3. Costs**

[Option A: Each Party responsible for own costs and expenses]

Unless otherwise expressly provided for herein or mutually agreed to by the Parties, each Party will bear all costs and expenses it incurs in the course of the performance of the Joint Work (including but not limited to delivery expenses for goods sent to the other Party and travel expenses for its own personnel) and will not receive or seek reimbursement for such costs and expenses from the other Party.

[Option B: Payment for costs and expenses]

In connection with the Joint Work, [paying Party] shall pay to [other Party] the total amount of [payment amount] according to the following schedule:

| payment date | payment amount |
|---|---|
| [date] | [amount] |
| [date] | [amount] |

Other than the above payments, each Party will bear all costs and expenses it incurs in the course of the performance of the Joint Work (including but not limited to shipping expenses for goods sent to the other Party and travel expenses for its own personnel).

**和 訳**　**第3条　費用**

〔オプションA：費用と実費の各自の負担〕

本契約書に明記されるか、又は両当事者の合意がない限り、共同研究開発の遂行により発生する費用や報酬（当事者間における物品の輸送費用や各当事者の人員等の出張費用も含まれるが、これに限らない）は、各当事者において負担するものとし、相手方当事者からこれを受領せず、償還を請求しないものとする。

〔オプションB：費用と実費の支払〕

共同研究開発に関連して、〔費用・実費を負担する当事者〕は、〔他方当事者〕に対して、以下のスケジュールに従って、総額〔支出額〕を支払わなければならない。

| 支払期日 | 支払金額 |
|---|---|
| 〔年月日〕 | 〔金額〕 |
| 〔年月日〕 | 〔金額〕 |

上記支払以外の支出については、共同研究開発の実施の過程で発生した全ての費用及び実費（他方当事者に対する物品の輸送費用、及び各自の人員の出張旅費を含むものとするがこれに限らない）は各自の負担とする。

**《解 説》**　当事者間の共同研究開発遂行のために発生する費用としては、

12

人件費、設備費、素材費、第三者から許諾を受けている権利の再許諾費用、通信費、出張費、旅費宿泊費、輸送費用等様々な費用がかかりますので、こちらの負担については取り決める必要があります。本条のオプションAにおいては、各自の負担としていますが、必要に応じて、負担について、オプションBのように、決めておくことも考えられます。

## ■期間及び解除

**Article 4. Term and Termination**

**4.1** This Agreement shall be effective from the Effective Date through [end date]. The term of this Agreement shall be subject to the termination provisions listed below.

**4.2** If either Party commits a material breach of any of its obligations under this Agreement and fails to correct such breach within [twenty (20)] days after receiving notice of the breach from the non-breaching Party, the non-breaching Party shall have the right to terminate this Agreement effective immediately upon written notice to the breaching Party. However, any such notice of termination must be given by the non-breaching Party within [thirty (30)] days after the expiration of the [20]-day period referenced above. If not given within that time, the non-breaching Party's right to terminate this Agreement by reason of that particular breach shall lapse. If such a termination occurs, (i) any NIP produced prior to the effective date of the termination shall be owned solely by the non-breaching Party, and the breaching Party shall have no rights in NIP; and (ii) the non-breaching Party shall have the license rights concerning the breaching Party's BIP as described in Article 6.4, but the breaching Party shall have no such license rights concerning the non-breaching Party's BIP.

**4.3** If either Party is not able to continue the Joint Work due to a force majeure as described in Article [XX], and such force majeure continues in effect for more than [three(3)] months, the other Party shall have the right to terminate this Agreement effective immediately upon written notice to the non-performing Party.

**4.4** Articles 4.4, 5, 6, 7, 10, 11, 12, 14 and [surviving General Terms and Conditions] will survive the expiration or termination of this Agreement for so long as the subject matter therein is relevant. Article 9 will survive the expiration or termination of this Agreement for the period of time set forth therein.

**和 訳　第4条　期間及び解除**

**4.1** 本契約は、発効日から〔契約終了日〕の間効力を有する。本契約の期間は、以下に定める契約終了の条項に従うものとする。

**4.2** いずれの当事者も、他方当事者が本契約の重大な（ささいなものではない）債務不履行状態にあり、債務不履行をしていない当事者からの履行請求の通知を受領してから〔20日〕以内にその債務不履行状態を解消しなかった場合には、債務不履行をしていない当事者は、書面による通知により直ちに本契約を解除することができる。ただし、上記の〔20〕日間の満了後〔30〕日以内に、債務不履行をしなかった当事者によって契約解除通知が送達されなかった場合には、その債務不履行をしなかった当事者の当該債務不履行を理由とする契約解除権は失効する。この契約解除の場合には、(i)契約終了以前に開発された知的財産は、債務不履行をしなかった当事者の単独所有とし、債務不履行をした当事者は、開発された知的財産の何らの権利も保有しないものとし、(ii)債務不履行をしなかった当事者は、債務不履行をした当事者の基になる知的財産権に関して6.4条に記載のとおりライセンスの権利を保有するものとするが、債務不履行をした当事者は、債務不履行をしなかった当事者の基になる知的財産権につきライセンスの権利を持たない。

**4.3** いずれの当事者も、第〔XX〕条記載のとおり不可抗力により、共同研究開発を続けることができなくなった場合であって、当該不可抗力事由が〔3〕か月以上継続した場合には、他方当事者は債務を履行しない当事者に対する書面による通知によって直ちに本契約を解除することができる。

**4.4** 第4.4条、第5条、第6条、第7条、第10条、第11条、第12条、第14条、及び〔有効としておくべき一般条項〕は、関連する事実が存する限り、本契約の終了後も効力を有するものとする。第9条は、そこに定められている期間、本契約の期間満了／解除後も効力を有する。

《解 説》 本契約の期間については、自動更新条項を設けていません。共同研究開発には、年度の予算の関係で自動更新条項を入れることはまれであると考えられます。

## ■基になる知的財産権

**Article 5. Background Intellectual Property**

**5.1** All intellectual property, including but not limited to, patents, copyrights, trade secrets, technical information, proprietary know-how, and data (collectively "Intellectual Property"), owned prior to or newly developed independent of this Agreement by a Party (the "Licensor") and disclosed to the other Party (the "Licensee") under this Agreement (Background Intellectual Property: "BIP") shall remain the sole property of the Licensor. The Licensor grants to the Licensee a non-transferable, non-exclusive, royalty-free license for the term of this Agreement to use and copy the BIP for purposes of the Joint Work but only to the extent that the BIP is reasonably necessary for the performance of the Joint Work.

**5.2** In the event that the BIP includes any Confidential Information of Licensor, Licensee shall treat such BIP in accordance with Article 9.

12

**和 訳**　**第5条　基になる知的財産権**

**5.1** 特許権、著作権、営業秘密、技術情報、独占的なノウハウ及びデータ、これらを含むものとするがこれに限らない一切の知的財産（これらを総称して、「知的財産」という。）は、一方当事者（「ライセンサー」）により前から所有されていたもの及び本契約とは別途に新たに開発されるものであって、本契約に基づいて、他方当事者（「ライセンシー」）に対して、開示されたもの（以下「基になる知的財産権」という。）については、ライセンサーの単独の所有権が維持されるものとする。ライセンサーは、ライセンシーに対して、本契約の有効期間中、共同研究開発の目的のためであり、かつ共同研究開発の実施に合理的に必要な範囲で、譲渡禁止、非独占的、無償の基になる知的財産権の使用及び複製の許諾を行う。

**5.2** 基になる知的財産権がライセンサーの秘密情報を含む場合には、ライセンシーは、本契約第9条に従って、その基になる知的財産権を取り扱わなければならない。

**《解 説》** 共同研究開発に際しては、一方当事者が他方当事者に対して、その保有する知的財産権を使用させることが考えられます。第5.1条においては、当事者保有の知的財産権の他方当事者への使用許諾を定めています。

第5.2条は、当該知的財産のうち、いまだ権利化されていない秘密情報等、公表されていない情報についての取扱いを定めたものです。

## ■知的財産権



**Article 6. Other Intellectual Property**

**6.1** All Intellectual Property newly conceived or arising in the course of the Joint Work solely by the efforts of Satonaka's personnel shall be solely owned by Satonaka.

**6.2** All Intellectual Property newly conceived or arising in the course of the Joint Work solely by the efforts of Harper's personnel shall be solely owned by Harper.

**6.3** All Intellectual Property, excluding those described in Articles 6.1 and 6.2 newly conceived or arising in the course of the Joint Work (Newly-Arising Intellectual Property: "NIP") shall be jointly owned by the Parties in equal shares and may be freely used, distributed, copied, sublicensed and otherwise exploited for any purpose (including commercial purposes) by either Party without the need to obtain the consent of, account to, or pay royalties to the other Party; provided, however, that, if only one of the Parties pursues intellectual property protection for any of the NIP pursuant to Article 7 because the other Party declines to participate, the applying Party shall have the right to enforce such intellectual property rights against the other Party and third parties, starting from the effective date of registration of such intellectual property rights.

**6.4** Subject to the provisions of Articles 9 and 4.2, after the expiration or termination of this Agreement, the Licensor grants a non-exclusive, royalty-free, irrevocable, perpetual license to the Licensee to use, distribute, copy, sublicense, and otherwise exploit BIP but only to the extent that such use or other exploitation of BIP is reasonably necessary to use or otherwise exploit NIP and only in connection with the use or other exploitation of NIP authorized herein. Any patents and software contained in the BIP shall be mutually confirmed by the Parties at the appropriate time and listed in a separate document signed by both Parties.

**6.5** Any improvements made outside of the scope of the Joint Work by a Party to either NIP or BIP supplied during the course of the Joint Work shall be solely owned by the developing Party.



**和 訳　第 6 条　知的財産権**

**6.1** 共同研究開発の過程で、もっぱら里中社の人員による単独の努力により新たに発案され、発生する全ての知的財産は、里中社にその権利は帰属するものとする。

**6.2** 共同研究開発の過程で、もっぱらHARPER社の人員による単独の努力により新たに発案され、発生する全ての知的財産は、HARPER社にその権利は帰属するものとする。

**6.3** 第6.1条及び第6.2条の場合を除いて、共同研究開発の過程において、新たに発案され、発生する全ての知的財産は（「開発された知的財産」）、両当事者の共有とし、その持ち分は等しいものとし、そして、両当事者は、相手方の同意を得る必要なく、また、使用料の発生や、これを支払う必要なく、いかなる目的のためにも（商業的利用を含む。）、自由に使用し、頒布し、複製し、サブライセンスし、その他の利用をすることができる。ただし、一方当事者が本契約第7条に従って、開発された知的財産権の保護（登録等の権利化）を申請した際、他方当事者が当該申請に参加しなかった場合には、申請した当事者は、当該権利の登録発効日から、当該権利を他方当事者及び第三者に対して主張する権利を有するものとする。

**6.4** 第9条及び第4.2条に従って、本契約が期間満了又は解除された後、ライセンサーはライセンシーに対して、開発された知的財産の使用及び他の利用のために合理的に必要な範囲内で、かつ、本契約に基づいて開発された知的財産権の使用又はその他の利用に関連する場合には、基になる知的財産権を使用し、頒布し、複製し、サブライセンスし、その他の利用をする非独占的・無償の取り消し不能な永久使用許諾権を与えるものとする。これらの基になる知的財産権に含まれるいかなる特許及びソフトウェアについても、両当事者によって、適時に、署名のある書面によりリストアップされ、相互に確認がなされなければならない。

**6.5** 一方当事者によって共同研究開発の目的外の改良が、開発された知的財産又は共同研究開発の過程に提供された基になる知的財産権についてなされた場合には、当該改良知的財産はそれを開発した当事者による単独所有とする。

**《解 説》** 共同研究開発の過程において創作・発生した知的財産権については、当事者双方の研究開発によるものか、そうではなく単独の研究開発によるものかなどの場合を想定して、その権利の帰属について定めておくべきですが、本条においては、概略以下のとおり、定めています。

第6.1条及び第6.2条：共同研究開発において、単独で研究開発した成

12

果としての権利は、当該研究を行った当事者に帰属すること。

第6.3条：共同研究開発において、共同で研究開発した成果としての権利は、両当事者の共有とし、いかなる目的にも利用できること。

第6.4条　一方当事者は、共同研究開発により開発された知的財産権の利用のために他方当事者の基になる知的財産権を利用できること。

第6.5条　一方当事者によって、開発された知的財産又は基になる知的財産権について、共同研究開発の目的外の改良がなされた場合には、当該改良を開発した当事者の単独所有とすること。

## ■特　許

**Article 7. Patents**

**7.1** If either Party desires to apply for patent or other available forms of intellectual property protection of jointly-owned NIP, it shall so inform the other Party.

**7.2** If the other Party desires to participate in such application, the application shall be made in the joint names of the Parties as joint owners with equal rights and equal cost obligations. If the other Party declines to participate in such application, the first Party may apply for such registration in its sole name. In such a case, all resulting rights shall be owned solely by the applying Party, all necessary expenses shall be borne solely by the applying Party, and the other Party shall promptly execute all necessary documents (including but not limited to an assignment of rights) and take all other actions that are necessary or helpful to facilitate the application, upon the request of the applying Party.



**和訳**　**第7条　特許**

**7.1**　一方当事者がその共有する開発された知的財産の特許申請又はその他の権利化のための申請を望んだ場合には、他方当事者に通知するものとする。

**7.2** 他方当事者がその申請に参加することを希望した場合には、申請は共同名義とし、権利義務は共有（等分）とする。他方当事者がその手続を希望しない場合には、希望する当事者は単独名義にてこれを申請する。この場合には、全ての申請による権利は、申請当事者に帰属するものとし、全ての必要な費用は申請当事者が単独で負担するものとし、そして、他方当事者は、申請当事者の要求時に、速やかに必要書類（権利譲渡証を含むものとするがこれに限らない。）を作成して、申請に必要かつ権利化に有益な全てのことを実行しなければならない。

**《解 説》** 本条は、開発された知的財産の権利化についての条項です。開発された知的財産は、第6.3条によって、共有と定めていますので、特許権等権利化のための申請についても、双方にこれを行う権利を与えた上で、これを一方当事者が望まなかった場合について定めています。

## ■報　告

**Article 8. Reports**

The Parties shall report to each other in writing concerning the progress of the Joint Work at such intervals and in such manner as agreed to by the Parties.

**和 訳**　**第8条　報告**

両当事者は、お互いに、両当事者による合意による間隔と方法により、共同研究開発の進捗に関して書面により報告しなければならない。

**《解 説》** 外国の当事者との共同研究開発においては、年数回の会議でしかフェイストゥーフェイスの協議を行うことができない場合が多いと考えられます。そこで、定期的に、相互に、各自の研究開発の進捗状況を報告することを定めておくべきです。

## ■秘密保持

**Article 9. Confidentiality**

**9.1** The Parties acknowledge that they may disclose their confidential or other proprietary information（“Confidential Information”）to each other in the course of the performance of

12

the Joint Work. All Confidential Information provided by one Party (the "Disclosing Party") to the other Party (the "Receiving Party") under this Agreement in written or other tangible form shall be clearly and conspicuously marked as "Confidential" or "Proprietary". All Confidential Information provided in electromagnetic files or other digital data form (including email text) shall be clearly and conspicuously marked as "Confidential" or "Proprietary" within such file/email. All Confidential Information provided in oral or visual form shall be designated as confidential at the time of disclosure and confirmed in writing by the Disclosing Party to the Receiving Party within [fourteen (14)] days after the date of disclosure. The Receiving Party (i) shall use the Confidential Information only for the purposes of this Agreement and any licenses of BIP under Article 6.4, (ii) shall not disclose the Confidential Information to any third party, unless it obtains the prior written consent of the Disclosing Party, and (iii) shall disclose the Confidential Information only to its employees, directors, contractors, and advisers who have a reasonable need to know the Confidential Information, and who are bound by duties of confidentiality and limited use at least as strict as those stated herein. The obligations in this Article will survive the expiration or termination of this Agreement for a period of [three (3)] years.



**9.2** Notwithstanding the foregoing, the confidentiality and limited use obligations set forth above shall not apply to Confidential Information that (i) was publicly available at the time of first disclosure by the Disclosing Party or becomes publicly available after the time of first disclosure through no fault of the Receiving Party, (ii) was already in the possession of the Receiving Party at the time of first disclosure, (iii) is received by the Receiving Party from an unrelated third party with no confidentiality obligations attached, (iv) is authorized for release by the Disclosing Party in writing, or (v) is the subject of a government or judicial subpoena or other order, provided that the Receiving Party promptly informs the Disclosing Party of the situation and allows the Disclosing Party to control any efforts to challenge the subpoena/order.

**9.3** Within [thirty (30)] days after the effective date of the expiration or termination of this Agreement for any reason, the Receiving Party will (i) return to the Disclosing Party all copies of Confidential Information in its possession (whether in written or any other tangible form) and (ii) permanently delete all copies (including backup copies) of the Confidential Information contained in the Receiving Party's computer disks or other electromagnetic storage media or in any other intangible form and certify the completion of such deletion in writing to the Disclosing Party; provided, however, that the obligations in this paragraph shall not apply to Confidential Information reasonably required by the Receiving Party to exercise the BIP license referred to in Article 6.4.

12

**和訳　第9条　秘密保持**

**9.1** 両当事者は、共同開発研究の過程において、お互い自らの秘密又は社内情報（「秘密情報」）を開示することができることを認める。一方当事者（「開示当事者」という。）によって他方当事者（「受領当事者」という。）に対して、本契約に基づいて文章又は他の有形の方法により提供される全ての秘密情報には、「秘密」又は「社外秘」と明確かつ明瞭に表示されなければならない。電子ファイル又はその他のデジタルデータ（Eメールを含む。）には、ファイル又はEメールの中に、それが、明確かつ明瞭に表示されなければならない。全ての口頭又は可視的な秘密情報は、開示当事者により、開示時に、秘密情報である旨が指示されなければならず、かつ、開示日から〔14〕日以内に、開示当事者によって受領当事者に対して、書面により確認するものとする。受領当事者は、(i)秘密情報を本契約の目的、及び第 6.4 条に基づく基になる知的財産権について許諾されたライセンス権の実施の目的のみに利用しなければならず、(ii)開示当事者の事前の書面による同意を得なければ秘密情報をいかなる第三者に対してもこれを開示してはならず、(iii)秘密情報を合理的に知る必要があって、本契約に定めるものと少なくとも同等の秘密保持義務及び利用制限によって拘束されるその従業員、取締役、業務委託者、及びアドバイザーに対してのみ、秘密情報を開示する。本条に定める義務は、本契約の期間満了又は解除後〔3〕年間存続するものとする。

**9.2**　前条にかかわらず、秘密情報についての秘密保持や限定的利用の上記の義務は、以下の秘密情報については適用されないものとする。(i)開示当事者による最初の開示時点において公知情報であったか、受領当事者の過失なく最初の開示以後に公知になった情報、(ii)最初に開示された時点で、すでに、受領当事者が知っていた情報、(iii)受領当事者において、何ら秘密保持義務を課されず無関係の第三者から受領した情報、(iv)開示当事者によって書面によって免責された情報、(v)政府や司法機関の文書提出命令又は他の命令の対象となった情報。ただし、受領当事者は、開示当事者にその状況を速やかに通知し、開示当事者がその文書提出命令やその他の命令に対して、異議を申立ての方策を講じることができるようにしなければならない。

**9.3**　本契約の期間満了又はその理由のいかんを問わず解除された日から〔30〕日以内に、受領当事者は、開示当事者に対して、その保有する（文章か他の有形の方法かを問わず）秘密情報の全ての複製を返還し、かつ、受領当事者のコンピュータのディスク又は他の電子記録媒体又は他の無形の方法に含まれる秘密情報の全ての複製（バックアップも含む。）を永久的に削除しなければならず、開示当事者に対して、書面によりこの削除が完了したことについて証明しなければならない。ただし、本項に定める義務は、第 6.4 条に定める基になる知的財産権について許諾されたライセンス権の実施のために受領当事者によって合理的に必要とされる秘密情報には適用されない。

**《解 説》**　当事者間にて、あらかじめ秘密保持契約書を締結していて、本契約書の中に完全合意条項が定められる場合の本契約に定める秘密保持条項と先に締結していた秘密保持契約書との関係については、「秘密保持契約書」第4条の解説をご参照ください（P.53、P.54）。

第9.1条に定める秘密保持義務の存続期間については、秘密保持及び利用の制限といった本条の目的にかなった期間を、当事者間の合意により定めることになります。当該秘密情報の性質によって、3年から10年程度の期間を定めることになろうかと思われます。

第9.3条に定める、当該契約の期間満了又は解除時における秘密情報の返還については、「秘密保持契約書」第4条の解説をご参照ください（P.54、P.55）。

## ■共同研究開発の成果の商業利用

**Article 10. Commercialization of Results of Joint Work**

After or prior to the completion of the Joint Work and prior to any commercialization of the results of the Joint Work by either Party, the Parties shall jointly discuss the possibility of commercialization of the results of the Joint Work. Any agreement between the Parties concerning the commercialization of the results of the Joint Work shall be set forth in a separate written agreement. Neither Party shall be obligated to agree to the commercialization of the results of the Joint Work. If either Party does not wish to participate in the commercialization of the results of the Joint Work, the other Party may freely commercialize the results of the Joint Work on its own, subject to the rights set forth in Article 7.2.



**和 訳　第10条　共同研究開発の成果の商業利用**

両当事者は、共同研究開発の完成後又は完成前、及び、共同研究開発の成果を商業化する前に、共同研究開発の成果の商業利用の可能性について協議しなければならない。両当事者による共同研究開発の成果の商業化に関する合意事項は、別途書面により締結されなければならない。いずれの当事者も共同研究開発の結果の商業利用について合意する義務を負うものではない。一方当事者が共同研究開発の成果の商業化に参加することを希望しない場合には、第7.2条に定める権利に従って、他方当事者は共同研究開発の成果を自由に商業利用することができる。

## ■責任／保証

**Article 11. Warranty and Limitation of Liability**

**11.1** EACH PARTY DISCLAIMS ALL WARRANTIES, WHETHER EXPRESS OR IMPLIED, CONCERNING THE ACCURACY, SUITABILITY, OR ANY OTHER CHARACTERISTIC OF ITS BIP SUPPLIED IN THE COURSE OF THE JOINT WORK.

**11.2** Each Party shall be liable for any personal injury or physical property damage suffered by the other Party or its personnel in the course of the Joint Work as a result of the negligence or other fault of the first Party.

**11.3** With the exception of (i) liability for breaches of obligations relating to intellectual property or confidentiality and (ii) liability under Article 11.2, neither Party shall be liable to the other Party for any consequential or indirect damages suffered by such other Party in connection with the Joint Work or this Agreement. In addition, notwithstanding any provision herein to the contrary, the aggregate liability incurred by either Party under this Agreement, under any legal theory, shall not exceed the amount of [maximum liability in monetary terms].



**和訳**　**第11条　責任／保証**

**11.1**　いずれの当事者も、共同研究開発の過程において提供される基になる知的財産権の品質、適合性又はその他の性質に関しての明示又は黙示の全ての保証から免責されるものとする。

**11.2**　各当事者は、過失又はその他の責に帰すべき事由により、共同研究開発の過程において、相手方当事者又は相手方当事者の人員に対して与えた、人損又は物損について責任を負うものとする。

**11.3** (i)知的財産又は秘密保持に関する義務の違反、(ii)第11.2条に基づく義務を除いては、共同研究開発、又は本契約に関して、いずれの当事者も他方当事者に対して、他方当事者が被った結果的又は間接的な損害の責任を負うものではない。また、本条項と矛盾する条項の定めにもかかわらず、本契約に基づいて、いかなる法律上の理論に基づいて発生する金銭的な責任による損害賠償の合計も、〔金銭的責任の上限金額〕を超えないものとする。

**《解 説》** 第11.1条は、一方当事者が共同研究開発のために提供した基になる知的財産権については、その一方当事者から他方当事者に対して、何らの保証も行わないと定めていますが、第12条では、上記の基になる知的財産権が第三者の権利を侵害するものであった場合、これを利用した他方当事者が第三者から権利侵害を理由に何らかの請求を受け、又は訴訟提起をされた場合、一方当事者は他方当事者に対して補償しなければならないと定めています。同一の権利（基になる知的財産権）について、「保証しないが、補償はする」と定める、第11.1条と第12条とは矛盾しているようでもありますが、本契約について保証義務不履行による解除という事態を回避するために、このように定めるものです。

なお、このような非保証条項については、準拠法によっては、ボールド文字、大文字、明確に認識しうるフォント、ポイント数での表記が義務付けられている場合がありますのでご注意ください。そのため、本文例においても、大文字にて表記してあります。

第11.3条は、金銭的責任を負う場合であっても、負担すべき損害の範囲を定め、かつ、損害賠償金額の上限を定めて、責任限定をしています。

## ■知的財産権の補償

**Article 12. Intellectual Property Indemnity**

Each Party (the "Indemnifying Party") shall defend and indemnify the other Party (the "Indemnified Party") against any claim or legal action brought by a third party alleging that the Indemnified Party's use of the Indemnifying Party's BIP infringes the intellectual property or other proprietary rights of the third party.

**和 訳**　**第12条　知的財産権の補償**

一方当事者（「補償当事者」）は他方当事者（「被補償当事者」）に対して、被補償当事者が、補償当事者の基になる知的財産権を利用することによって、第三者の知的財産権又は他の権利を侵害するとして請求がなされた場合又は訴訟が提起された場合には、それらを補償し、防御しなければならない。

**《解 説》**　本条の defend and indemnify の意味ですが、英米諸国においては、例えば、第三者から、被補償当事者が訴えを起こされた場合には、補償しなければならない当事者が、自ら弁護士を選任して、訴訟活動を被補償当事者のために行い、当該訴えの防御活動を行って、損害賠償請求に対抗することを意味しています。

## ■コーディネーター

**Article 13. Coordinators**

For the efficient execution of the Joint Work, each Party shall address its correspondences (other than notices with legal effect under this Agreement) to the other Party as follows:

| Satonaka | Harper |
|---|---|
| [name of contact person and contact information] | [name of contact person and contact information] |



**和 訳**　**第13条　コーディネーター**

（本契約に基づく法的効果を伴う通知以外にも）共同研究開発の効率のよい遂行のために、各当事者の他方当事者に対する連絡先は以下のとおりとする。

| 里中社 | HARPER 社 |
|---|---|
| 〔担当部署及び担当者、連絡方法〕 | 〔担当部署及び担当者、連絡方法〕 |

## ■他の研究開発

**Article 14. Other Research and Development Work**

This Agreement shall not prevent the Parties from engaging in other research and/or development activities alone or jointly with third parties, during and after the term of this Agreement, even in subject areas identical or similar to that of this Agreement, unless such other activities will cause the subject Party to breach its obligations in this Agreement.

和 訳　**第14条　他の研究開発**

当該活動が当事者をして本契約の債務不履行に該当しない限りにおいて、本契約は、本契約の期間中又は期間終了後、本契約と同様の分野、類似の分野であったとしても、当事者が単独又は第三者と共同で他の研究開発に携わることを妨げるものではない。

## ■一般条項

[General Terms and Conditions]

和 訳　〔一般条項〕

## ■後　文

IN WITNESS WHEREOF, the Parties have caused their duly authorized representatives to execute this Agreement on the dates set forth under their signatures.

| SATONAKA | HARPER |
|---|---|
| By: ____________ | By: ____________ |
| Name: | Name: |
| Title: | Title: |

| | |
|---|---|
| Date: | Date: |

和 訳

上記の証(あかし)として、両当事者は、本契約を、署名欄記載の日に、正当な権限を持つ代表者によって署名せしめ、締結するものとする。

| | |
|---|---|
| 里中社 | HARPER 社 |
| 名前 | 名前 |
| 役職（部署） | 役職（部署） |
| 日付 | 日付 |

## 別紙 A

Exhibit "A"
（別紙 A）

Joint Development Work Plan
（共同研究開発計画書）

〔contents of Joint Work, including description of work and responsibilities of each party〕
〔作業の詳細及び各当事者の責務を含む共同研究開発の内容〕

12

# 13 技術ライセンス契約書

ライセンス契約とは、知的財産等の利用を相手方に許諾することを含む複合的な契約一般を意味します。ライセンス契約において、相手方に利用を許す対象としては、特許発明、考案、意匠、半導体回路配置等、商標やサービスマークなどの識別商標等、知的財産権法による保護が明定されているものにとどまらず、例えば、著作権法上の保護が及ばないデーターベースや、ノウハウ、トレードシークレットなど、知的財産権法による保護が明定されていないものも含まれます。

そして、このライセンス契約の法的性質は、ライセンサー（実施許諾者）がライセンシー（実施権者）による利用を禁止しないという消極的な受忍義務（ライセンシーには不作為請求権）を発生させる契約ということができます。

本契約は、ライセンサーの保有する技術をライセンシーに利用許諾するための契約書例です。

**目　次**

## ■頭　書

**TECHNOLOGY LICENSE AGREEMENT**

This Technology License Agreement (this "Agreement") is entered into effective ________ (the "Effective Date") between [Harper Enterprises Co., Ltd.], a [corporation established and existing under the laws of Delaware, U.S.A.] having its head office at [Paxson Building, 10F, 1234 Daniel Avenue, New York, New York 10001, U.S.A.] ("Licensor") and [Satonaka Enterprises Co., Ltd.] a [corporation established and existing under the laws of Japan] having its head office at [Miyazaki Building, 10F, 1-1-1 Tamakicho, Chiyoda-ku, Tokyo 101-0001, Japan] ("Licensee") (collectively the "Parties" or individually a "Party").

和 訳　**技術ライセンス契約書**

本技術ライセンス契約書（「本契約」）は、〔年月日〕から効力を有するものとして（「発効日」）、〔Harper Enterprises Co., Ltd.〕、〔米国デラウェア州法によって設立された株式会社であって〕、その本店所在地は〔Paxson Building, 10F, 1234 Daniel Avenue, New York, New York 10001, U.S.A.〕（「ライセンサー」）と、〔里中株式会社〕、〔日本法によって設立された株式会社であって〕、その本店所在地は〔郵便番号 101-0001　日本国東京都千代田区玉木町 1 丁目 1 番 1 号宮崎ビルディング 10 階〕（「ライセンシー」）との間にて締結された（以下、当事者を総称して「両当事者」、それぞれを「当事者」という。）。

13

## ■経　緯

**RECITALS**

WHEREAS, Licensor is the owner of certain valuable technology relating to [detection of toxic gases];

WHEREAS, Licensee desires to license such technology from Licensor for the purpose of manufacturing and selling [toxic gas detection instruments and related products]; and

WHEREAS, Licensor desires to license such technology to Licensee;

NOW, THEREFORE, the Parties mutually agree to enter into this Agreement in accordance with the terms and conditions stated herein.

和訳　　　　　　　　　　経　緯

ライセンサーは、〔有毒ガス探知機〕に関連する、価値ある技術の所有者であり、

ライセンシーは、〔有毒ガス探知装置及び関連製品〕の製造及び販売のために、ライセンサーから当該技術のライセンスを受けることを希望し、

ライセンサーはライセンシーに対し当該技術をライセンスすることを希望し、

そこで、両当事者は、ここに定められた条項と条件にしたがって本契約を締結することを相互に合意する。

## ■定　義

**Article 1. Definitions**

For purposes of this Agreement, including the Exhibits, the following terms shall have the following meanings:

**1.1** "Licensed Technology" shall mean the following documents and materials and all intellectual property and other proprietary rights relating thereto:
[list of technical documents]
The Licensed Technology includes all patents and patent applications relating thereto, as listed in Exhibit "B" hereto.

13

**1.2** "Royalty Products" shall mean [toxic gas detection instruments, spare parts for such instruments, and related products], as described in Exhibit "A".

**1.3** "Royalty Report" shall have the meaning set forth in Article 4.2.

**1.4** "Territory" shall mean [Japan].

**和 訳**　**第 1 条　定義**

本契約においては、別紙も含めて、以下の用語は、以下の意味を持つべきものとする。

**1.1** "ライセンスされる技術" とは、以下の書類及び資料及びこれらに関連する全ての知的財産権、又は他の所有する権利を意味する。

〔技術資料のリスト〕

ライセンスされる技術には、別紙 B にリストアップされている、関連する全ての特許及び特許申請を含む。

**1.2** "ロイヤリティプロダクト" とは、別紙 A に記載された〔有毒ガス探知装置及びこの装置のスペアパーツ、並びに関連製品〕を意味する。

**1.3** "ロイヤリティレポート" とは、第 4.2 条に定めるものを意味する。

**1.4** "地域" とは、〔日本〕を意味する。

13

## ■別　紙

**Article 2. Exhibits**

The following Exhibits are attached to this Agreement and form a part of this Agreement.

Exhibit "A": Description of Royalty Products
Exhibit "B": List of Patents and Patent Applications
Exhibit "C": Royalties on Sales of Royalty Products

**和 訳**　**第 2 条　別紙**

以下の別紙は、本契約に添付され、本契約の一部を構成する。

別紙A：ロイヤリティプロダクトの明細
別紙B：特許及び特許申請のリスト
別紙C：ロイヤリティプロダクトの売上げに係るロイヤリティ

## ■許　諾

**Article 3. Grant of License**

**3.1** During the term of this Agreement and subject to the terms and conditions stated herein, Licensor grants to Licensee a non-exclusive right to use the Licensed Technology to manufacture, sell, and perform post-sale support relating to the Royalty Products in the Territory.

**3.2** Licensor warrants to Licensee that it has the authority to grant to Licensee the license rights granted in this Agreement, and that such grant of rights does not conflict with the terms of any other contract to which Licensor is a Party.

**3.3** Licensee shall not have the right to sublicense any of the rights granted hereunder, except to its manufacturing subcontractors that meet the following requirements:

(1) the subcontractor is approved by Licensor in writing, which approval shall not be unreasonably denied or delayed;

(2) Licensee executes an agreement with the subcontractor which binds the subcontractor to all applicable duties that Licensee is bound to under this Agreement; and

(3) Licensee will be responsible to Licensor for any breaches of such duties committed by the subcontractor.

**3.4** If Licensee desires to sublicense the rights granted hereunder to a manufacturing subcontractor outside the Territory, it shall request approval of such subcontractor from Licensor, and such approval shall not be unreasonably delayed or denied by Licensor. If Licensor approves such subcontractor, then, for purposes of such sublicense only, the Territory for the license hereunder shall be deemed to include the country or sub-division thereof in which the manufacturing will be performed, as mutually agreed to by the Parties.

**和訳　第 3 条　許諾**

**3.1**　本契約の期間中、ここに定められる条項及び条件に従って、ライセンサーはライセンシーに対して、地域において、ロイヤリティプロダクトを製造、販売し、販売したものをサポートすることに関連して、ライセンスされる技術を使用することができる非独占的な権利を許諾する。

**3.2**　ライセンサーはライセンシーに対して、本契約において許諾されるライセンスを許諾することができる権限を持っていること、及び、この許諾権は、ライセンサーが当事者となっている他の契約の条件と相反しないことを保証する。

**3.3**　ライセンシーは、以下の要求事項に合致する製造のサブコントラクターに対するものを除いて、許諾された権利を、再許諾する権利を有しない。

(1)　サブコントラクターは、ライセンサーによって書面により許可されていること、ただし、その許可は、不合理に拒否又は遅延されてはならない。

(2)　ライセンシーはそのサブコントラクターとの間で、本契約に基づいてライセンシーが拘束される全ての適用される義務に、サブコントラクターを拘束するよう合意書を締結すること

そして、

(3)　ライセンシーはライセンサーに対して、サブコントラクターによる義務違反行為について、責任を負うこと

**3.4**　ライセンシーが地域外の製造者たるサブコントラクターにサブライセンスを希望する場合には、このサブコントラクターについてのライセンサーからの許可を得るための申請を行わなければならず、その許可は、ライセンサーによって不合理に遅滞又は拒絶されてはならない。ライセンサ

13

ーがこのサブコントラクターを許可する場合には、当該サブライセンスの目的に限り、そのライセンスの地域は、両当事者によって相互に合意された当該国又はその一部の区域を含むものとみなされ、その地域内において製造が実施されなければならない。

**《解 説》** ライセンス契約に対比されるものとしては、相手方の技術（知的財産権）を利用して製品を製造することを内容とするOEM（Original Equipment Manufacturing）契約があります。OEM契約では、あるメーカーが優れた技術・ノウハウを製品に利用して製造して販売している場合、別の会社（相手方会社）が当該メーカーに対し、相手方会社ブランドの製品の製造を委託し、その場合の仕様書、図面、原料、資材の供給及び製造上の機密保持等について合意します。当該メーカーは、これらの製品（相手方会社のブランド）を自社の技術・ノウハウを利用して製造し、相手方会社に納入するのです。一方、ライセンス契約は、相手方の技術（知的財産権）の使用許諾を受けた上で、これを利用して、自ら製品の製造及び販売を一定の販売地域において行うことを内容とする契約ですので、その生産は自社で行うとは限らず、第三者（ライセンスを受けた地域内とは限りません。）に製造委託する場合もあります。そこで、第3.4条のような定めが必要となるのです。

## ■ロイヤリティ

**Article 4. Royalties**

**4.1** In consideration of the licenses and other rights granted by Licensor hereunder, Licensee shall pay Licensor royalties on its sales of the Royalty Products as described in Exhibit "C". No royalties will be due in connection with sales of support, maintenance, repair or other services relating to Royalty Products.

**4.2** Within [thirty (30)] days after the end of each calendar half-year during the term of this Agreement (i.e., January 1 to June 30, and July 1 to December 31), Licensee shall provide Licensor with (i) a report containing a calculation of the royalty amount for such calendar half-year and listing each sale of the Royalty Products made during the calendar half-year (the "Royalty Report"), and (ii) copies of all sales contracts (or comparable documents) for such sales of Royalty Products.

**4.3** A sale shall be deemed to have been made during a calendar half-year if Licensee either issued its invoice for the sale to the customer or shipped the Royalty Products to the customer, whichever occurred earlier, during such calendar half-year. Licensee shall be obligated to pay the royalty regardless of whether it receives payment from its customer for such Royalty Products.

**4.4** In addition, within [thirty (30)] days after the end of each calendar half-year during the term of this Agreement, Licensee shall pay Licensor the royalty amount due for the calendar half-year as computed in the Royalty Report.

**4.5** All royalty payments from Licensee to Licensor under this Agreement shall be made in [United States dollars] by telegraphic transfer to a bank account designated by Licensor. Each Party shall be responsible for any fees charged by its bank in connection with such telegraphic transfers. If any royalties are expressed in a currency other than [United States dollars], these amounts will be converted to [United States dollars] at the exchange rate offered by Licensee's bank for telegraphic transfers on the date of the subject telegraphic transfer, on the condition that the exchange rates offered by Licensee's bank are the same or substantially similar to the exchange rates generally offered by large commercial banks in the Territory.

**4.6** Any royalty amounts not paid by the due date will accrue interest at the rate of [1%] per calendar month, simple interest.

**4.7** All sales, consumption, value-added, or similar taxes assessed on the royalty payments will be the responsibility of Licensee. If relevant laws or regulations require Licensee to withhold from the royalty payments any income taxes imposed on Licensor, Licensee shall comply with such requirements and provide Licensor with the related tax-withholding certificates.

**和訳** **第4条　ロイヤリティ**

**4.1**　ライセンサーによって許諾されるライセンス及びその他の権利の対価として、ライセンシーはライセンサーに対して、別紙C記載のとおり、ロイヤリティプロダクトの販売についてのロイヤリティを支払わなければならない。ロイヤリティプロダクトに関するサポート、メンテナンス、修理、又は他のサービスの売上に関しては、ロイヤリティは発生しない。

**4.2**　本契約の期間中、半暦年（すなわち、1月1日から6月30日、及び7月1日から12月31日まで）の末日後〔30〕日以内に、ライセンシーはライセンサーに対して、(i)当該半暦年間のロイヤリティの計算、及び当該半暦年間のロイヤリティプロダクトの販売明細を記載した報告書（「ロイヤリティレポート」）、(ii)ロイヤリティプロダクトの販売の全ての売買契約書（又は、それと同等の書類）の写しを提出しなければならない。

**4.3**　ライセンシーが、半暦年間に、その販売についての請求書を客先に対して発行するか、又は、客先にロイヤリティプロダクトを引き渡したかいずれかの場合には、それらが行われたいずれか早い方の半暦年間において、販売が行われたものとみなし、ライセンシーは、ロイヤリティプロダクトの代金を客先から受け取ったか否かにかかわらず、当該半年間に、ロイヤリティを支払う義務を負う。

**4.4**　加えて、本契約の期間中、半暦年間の末日から〔30〕日以内に、ライセンシーはライセンサーに対して、ロイヤリティ報告書に計算された半暦年分のロイヤリティの金額を支払わなければならない。

**4.5**　本契約に基づきライセンシーからライセンサーに対して支払われる

全てのロイヤリティは、ライセンサーによって指定される銀行口座に T/T 送金により〔米国ドル〕建てにより支払われるべきものとする。各当事者は、その T/T 送金に関連するその当事者の銀行によって課される全ての費用を負担しなければならない。ロイヤリティが〔米国ドル〕以外の通貨にて記載されている場合には、その金額は、当該 T/T 送金日におけるライセンシーの送金銀行によって提示されるレートによって〔米国ドル〕に換算された金額とされるものとする。ただし、ライセンシーの送金銀行によって提示される為替レートは、当該地域における大都市銀行によって通常提示される為替レートと同じか、又はおおむね近似値でなければならない。

**4.6**　ロイヤリティが期限までに支払われない場合には、暦月あたり〔1〕% の割合での利息が発生する（単利）。

**4.7**　ロイヤリティの支払について賦課される、全ての売上税、消費税、付加価値税及び同種の税金は、ライセンシーの負担とする。関連法又は法規によって、ライセンサーに賦課されるいかなる所得税についても、ライセンシーがロイヤリティの支払から源泉するように要求されている場合には、ライセンシーは、その要求に従わなければならず、ライセンサーに対してその関連する税金についての支払調書を提供しなければならない。

**《解 説》**　本契約の期間中に、ライセンス契約によってライセンスされる技術に含まれる特許権等知的財産権が期間満了等の理由により無効になった場合には、国や地域によっては、その無効になった知的財産権に対応するロイヤリティの支払義務も消滅してしまう場合もあります。本条では定めていませんが、このような場合に備えて、「ロイヤリティの金額を変更することができる。」とする条項を入れておくこともあります。

13

## ■期間及び解除

**Article 5. Term and Termination**

**5.1**　This Agreement shall be effective from the Effective Date for a period of [ten (10)] years. Thereafter, the term may be extended by mutual agreement of the Parties. The term of this Agreement shall be subject to the termination provisions listed below.

**5.2** If either Party commits a material breach of any of its obligations under this Agreement and fails to correct such breach within [twenty (20)] days after receiving notice of the breach from the non-breaching Party, the non-breaching Party shall have the right to terminate this Agreement upon [thirty (30)] days advance written notice to the breaching Party. However, any such notice of termination must be given by the non-breaching Party within [thirty (30)] days after the expiration of the [20]-day period referenced above. If not given within that time, the non-breaching Party's right to terminate this Agreement by reason of that particular breach shall lapse.

**5.3** If either Party is not able to perform its obligations under this Agreement due to a force majeure as described in Article [XX], and such force majeure continues in effect for more than [three (3)] months, the other Party shall have the right to terminate this Agreement effective immediately upon written notice to the non-performing Party.

**5.4** Upon the expiration or termination of this Agreement for any reason, (1) Licensee shall provide Licensor with the Royalty Report for all royalties not yet paid, within [fifteen (15)] days after the effective date of the expiration/termination; (2) Licensee shall pay Licensor all outstanding royalty amounts within [thirty (30)] days after the effective date of the expiration /termination.

**5.5** Article 4 (as to royalties accrued but not paid during the term of the Agreement), 5.4, 5.5, 6, 7, 11, 12, [surviving General Terms and Conditions] will survive the expiration or termination of this Agreement for so long as the subject matter therein is relevant. Article 9 will survive the expiration or termination of this Agreement for the period of time set forth therein.

**和 訳**　**第5条　期間及び解除**

**5.1**　本契約は、発効日から〔10〕年の間有効なものとする。期間は、両当事者の合意によって延長されることができる。本契約の期間は、ここに定める終了条項に従わなければならない。

**5.2**　いずれの当事者も、他方当事者が本契約の重大な（ささいなものではない）債務不履行状態にあり、債務不履行をしていない当事者からの履行請求の通知を受領してから〔20〕日以内にその債務不履行状態を解消しなかった場合には、債務不履行をしていない当事者は、〔30〕日前の書面による通知により本契約を解除することができる。ただし、上記の〔20〕日間の満了後〔30〕日以内に、債務不履行をしなかった当事者によって契約解除通知が送達されなかった場合には、その債務不履行をしなかった当事者の当該債務不履行を理由とする契約解除権は失効する。

**5.3**　いずれの当事者も、第〔XX〕条記載のとおり不可抗力により、本契約に基づく義務を履行することができなくなった場合であって、当該不可抗力事由が〔3〕か月以上継続した場合には、他方当事者は、債務を履行しなかった当事者に対する書面による通知によって、本契約を直ちに解除することができる。

**5.4**　本契約の期間満了又は理由のいかんを問わず解除された場合には、(1)ライセンシーは、期間満了／契約解除の効力発生日から〔15〕日以内に、支払われていない全てのロイヤリティについてのロイヤリティレポートを提出しなければならず、(2)ライセンシーはライセンサーに対して、期間満了／契約解除の効力発生日から〔30〕日以内に全ての支払未了のロイヤリティを支払わなければならない。

**5.5**　第4条（本契約の期間中発生し、支払われていないロイヤリティに関して)、第5.4条、第5.5条、第6条、第7条、第11条、第12条〔有効としておくべき一般条項〕は、その定めに関連する事項が存続する限り、本契約の期間満了／契約解除後も効力を有する。第9条は、そこに定められている期間、本契約の期間満了／契約解除後も効力を有する。

**《解 説》**　第5条には格別の定めはありませんが、日本のライセンサーが倒産した場合には、日本法においては、破産管財人等がライセンス契約を

13

解除するかどうかの選択権を持っているため（破産法53条1項、民事再生法49条1項、会社更生法61条1項）、ライセンシーには何ら責任がないにもかかわらず、ライセンスを受けていた知的財産が利用できなくなる可能性があるとの問題点がありました。しかし、破産法改正により、登録された知的財産の利用契約については、ライセンシーの保護が明定されるようになりました（破産法56条1項、会社更生法63条、民事再生法51条による準用）。この点、いずれかの当事者が倒産した場合に適用される準拠法の定めによっては、ライセンシー側の不都合を回避するために何らかの条項を設けることが有効な場合もありますので、留意すべきです。

本契約の終了後も、ライセンシーは、ロイヤリティプロダクトのユーザーに対して当該製品のサポートサービスを行う必要性がある等の理由から、その範囲においてのライセンスを希望する場合があり、この場合に、ライセンサーが本契約の終了後もライセンシーに対して一定の内容（例えば、当該ロイヤリティプロダクトのサポートのためのみ）のライセンスを行うことを定める場合もあります。

## ■ライセンシーの記録保存義務

**Article 6. Licensee's Record-Keeping Obligations**

Licensee shall maintain accurate and complete records supporting the calculation of its royalty payments made to Licensor hereunder. Licensee will retain such records for at least [four(4)] years after the end of the calendar half-year to which the records pertain.

**和訳**　**第6条　ライセンシーの記録保存義務**

ライセンシーは、ライセンサーに対してなされるロイヤリティの支払の計算を根拠付ける正確かつ完全な記録を保持しなければならない。ライセンシーは、その記録が適用される半暦年の終了から〔4〕年間その記録を保持しなければならない。

## ■ライセンサーによる監査権

**Article 7. Licensor's Audit Rights**

Licensor shall have the right, but not more than once each calendar

13

half-year, to audit the originals of all of Licensee's records relating to sales transactions related to this Agreement to confirm the accuracy of the royalty calculations. The audit may cover one or more calendar half-years, but not any half-year which ended more than [three(3)] years prior to the date of the audit. The audit may be performed by Licensor personnel or by an accountant or accounting firm hired by Licensor. If any such audit reveals a shortcoming or overpayment by Licensee of more than [XXX] for any calendar half-year, the owing Party shall pay such amount to the other Party within [thirty(30)] days after it learns of the audit results. If the audit reveals a shortcoming by Licensee of more than [YYY] for any calendar half-year, Licensee shall pay Licensor an additional penalty of [100%] of the shortcoming for such calendar half-year. Licensor will conduct the audits during Licensee's normal business hours at Licensee's offices or at some nearby location designated by Licensee. Licensor will provide Licensee at least [ten(10)] business days notice before the audits. All proprietary information of Licensee disclosed in the course of the audits will be covered by the "Confidential Information" provision of this Agreement.

13

**和訳**　**第７条　ライセンサーによる監査権**

ライセンサーは、半暦年ごとに１回に限り、ロイヤリティの計算の正確性を確認するために、本契約に関連する販売取引に関連する全てのライセンシーの記録の原本を監査する権利を有するものとする。監査は、半暦年以上をカバーすることができるが、監査の日前の〔3〕年間以上前に末日がくる半暦年は含まない。監査は、ライセンサーの人員又はライセンサーによって委嘱される会計士又は会計事務所によって行われることができるものとする。当該監査によって半年間に〔XXX〕以上の過不足が発見された場合には、支払が必要な当事者は、当該監査の結果を通知されてから〔30〕日以内に他方当事者に対して当該金額を支払わなければならない。半年間で〔YYY〕以上のライセンシーによる支払不足が発見された場合には、ライセンシーは、ライセンサーに対して、半年間の不足額の〔100%〕を違約金として追加して支払わなければならない。ライセンサーは、ライセンシーの通常の営業時間内に、ライセンシーのオフィスか、又はライセンシーによって指示された近くの場所において、監査を実施するものとする。ライセンサーはライセンシーに対して、監査の日の少なくとも〔10〕営業日前に通知を行うものとする。監査の過程において開示される全てのライセンシーの所有する情報については、第〔9〕条が適用されるものとする。

## ■ライセンサーによる技術訓練又は支援

**Article 8. Technical Training or Assistance by Licensor**

Licensee may request Licensor to provide technical training or technical assistance relating to the manufacture and sale of the Royalty Products. Any such technical training or assistance shall be provided by Licensor pursuant to terms and conditions mutually agreed upon by the Parties in writing.

**和訳**　**第8条　ライセンサーによる技術訓練又は支援**

ライセンシーはライセンサーに対して、ロイヤリティプロダクトの製造及び販売に関連して、技術訓練又は技術支援を提供するよう要求することができる。この技術訓練又は支援は、両当事者によって相互に合意された条件に従ってライセンサーによって提供されなければならない。

## ■秘密保持

**Article 9. Confidential Information**

**9.1** The Parties acknowledge that they may disclose their confidential or other proprietary information (“Confidential Information”) to each other in the course of the performance of this Agreement. All Confidential Information provided by one Party (the “Disclosing Party”) to the other Party (the “Receiving Party”) under this Agreement in written or other tangible form shall be clearly and conspicuously marked as

"Confidential" or "Proprietary". All Confidential Information provided in electromagnetic files or other digital data form (including email text) shall be clearly and conspicuously marked as "Confidential" or "Proprietary" within such file/email. All Confidential Information provided in oral or visual form shall be designated as confidential at the time of disclosure and confirmed in writing by the Disclosing Party to the Receiving Party within [fourteen (14)] days after the date of disclosure. The Receiving Party (i) shall use the Confidential Information only for the purposes of this Agreement, (ii) shall not disclose the Confidential Information to any third party, unless it obtains the prior written consent of the Disclosing Party, and (iii) shall disclose the Confidential Information only to its employees, directors, approved subcontractors, and advisers who have a reasonable need to know the Confidential Information, and who are bound by duties of confidentiality and limited use at least as strict as those stated herein. The obligations in this Article shall survive the expiration or termination of this Agreement for a period of [three (3)] years.



**9.2** Notwithstanding the foregoing, the confidentiality and limited use obligations set forth above shall not apply to Confidential Information that (i) was publicly available at the time of first disclosure by the Disclosing Party or becomes publicly available after the time of first disclosure through no fault of the Receiving Party, (ii) was already in the possession of the Receiving Party at the time of first disclosure, (iii) is received by the Receiving Party from an unrelated third party with no confidentiality obligations attached, (iv) is authorized for release by the Disclosing Party in writing, or (v) is the subject of a government or judicial subpoena or other order, provided that the Receiving Party promptly informs the Disclosing Party of the situation and allows the Disclosing Party to control any efforts to challenge the subpoena/order

**9.3** Within [thirty (30)] days after the effective date of the expiration or termination of this Agreement for any reason, the Receiving Party will (i) return to the Disclosing Party all copies of Confidential Information in its possession (whether in written or any other tangible form) and (ii) permanently delete all copies (including backup copies) of the Confidential Information contained in the Receiving Party's computer disks or other electromagnetic storage media or in any other intangible form and certify the completion of such deletion in writing to the Disclosing Party.

**和 訳**　**第9条　秘密保持**

**9.1** 両当事者は、本契約の履行の過程において、お互い自らの秘密又は社内情報（「秘密情報」）を開示することができることを認める。一方当事者（「開示当事者」という。）によって他方当事者（「受領当事者」という。）に対して、本契約に基づいて文章又は他の有形の方法により提供される全ての秘密情報には、「秘密」又は「社外秘」と明確かつ明瞭に表示されなければならない。電子ファイル又はその他のデジタルデータ（Eメールを含む。）には、ファイル又はEメールの中に、それが、明確かつ明瞭に表示されなければならない。全ての口頭又は可視的な秘密情報は、開示当事者により、開示時に、秘密情報である旨が指示されなければならず、かつ、開示日から〔14〕日以内に、開示当事者によって受領当事者に対して、書面により確認するものとする。受領当事者は、(i)秘密情報を本契約の目的のみに利用しなければならず、(ii)開示当事者の事前の書面による同意を得なければ秘密情報をいかなる第三者に対してもこれを開示してはならず、(iii)秘密情報を合理的に知る必要があって、本契約に定めるものと少なくとも同等の秘密保持義務及び利用制限によって拘束されるその従業員、取締役、サブコントラクター、及びアドバイザーに対してのみ、秘密情報を開示する。本条に定める義務は、本契約の期間満了又は

13

解除後〔3〕年間存続するものとする。

**9.2**　前条にかかわらず、秘密情報についての秘密保持や限定的利用の上記の義務は、以下の情報については適用されないものとする。(i) 開示当事者による最初の開示時点において公知情報であったか、受領当事者の過失なく最初の開示以後に公知になった情報 (ii) 最初に開示された時点で、すでに、受領当事者が知っていた情報 (iii) 受領当事者において、何ら秘密保持義務を課されず無関係の第三者から受領した情報 (iv) 開示当事者によって書面によって免責された情報 (v) 政府や司法機関の文書提出命令又は他の命令の対象となった情報。ただし、受領当事者は、開示当事者にその状況を速やかに通知し、開示当事者がその文書提出命令やその他の命令に対して、異議を申立ての方策を講じることができるようにしなければならない。

**9.3**　本契約の期間満了又はその理由の如何を問わず解除された日から〔30〕日以内に、受領当事者は、開示当事者に対して、その保有する（文章か他の有形の方法かを問わず）秘密情報の全ての複製を返還し、かつ、受領当事者のコンピュータのディスク又は他の電子記録媒体又は他の無形の方法に含まれる秘密情報の全ての複製（バックアップも含む。）を永久的に削除しなければならず、開示当事者に対して、書面によりこの削除が完了したことについて証明しなければならない。

**《解 説》**　当事者間にて、あらかじめ秘密保持契約書を締結していて、本契約書の中に完全合意条項が定められる場合の本契約に定める秘密保持条項と先に締結していた秘密保持契約書との関係については、「秘密保持契約書」第4条の解説をご参照ください（P.53、P.54）。

第9.1条に定める、秘密保持義務の存続期間については、秘密保持及び利用の制限といった本条の目的にかなった期間を、当事者間の合意により定めることになります。当該秘密情報の性質によって、3年から10年程度の期間を定めることになろうかと思われます。

第9.3条に定める、当該契約の期間満了又は解除時における秘密情報の返還については、「秘密保持契約書」第4条の解説をご参照ください（P.54、P.55）。

## ■政府の許可

**Article 10. Government Approvals**

Licensee shall be solely responsible for applying for, obtaining and maintaining all government and agency approvals, permits, and licenses in the Territory necessary for its activities contemplated by this Agreement. Licensee shall provide Licensor with proof of same at the request of Licensor. Licensee shall comply with all laws, rules, regulations, and other requirements in the Territory relating to the activities contemplated by this Agreement.

**和 訳　第10条　政府の許可**

ライセンシーは、地域において、本契約によって企図される営業活動に必要な全ての行政の承認、認可、許可を申請し、取得及び維持する責任を負う。ライセンシーは、ライセンサーの要求によってその証明をライセンサーに提供しなければならない。ライセンシーは、本契約によって企図する営業活動に関して地域における全ての法律、法規、規則及びその他の要求事項を遵守しなければならない。

**《解 説》** ライセンス契約においては、ライセンサーは、ライセンシーがライセンスされる技術を利用するにあたっての本契約に定める一定の範囲での協力はしますが、その地域において、営業活動を行うことについての一切の責任は、ライセンシーに存することを確認した条項です。

## ■非保証及び責任限定

**Article 11. Warranty Disclaimer and Limitation of Liability**

**11.1** LICENSOR DISCLAIMS ALL WARRANTIES, WHETHER EXPRESS OR IMPLIED, CONCERNING THE ACCURACY, SUITABILITY, OR ANY OTHER CHARACTERISTIC OF THE LICENSED TECHNOLOGY.

**11.2** With the exception of liability for breaches of obligations relating to intellectual property, confidentiality, and Licensor's

13

warranty in Article 3.2, neither Party shall be liable to the other Party for any consequential or indirect damages suffered by such other Party in connection with the Licensed Technology or this Agreement. In addition, notwithstanding any provision herein to the contrary, the aggregate liability incurred by either Party under this Agreement, under any legal theory, shall not exceed the amount of [maximum liability in monetary terms].

**和訳　第11条　非保証及び責任限定**

**11.1**　ライセンサーは、ライセンスされる技術の正確性、適合性又は他の性質に関しての明示又は黙示の全ての保証から免責されるものとする。

**11.2**　知的財産又は秘密保持に関する義務の違反、第3.2条のライセンサーの保証に関する義務の不履行責任を除いては、いずれの当事者も他方当事者に対して、ライセンスされる技術又は本契約に関して他方当事者が被った結果的又は間接的損害の責任を負うものではない。また、本条項と矛盾する条項の定めにもかかわらず、本契約に基づいて、いかなる法律上の理論に基づいて発生する金銭的な責任による損害賠償の合計も、〔金銭的責任の上限金額〕を超えないものとする。

13

**《解 説》**　日本法において、有償のライセンス契約の場合には、民法の瑕疵担保責任の規定が、準用されます（民法560条～564条、566条）。その結果、ライセンス契約の不履行があった場合には、ライセンシーには、ライセンス契約の解除、損害賠償請求、ライセンス料の減額請求等が認められます。また、ライセンス契約の対象となる知的財産に瑕疵があった場合にも瑕疵担保責任が発生します（民法570条）。そこで、本条は、ライセンサーは、その提供する技術に関して、本契約に定めるものを除いて、ライセンシー側の目的適合性も含めて、ライセンサーの瑕疵担保責任及び保証責任を制限又は排除することを定めているのです。

第11.1条は、ライセンサーは、ライセンスされる技術については、何らの保証も行わないと定めていますが、このような非保証条項については、準拠法によっては、ボールド文字、大文字、明確に認識しうるフォント、ポイント数での表記が義務付けられている場合がありますのでご注意ください。そのため、本文例においても、大文字にて表記してあります。

ところで、第12条では、ライセンスされる技術が第三者の権利を侵害するものであった場合、これを利用したライセンシーが第三者から権利侵害を理由に何らかの請求を受け、又は訴訟提起をされた場合、ライセンサーは、ライセンシーに対して補償しなければならないと定めています。同一の技術（ライセンスされる技術）について、「保証しないが、補償はする」と定める、第11.1条と第12条とは矛盾しているようでもありますが、第11.1条は、本契約についての保証義務の範囲を限定することにより、その不履行による解除という事態を極力回避するための定めであり、第12条と矛盾するものではありません。

## ■知的財産権に関する責任

**Article 12. Intellectual Property-Related Liability**

**12.1** Licensor shall defend and indemnify Licensee against any claim or legal action brought by a third party alleging that the Indemnified Party's use of the Licensed Technology infringes the intellectual property or other proprietary rights of the third party. Licensee will promptly inform Licensor of any such claim or legal action and provide Licensor with all reasonable assistance in the defense of same.

**12.2** If either Party becomes aware of any infringement of the Licensed Technology by a third party in the Territory, the Party will inform the other Party of such infringing activities. Licensor shall comply with all reasonable requests by Licensee for Licensor to take legal or other appropriate action to stop or minimize such infringing activities in the Territory.

13

**和訳　第12条　知的財産権に関する責任**

**12.1** ライセンサーは、ライセンシーに対して、ライセンスされた技術を使用すること又はそのほかの利用によって、第三者の知的財産権又は他の所有する権利を侵害するとして請求がなされた場合又は訴訟が提起された場合には、ライセンシーを防御し、補償しなければならない。ライセンシーは、この請求又は法的手続がなされたことを速やかにライセンサーに報告するものとし、この防御において、全ての合理的な支援をライセンサーに提供するものとする。

**12.2**　いずれかの当事者が地域において、ライセンスされた技術が第三者によって侵害されていることを発見した場合には、当該当事者は他方当事者に対して、当該侵害行為を報告する。ライセンサーは、ライセンサーが地域におけるこの侵害行為を止めさせ、又は最小限にくいとめるための法的手続又は他の適切な手続をとるという、ライセンシーによる合理的な要求に従わなければならない。

《解 説》　12.1 条に関して、defend and indemnify の意味ですが、英米諸国においては、例えば、第三者から、被補償当事者が訴えを起こされた場合には、補償しなければならない当事者が、自ら弁護士を選任して、訴訟活動を被補償当事者のために行い、当該訴えの防御活動を行って、損害賠償請求に対抗することを意味しています。

## ■一般条項

[General Terms and Conditions]

和 訳　〔一般条項〕

13

## ■後　文

IN WITNESS WHEREOF, the Parties have caused their duly authorized representatives to execute this Agreement on the dates set forth under their signatures.

| LICENSOR | LICENSEE |
|---|---|
| By: ____________________ | By: ____________________ |
| Name: | Name: |
| Title: | Title: |

Date: Date:

和訳

上記の証(あかし)として、本契約の当事者は、本契約を、署名欄記載の日に、正当な権限を持つ代表者によって署名せしめ、締結するものとする。

ライセンサー

名前
役職（部署）
日付

ライセンシー

名前
役職（部署）
日付

## 別紙 A

Exhibit "A"
（別紙 A）

Description of Royalty Products
（ロイヤリティプロダクトの明細）

[toxic gas detection instruments, spare parts for such instruments, and related products:
[list of any limits on technical specifications of instruments, e.g., names of gases, detection concentrations]]
〔有毒ガス検査装置及びこの装置のスペアパーツ、並びにこれらの関連製品：装置の技術詳細に関する限定、例えばガスの名前や精度〕

## 別紙 B

Exhibit "B"
（別紙 B）

List of Patents and Patent Applications

（特許及び特許申請のリスト）

[List of Patents and Patent Applications]
[registration/application no., jurisdiction of registration/application, contents of registration/application, relevant effective dates, expiration dates, and deadlines]
〔特許権及び特許申請の番号、登録／申請国、登録／申請の内容、それらに関連する効力発生日、期間満了日、及び期限〕

## ■別紙C

Exhibit "C"
（別紙C）

Royalties on Sales of Royalty Products
（ロイヤリティプロダクトの売上げに係るロイヤリティ）

[5% of sales price of each Royalty Product sold by Licensor to its customer, excluding taxes, delivery charges, insurance, and similar charges]
〔ライセンシーによる顧客に対するロイヤリティプロダクトの販売価格の5%、ただし、税金、運送費、保険料及びその他の同様の諸経費を除く。〕

13

# 14 合弁契約書

合併契約とは、会社を共同で設立することに関する契約です。

本合弁契約は、日本の会社が、外国の会社と共同出資して、日本の株式会社たる合弁会社を設立して、事業を行うことを内容としています。合弁会社は、通常は、本契約例のように、新規に設立されますが、既存の会社の株式や募集株式を引き受けて取得し、この既存会社を新たに合弁会社として運営する場合もあります。

目　次

## ■頭　書

**JOINT VENTURE AGREEMENT**

This Joint Venture Agreement (this "Agreement") is entered into effective ______ (the "Effective Date") between [Satonaka Enterprises Co., Ltd.], a [corporation established and existing under the laws of Japan] having its head office at [Miyazaki Building, 10F, 1-1-1 Tamakicho, Chiyoda-ku, Tokyo 101-0001, Japan] ("Satonaka") and [Harper Enterprises Co., Ltd.] a [corporation established and existing under the laws of Delaware, U.S.A.] having its head office at [Paxson Building, 10F, 1234 Daniel Avenue, New York, New York 10001, U.S.A.] ("Harper") (collectively the "Parties" or individually a "Party").

**和 訳**　　**合弁契約書**

この合弁契約書（「本契約」）は、〔年月日〕から効力を有するものとして（「発効日」）、〔里中株式会社〕、〔日本法によって設立された株式会社であって〕、その本店所在地は〔郵便番号101-0001　日本国東京都千代田区玉木町1丁目1番1号宮崎ビルディング10階〕（「里中社」）と、〔Harper Enterprises Co., Ltd.〕、〔米国デラウェア州法によって設立された株式会社であって〕、その本店所在地は〔Paxson Building, 10F, 1234 Daniel Avenue, New York , New York 10001, U. S. A.〕（「HARPER社」）との間にて締結された（以下、当事者を総称して「両当事者」、それぞれを「当事者」という。）。

14

《解 説》　合弁契約の当事者には、合弁会社の株主全員がなることが通常ですが、少数株主が多い場合等、全体の51％を超える大株主の間だけで、このような合弁契約を締結する場合もあります。しかしこの場合、株主総会の特別決議を確実に得ることが難しいということが起こり得ます。

## ■経　緯

**RECITALS**

WHEREAS, Satonaka is [a leading trading company in Japan,

specializing in the automobile industry];

WHEREAS, Harper is [a manufacturer of robotic products for use in the automobile industry]; and

WHEREAS, Satonaka and Harper mutually desire to form a joint venture company in Japan to engage in [the marketing, sale, and support of Harper's products in Japan];

NOW, THEREFORE, the Parties mutually agree to enter into this Agreement in accordance with the terms and conditions stated herein.

和 訳　　経 緯

里中社は、〔自動車産業を専門とする、日本の一流商社であり〕、

HARPER 社は、〔自動車製造に利用するためのロボット製品の米国の製造業者であり、〕そして、

里中社及び HARPER 社は、〔HARPER 社の製品の日本における市場開拓、販売及びサポート事業〕を営むために、日本において合弁株式会社を形成することを希望しており、

そこで、両当事者は、ここに定められた条項と条件に従って本契約を締結することを相互に合意する。

## ■合弁会社の目的

**Article 1. Purpose of Joint Venture**

The Parties hereby form a joint venture for the purpose of [marketing, selling, and supporting Harper's products in Japan].

和 訳　**第 1 条　合弁会社の目的**

両当事者は、〔日本における HARPER 社の製品の市場開拓、販売及びサポート事業〕の目的のために合弁会社を形成する。

《解 説》 合弁会社の当事者は、特定の目的をもって合弁会社を設立するのが通常です。したがって、合弁会社の目的事項は、合併契約書中にできる限り具体的に規定し、合弁会社の定款にも定められるようにしておくべきです。

## ■合弁会社の設立

**Article 2. Establishment of JV Company**

**2.1** The business of the joint venture will be conducted through a *kabushiki-kaisha* company（the“JV Company”）formed by the Parties under the relevant laws of Japan. The name of the JV Company shall be [日本ハーパー株式会社] in Japanese and [Harper Japan Co., Ltd.] in English.

**2.2** The Parties shall use commercially reasonable efforts to cause the JV Company to be established by [target establishment date]. [Satonaka] shall take the lead in completing the procedures necessary to establish the JV Company, with assistance from [Harper] as necessary. All reasonable out-of-pocket expenses incurred by the Parties in establishing the JV Company shall be reimbursed by the JV Company after its establishment.

**2.3** The Articles of Incorporation of the JV Company shall be prepared in connection with the establishment of the JV Company. The contents of the Articles of Incorporation shall be consistent with the contents of this Agreement and shall be subject to approval by both Parties.

**2.4** The head office of the JV Company will be located in [Tokyo, Japan] unless otherwise mutually agreed to by the Parties.

**和 訳** **第2条 合弁会社の設立**

**2.1** 合弁会社の事業は、日本の関係諸法規に基づいて、両当事者によって設立される株式会社（「JV」）によって行われるものとする。JVの商号は、日本語では、〔日本ハーパー株式会社〕とし、英語では、〔Harper Japan Co., Ltd.〕とする。

**2.2** 両当事者は、〔設立の目標の日〕までにJVが設立されるよう商業的に合理的な努力を払わなければならない。〔里中社〕は、必要に応じて〔HARPER社〕からの支援を得て、JV設立のための必要な手続を完了するよう主導しなければならない。各当事者によってJV設立のために発生し支出された全ての合理的な費用は、JV設立後、JVによって償還されなければならない。

**2.3** JVの会社定款は、JVの設立に関して準備されなければならない。会社の定款には、本契約の内容及び両当事者間によって同意された事項が定められなければならない。

**2.4** JVの本店は、両当事者の相互の同意のない限り、〔日本国、東京〕に置かれるものとする。

**《解 説》** 第2.1条では、各当事者は、日本の株式会社を合弁会社として新たに設立することを合意しています。

第2.2条は、会社の設立に関して定めています。本契約では、合弁会社として日本の株式会社を設立することから、その設立に関しては、準則主義が採用されているため、法律の定める形式要件を満たし、定められた手続を踏むことにより、合弁会社を設立することができます。しかし、株式会社以外の法人、又は、外国会社を設立する場合には、当該法人の設立について、準則主義の他、認可主義（主務官庁の許可を得なければ設立ができないもの）や、特許主義（法の定めによってしか設立できないもの）等が採用されている場合もありますので、設立の要件・手続などについて、あらかじめ調査しておく必要があります。

## ■資本及び出資割合

**Article 3. Capitalization and Percentage Shares**

**3.1** The Parties' initial capital contributions to the JV Company and ownership percentage shares in the JV Company (the

14

"Percentage Shares") shall be as follows:

| Party | Initial Capital Contributions | Percentage Shares | No. of Shares |
|---|---|---|---|
| Satonaka | [60,000,000 Japanese Yen] | [60%] | [60] |
| Harper | [40,000,000 Japanese Yen] | [40%] | [40] |

**3.2** The Parties shall make the initial capital contributions in the course of the establishment of the JV Company, in accordance with applicable laws and procedures, and shall receive common shares of the JV Company as stated above.

**3.3** The Parties shall make additional capital contributions to the JV Company, from time to time, as they mutually deem necessary for the operation of the JV Company. As a general matter, any additional capital contributions shall be made in accordance with the Percentage Shares. However, if the Parties mutually agree to make additional capital contributions in percentage shares different from the Percentage Shares, the Parties may adjust the Percentage Shares to reflect the results of the subject capital contributions, and the adjusted Percentage Shares shall apply thereafter (unless further adjusted in the future).

**3.4** The Parties may also mutually agree to extend loans to the JV Company in lieu of additional capital contributions.

14

**和訳**　**第３条　資本及び出資割合**

**3.1**　当事者の最初のJVへの出資及びJVの株式の保有割合（「出資割合」）は、以下のとおりとする。

| 当事者 | 当初出資 | 出資割合 | 株式数 |
|---|---|---|---|
| 里中社 | 〔60,000,000円〕 | 〔60%〕 | 〔60〕 |

HARPER社　〔40,000,000円〕　〔40%〕　〔40〕

**3.2** 両当事者は、適用法及び手続に従って、JVの設立の過程において、当初出資を行わなければならず、前項に定めるJVの普通株式を受け取らなければならない。

**3.3** 両当事者は、随時、JVの経営のため双方によって必要であると判断されたときには、追加出資をしなければならない。原則として、いかなる追加出資も出資割合に従って行われなければならない。しかし、両当事者が出資割合とは異なる割合の追加出資をすることに同意した場合には、両当事者は、当該出資を反映して出資割合を調整し、その調整された出資割合が、その後に適用される（将来、更なる調整がなされない限り）。

**3.4** 両当事者は、追加出資に代えてJVへの貸付金を行うことを相互に合意することができる。

**《解説》** 合弁契約書には、当事者の合弁会社への投資の目的に応じて、合弁会社に出資する額、合弁会社が発行する株式の種類、各当事者が取得する株式の種類が定められます。通常は、各当事者による合弁会社への投資は、経営にも参加して、当該会社を通じて事業を営むことを目的とする投資ですから、議決権のある普通株式を取得するよう定められます。

本契約においては、当事者の一方が外国企業であると想定しているところ、当該外国企業が「外国投資家」（外国為替及び外国貿易法26条1項）に該当する場合、当該外国企業が、日本の非公開株式を取得する場合やJVに対して金銭の貸付を行った場合には、対内直接投資として、届出又は報告が不要なものを除き、日本銀行を経由して財務大臣及び事業所管大臣に「事前届出」又は「事後報告」を行う必要があります（外国為替及び外国貿易法27条1項、又は55条の5第1項）。

14

## ■JVの経営（株主、役員、監査役）

**Article 4. Operation of JV Company (Shareholders, Directors, Statutory Auditors)**

**4.1** The JV Company shall be a company with a board of directors (*torishimariyakukai-secchi-gaisha*) and a company with statutory auditors (*kansayakukai-secchi-gaisha*).

**4.2** The JV Company shall initially have [three] directors, [two] appointed by Satonaka, and [one] appointed by Harper. The Parties may mutually agree to change the number of directors and/or the number of directors appointed by each Party, as appropriate, including, but not limited to if and when the Percentage Shares of the Parties are adjusted.

**4.3** The JV Company shall initially have [one] representative director, who Satonaka will designate from among the JV Company's directors that it appoints. The Parties may mutually agree to change the number of representative directors and/or the number of representative directors designated by each Party, as appropriate, including but not limited to if and when the Percentage Shares of the Parties are adjusted.

**4.4** The JV Company shall initially have [two] statutory auditors, [one] appointed by Satonaka and [one] appointed by Harper. The Parties may mutually agree to change the number of statutory auditors and/or the number of statutory auditors appointed by each Party, as appropriate, including, but not limited to if and when the Percentage Shares of the Parties are adjusted.



**4.5** Each Party may remove and replace, at any time, any director, representative director, or statutory auditor of the JV Company that it has the right to appoint/designate.

**4.6** Meetings of the board of directors may be convened by any representative director of the JV Company upon his/her own initiative. In addition, any director of the JV Company may request a representative director of the JV Company to convene a meeting of the board of directors, and the representative director will comply with such request. The JV Company shall provide the directors and statutory auditors with at least [ten (10)] business days advance notice of any meeting of the board of directors, unless the Parties mutually agree in connection with any given meeting to waive such advance notice requirement. The meetings of the board of directors shall be held in [Tokyo, Japan], unless otherwise agreed by the Parties.

**4.7** Meetings of the board of directors shall be conducted in the Japanese language, with English interpretation available if requested reasonably in advance of the meeting by any director scheduled to be in attendance. Proposals to be submitted to the meetings and supporting documents shall be prepared in either the Japanese or English language and translated into the other language, unless the Parties mutually agree, in any given instance, that a summary translation or no translation will be acceptable. The minutes of the meetings shall be prepared in the Japanese language, with an English translation. Any interpretation and translation costs incurred in connection with the meetings shall be borne by the JV Company.

**4.8** A quorum will be deemed to exist at a meeting of the board of directors of the JV Company if [a majority] of the directors are present. Any resolution or other action taken at the meeting shall require the approval of [a majority] of the directors present at the meeting.

**4.9** In addition to any provisions for the protection of minority shareholders contained herein, in the JV Company's Articles of Incorporation, and in relevant laws and regulations, the following actions relating to the JV Company shall require the prior written approval of both Parties:

[(1) any amendment of the Articles of Incorporation of the JV Company;

(2) any merger or sale of the JV Company or sale of a substantial part of its assets;

(3) any expenditure by the JV Company, whether in a single transaction or a series of related transactions, in excess of [XXX];

(4) any change of the business of the JV Company;

(5) any borrowing of funds by the JV Company, whether in a single transaction or a series of related transactions, in excess of [XXX];

(6) any issuance of additional common shares or other securities of the JV Company to the Parties;

(7) any issuance of common shares or other securities of the JV Company to a third party;

(8) any issuance of dividends by the JV Company to its shareholders;

(9) any sale, license, transfer, encumbrance or other disposition of any proprietary rights of the JV Company; and

(10) any transaction or series of related transactions between the JV Company and a Party, involving an amount in excess of [XXX]]



**4.10** Shareholder meetings of the JV Company shall be held in accordance with applicable laws and regulations or at the request of either Party. The JV Company shall provide the Parties with at least [twenty (20)] business days advance notice of any shareholder meeting, unless the Parties mutually agree in connection with any given meeting to waive such advance notice requirement. The shareholder meetings shall be held in [Tokyo, Japan], unless otherwise agreed by the Parties.

**4.11** Shareholder meetings of the JV Company shall be conducted in the Japanese language, with English language interpretation available if requested reasonably in advance by either Party. Proposals to be submitted to the meetings and supporting documents shall be prepared in either the Japanese or English language and translated into the other language, unless the Parties mutually agree, in any given instance, that a summary translation or no translation will be acceptable. The minutes of the meetings shall be prepared in the Japanese language, with an English translation. Any interpretation or translation costs incurred in connection with the meetings shall be borne by the JV Company.

**4.12** A quorum will be deemed to exist at a shareholder meeting of the JV Company if [a majority] of the shares of the JV Company are represented by the shareholders present at the meeting (including by proxy). Any resolution or other action taken at the meeting shall require the approval of [a majority] of the shares of the JV Company represented at the meeting (including by proxy).

**4.13** The Parties shall vote their shares in the JV Company at shareholder meetings and cause the directors and statutory auditors of the JV Company appointed by them to vote at their respective meetings to effect the Parties' intentions as set forth in this Agreement.



**和 訳**　**第4条　JVの経営（株主、役員、監査役）**

**4.1** JVは、取締役会を設置し（取締役会設置会社）、監査役も設置する

(監査役設置会社)。

**4.2**　JVは、当初〔3名〕の取締役を置くものとし、〔2名〕は里中社によって任命され、〔1名〕はHARPER社によって任命されるものとする。両当事者は、両当事者の出資割合が調整された場合を含むがそれに限らず、適切であるように、取締役の人数及び／又は各当事者によって指名される取締役の数の変更を相互に同意することができる。

**4.3**　JVは、当初〔1名〕の代表取締役を置くものとし、里中社が任命したJVの取締役の中から、里中社が指名するものとする。両当事者は、両当事者の出資割合が調整された場合を含むがそれに限らず、適切であるように、代表取締役の人数及び／又は各当事者によって任命される代表取締役の数の変更を相互に同意することができる。

**4.4**　JVは当初〔2名〕の監査役を置くものとし、うち〔1名〕は、里中社によって任命され、もう〔1名〕は、HARPER社によって任命されるものとする。両当事者は、両当事者の出資割合が調整された場合を含むがそれに限らず、適切であるように、監査役の人数及び／又は各当事者によって任命される監査役の数の変更を相互に同意することができる。

**4.5**　各当事者は、随時、任命／指名の権利を有するJVのいずれの取締役、代表取締役、又は監査役も解任及び交代させることができる。

**4.6**　取締役会は、JVの代表取締役のイニシアチブによって招集される。加えて、いかなるJVの取締役もJVの代表取締役に対して取締役会の招集を要求することができ、代表取締役は、その要求に従わなければならない。JVは、取締役会の少なくとも〔10〕営業日前までに取締役及び監査役に取締役会招集を通知しなければならない。ただし、両当事者がいかなる会議に関連してもこの事前通知の要求を放棄することを相互に合意した場合にはこの限りではない。取締役会は、〔日本国、東京〕にて開催されるべきものとする。ただし、両当事者によって同意された場合はこの限りではない。

14

**4.7**　取締役会は、出席予定の取締役によって、当該取締役会の相当期間前に要求された場合には、英語への通訳をつけて、日本語で行われなければならない。取締役会への提案及びその資料は、日本語及び英語から他方の言語に翻訳されなければならない。ただし、両当事者が、相互に、摘要の翻訳又は翻訳をしなくともよいと認める場合にはこの限りではない。取締役会の議事録は、日本語で記載されるものとするが、英語の翻訳をつけるものとする。取締役会に関連して発生するいかなる通訳及び翻訳の費用も、JVの負担とされるものとする。

**4.8** 取締役の〔過半数〕が出席している場合、JVの取締役会における定足数は満たされているものとみなされる。いかなる決議又は取締役会における他の行為もその取締役会に出席する取締役の〔過半数〕によって承認される必要があるものとする。

**4.9** 本契約、JVの定款、関連法、規則において定められている、少数株主の保護のための条項に加えて、JVに関連する以下の行為は、両当事者による事前の書面による同意を必要とする。

〔(1) JVの定款の変更；
(2) JVの合併又は売却若しくは重要な資産の譲渡；
(3) 一回の取引又は関連する数回の取引によるかを問わず、JVによる〔XXX〕を超えるいかなる支出；
(4) JVの事業の変更；
(5) 一回の取引又は関連する数回の取引によるかを問わず、JVによる〔XXX〕を超える借入；
(6) JVによる両当事者に対する普通株式の発行又は他の証券の発行；
(7) JVによる第三者に対する普通株式の発行又は他の証券の発行；
(8) JVによる株主に対する配当；
(9) JVの保有する権利の売却、ライセンス、譲渡、担保設定、その他の預託；及び
(10) JVと当事者の累計〔XXX〕を超える取引又は関連する数回の取引〕

**4.10** JVの株主総会は、適用される法及び規則又はいずれかの当事者の要求に従って開催されるべきものとする。JVは、両当事者に対して、少なくとも〔20〕営業日前までに株主総会招集通知をするものとする。ただし、両当事者がいかなる会議に関連してもこの事前通知の要求を放棄することを相互に合意した場合にはこの限りではない。株主総会は、〔日本国、東京〕にて開催されるべきものとする。ただし、両当事者によって同意された場合はこの限りではない。

**4.11** JVの株主総会は、出席予定のいずれかの当事者によって、当該株

14

主総会の相当期間前に要求された場合には、英語への通訳をつけて、日本語で行われなければならない。株主総会への提案及びその資料は、日本語及び英語から他方の言語に翻訳されなければならない。ただし、両当事者が、相互に、摘要の翻訳又は翻訳をしなくともよいと認める場合にはこの限りではない。株主総会の議事録は、日本語で記載されるものとするが、英語の翻訳をつけるものとする。会議に関連して発生するいかなる通訳及び翻訳の費用も、JVの負担とされるものとする。

**4.12**　JVの株主総会の定足数は、JVの株主総会においてJVの〔過半数〕の株式数が、（委任状を含めて）出席した場合とする。株主総会におけるいかなる決議又は他の行為についても、当該株主総会に（委任状も含めて）出席したJVの株式の〔過半数〕の決議を必要とする。

**4.13**　両当事者は、JVの株主総会における議決権行使によって当該当事者から選任されたJVの取締役及び監査役をして、彼らが構成員となる会議において、その当事者の意向を反映し、本契約に定められたように議決権を行使させるものとする。

**《解 説》**　合弁会社において、第4.2条～第4.5条のように、一定の株主に一定の数の取締役や監査役の選任を認める旨合意することは、契約自由の原則から有効と解されていますが、これに違反して株主総会における議決権を行使した場合であっても、その選任決議自体は必ずしも無効とはなりません。ただし、合弁会社の株主全員が本契約の当事者となっているような場合には、契約違反の株主総会の議決権行使によって成立した選任決議は定款違反と同視しての取消し対象になります（会社法831条1項2号）。しかし、このような合意について法的安定性を得るためには、定款に基づく株主の権利として規定しておくほうがより安全であると考えられます。また、非公開会社においては、役員選任権付株式を発行することができますので（会社法108条1項9号・2項9号）、それを利用することも考えられます。

第4.8条においては、取締役会は多数決にて決議するとありますので、多数の株式を保有する当事者（株主）が取締役会を支配することができます。そこで、第4.9条においては、株主事前同意事項を列記して、これらの事項については、事前に当事者間で同意が得られないときは、その案件は、株主総会にも取締役会にも付議することができず、少数株主たる当事者が、実質的な拒否権を持つように定めています。なお、大株主は少数株主に、このような拒否権を持たれないように、事前協議条項とするよう提案してくることもありますが、少数株主となる当事者は、どのような重要案件について、自らが拒否権を有するべきかを検討した上で、事前同意事項とすべきか、あるいは事前協議事項としておくかを整理して、契約交渉すべきであるということができます。

## ■JVの経営（営業管理）

**Article 5. Operation of JV Company（Business Management）**

**5.1** The Parties shall cause the JV Company to be operated consistent with the terms and conditions of this Agreement and in compliance with all applicable laws, regulations, and other governmental and administrative requirements.

**5.2** The Parties shall meet periodically, but not less than once per calendar quarter, to discuss the operations of the JV Company, from both a short-term and longer-term perspective, including but not limited to sales and marketing strategies, personnel decisions, financial projections, and hiring of accountants, attorneys, and other advisers. Such meetings shall be conducted in the Japanese language, with English language interpretation available if requested reasonably in advance by either Party. Any interpretation costs incurred in connection with the meetings shall be borne by the JV Company.

**5.3** Any Party holding at least a [10%] Percentage Share in the JV Company shall have the right to inspect the business records of the JV Company, including, but not limited to, its financial and accounting records, tax returns, customer transaction records, and personnel files. Such inspections shall take place at the offices of the JV Company during its normal business hours, upon reasonable advance notice to the JV Company. The inspecting Party shall have the right to make copies of any records of the JV Company, but subject to the confidentiality obligations stated in Article 10 herein.

**5.4** The Parties shall cause the JV Company to prepare financial statements for the JV Company twice each fiscal year: at the end of the first six months of the fiscal year and at the end of the fiscal year. The financial statements shall be prepared as soon as practically possible after the end of such periods. The financial statements shall include a balance sheet (as of the end of the relevant period), income statement (for the fiscal half-year and full fiscal year respectively), statement of cash flow (for the fiscal half-year and full fiscal year respectively), and statement of shareholder equity (as of the end of the relevant period), and any other statements mutually agreed to by the Parties. The financial statements shall be prepared in accordance with generally accepted accounting principles in Japan[and will be audited by an accounting firm mutually agreed to by the Parties]. If either Party requests that any financial statements of the JV Company be prepared in accordance with generally accepted accounting principles of a jurisdiction other than Japan, the Parties shall cause the JV Company to comply with such request; provided, however, that the requesting Party shall bear the costs of preparing such financial statements.

14

**和訳**　**第5条　JVの経営（営業管理）**

**5.1**　両当事者は、JVをして本契約の条項及び条件を満たし、かつ、適用される法、規則、及び他の政府及び行政の要求に従って運営させなければならない。

**5.2**　両当事者は、定期的に、4半期に最低1回は、JVの短期及び長期の予測における、販売及び市場開拓戦略、人事の決定、財政計画及び会計事務所、弁護士、及び他のアドバイザーの起用を含むがこれに限らない事項について、経営会議をしなければならない。この会議は、出席予定のいずれかの当事者によって、当該会議の相当期間前に要求された場合には、英語への通訳をつけて、日本語で行われなければならない。この会議に関連して発生するいかなる通訳の費用も、JV の負担とされるものとする。

**5.3** JV の少なくとも〔10%〕を保有するいかなる当事者も、財政及び会計記録、税務申告書、顧客との取引記録及び人事ファイルを含むがこれに限らない JV の取引関係書類を監査する権利を保有するものとする。この監査は、JV の事務所で、通常の営業時間内に、JV に相当な事前通知をして、実施されるものとする。監査する当事者は、ここに定める第 10 条の秘密保持義務に従わなければならないが、JV のいかなる記録もコピーを取ることができる。

**5.4** 両当事者は、JV に、JV の財務諸表を、各会計年度に 2 回、作成させなければならない。それは、会計年度の最初の 6 か月の末日及び会計年度の末日を作成日とする。財務諸表は、この期間後、実務的にできるだけ早く作成されなければならない。財務諸表は、貸借対照表（当該期間の末日における）、損益計算書（当該半期及び当会計年度全期について）、キャッシュフロー計算書（当該半期及び当会計年度全期について）、及び株主名簿（当該期間の末日における）、及び両当事者によって合意された書類とする。財務諸表は、日本において一般的に許される会計基準に従って準備されなければならず〔両当事者によって相互に同意された会計事務所によって監査されなければならない。〕、いずれかの当事者が、JV の財務諸表を日本以外の準拠法下の一般的に許される会計基準に従って作成することを要求した場合には、両当事者は、JV をして、この要求に従うようにさせなければならない。ただし、それを要求する当事者は、当該財務諸表を作成するための費用を負担しなければならない。

**《解 説》** 合弁契約の当事者の権利として基本的なものは、合弁会社から余剰金の配当を受ける権利です。しかし、各当事者は JV の経営に関与して事業を行うことを目的として JV に出資することがほとんどですから、第 5.2 条においては、両当事者によって、4 半期に最低 1 回は、経営会議を行うことを定めています。

第 5.3 条においては、JV の会計帳簿の監査について定めています。

なお、日本の会社法においては発行済株式の 100 分の 3 以上の数の株式を保有する株主は、JVの会計帳簿を閲覧することができる旨定められています（会社法433条1項）。しかし、外国会社の合弁会社を設立した場合などには、現地の会社法にそのような権利が定められているかどうかわかりませんし、また、法律による会社帳簿閲覧の権利が定められている場合であっても、その一定比率に達しない当事者としては、会計帳簿閲覧権を、合弁契約に定めておく意味があるのです。

## ■協力と支援

**Article 6. Cooperation and Assistance**

The Parties will provide cooperation and assistance to the JV Company to assist the JV Company in meeting its business objectives, including, but not limited to, (i) providing personnel to serve as directors, statutory auditors, employees, and advisors to the JV Company, (ii) providing relevant documents, information, software, data, and other know-how to the JV Company, and (iii) licensing relevant intellectual property or other proprietary rights to the JV Company. The Parties shall discuss and mutually agree on the nature and amounts of such assistance to be provided by each Party to the JV Company and the compensation, if any, to be paid by the JV Company to the Party for such assistance.



**和 訳**　**第6条　協力と支援**

両当事者は、JVに対してJVの事業の目的に合致するようJVを支援するために、(i)JVの取締役及び監査役、従業員及び顧問として従事する人員を提供すること、(ii)関連する書類、情報、ソフトウエア、データ及びその他のノウハウをJVに提供すること、及び(iii)関連する知的財産権及び他の所有する権利をJVにライセンスすることを含むが、これに限らず、協力と支援を提供するものとする。両当事者は、各当事者によってJVに対して提供されるこの支援の内容と範囲について、この支援に対するJVから当該当事者に対し支払われる報酬がある場合にはそれについて、協議し、相互に同意するものとする。

**《解 説》**　第6条には、各当事者がJVに対して行う協力について定められています。各当事者の合弁会社への協力義務は、裏返して言えば、合弁会社に参加することによる各当事者の権利又は商権ともいえますので、各当事者は、合弁会社に積極的に協力して自社の権利を確保しようとするのが通常です。

合弁会社への協力と支援の内容としては、機械設備の供給、技術援助、原材料の供給、製品の販売、融資・保証、損失分担などが考えられます。本契約案では、損失分担については、第7.7条において定められています。

## ■期間及び解除

**Article 7. Term and Termination**

**7.1** This Agreement shall be effective from the Effective Date until terminated pursuant to this Agreement.

**7.2** This Agreement may be terminated upon the mutual written agreement of the Parties.

**7.3** If either Party commits a material breach of any of its obligations under this Agreement and fails to correct such breach within [thirty (30)] days after receiving notice of the breach from the non-breaching Party, the non-breaching Party shall have the right to terminate this Agreement effective immediately upon written notice to the breaching Party. However, any such notice of termination must be given by the non-breaching Party within [forty (40)] days after the expiration of the [30]-day period referenced above. If not given within that time, the non-breaching Party's right to terminate this Agreement by reason of that particular breach shall lapse.

**7.4** If the Parties reach a deadlock on a matter of material importance to the JV Company, including but not limited to the matters requiring approval by both Parties as set forth in Article

4.9 and are unable to break the deadlock despite good faith efforts to do so, then, either Party shall have the right to terminate this Agreement upon [thirty (30)] days advance written notice to the other Party.

**7.5** If either Party is not able to perform its obligations under this Agreement due to a force majeure as described in Article [XX], and such force majeure continues in effect for more than [three (3)] months, the other Party shall have the right to terminate this Agreement effective immediately upon written notice to the non-performing Party.

**7.6** Upon the termination of this Agreement for any reason, the Parties shall confer and negotiate in good faith to have one Party sell/transfer its shares in the JV Company to the other Party, so that such other Party becomes the sole shareholder of the JV Company. If, despite the good faith negotiations, the Parties are unable to agree upon the terms and conditions of such a sale/transfer, then the Parties shall cooperate in good faith to cause the JV Company to be liquidated as quickly as reasonably possible, in accordance with applicable laws and regulations.



**7.7** In the case of a liquidation of the JV Company pursuant to the previous paragraph, if the assets of the JV Company are insufficient to pay all of the outstanding debts and other obligations of the JV Company and the expenses incurred in the liquidation process, the Parties shall promptly contribute the deficit amount to the JV Company, in proportion to their then-current Percentage Shares.

**7.8** Articles [surviving General Terms and Conditions] will survive the termination of this Agreement for so long as the subject matter therein is relevant. Articles 10 and 11 will survive the termination of this Agreement for the period of time set forth therein.

和訳 **第7条　期間及び解除**

**7.1** 本契約は、発効日から本契約に従って終了されるまでの間効力を有する。

**7.2** 本契約は、両当事者の書面による双方の同意によって終了することができる。

**7.3** いずれの当事者も、他方当事者が本契約の重大な（ささいなものではない）債務不履行状態にあり、債務不履行をしていない当事者からの履行請求の通知を受領してから〔30日〕以内にその債務不履行状態を解消しなかった場合には、債務不履行をしていない当事者は、書面による通知により直ちに本契約を解除することができる。ただし、上記の〔30〕日間の満了後〔40〕日以内に、債務不履行をしなかった当事者によって契約解除通知が送達されなかった場合には、その債務不履行をしなかった当事者の当該債務不履行を理由とする契約解除権は失効する。

**7.4** 両当事者が、第4.9条に定められるような両当事者による同意が要求されている事項を含むがこれに限らない、JVの重要事項についてデッドロック状態になり、そして、誠実な努力をしたにもかかわらずデッドロックを打破できなかった場合には、いずれかの当事者は、他方当事者に対する〔30〕日前の通知によって、本契約を解除する権利を有する。

**7.5** 当事者のいずれかが、第〔XX〕条に定める不可抗力によって本契約に基づく義務を履行することができず、当該不可抗力事由が、〔3〕か月間連続した場合には、他方当事者は債務を履行しない当事者に対する書面による通知により直ちに本契約を解除する権利を有する

**7.6** 両当事者は、理由のいかんにかかわらず、本契約の終了とともに、一方当事者が他方当事者に対して、他方当事者がJVの単独株主となるように、JVの株式を売却／譲渡することについて誠実に話し合い交渉しなければならない。誠実な交渉にもかかわらず、両当事者が当該売却／譲渡の条件について合意することができなかった場合には、両当事者は、JV

14

を、適用法及び規則に従って、合理的に可能な限り速やかに清算するよう誠実に協力しなければならない。

**7.7**　前項後段によるJVの清算の場合には、JVの資産によってJVの全ての未払債務及びその他の義務、並びに清算手続において発生する費用を支払うに十分ではない場合には、両当事者は、その時点における出資割合に従って、JVの不足金額を速やかに支払わなければならない。

**7.8**〔有効としておくべき一般条項〕は、当該事項と関連があるかぎり、本契約の終了後も有効である。第10条及び第11条は、そこに定められている期間、本契約の終了後も有効である。

**《解 説》**　合弁契約の有効期間については、各当事者が合弁契約の株主である限り有効であるとするのが多く、本契約も有効期間を定めていません。しかし、場合によっては、合弁契約の有効期間を定めることもあります。有効期間を定めた場合には、当該有効期間が満了し、合弁契約が更新されなかった場合には、JVは、合弁契約なしに、その定款及び設立準拠法（会社法等）に従って、運営されることになります。

契約当事者に大きな影響を与える損失分担（Loss Sharing Clause）を取り決める場合には、①金銭的な限度を設けるかどうか②損失分担について停止条件などをつけるかどうか③あらかじめ損失分担の方法について具体的な合意をしておくかどうか、④撤退条項とセットにして定めておくかどうか（例えば、JVの累積損失が、資本金の2倍に達したときは、JVを解散・清算しなければならない。）などを検討し、慎重に決定すべきです。



本条においては、損失分担については、本契約が終了した場合に、いずれの当事者もJVの単独株主にならなかった場合には、両当事者はJVを清算し、JVの資産が、その債務の弁済に足りない場合には出資割合に従って、JVの不足金額を速やかに支払わなければならないと定めています。この損失分担についての税法上の取扱いについてもあらかじめ確認すべきです。

## ■株式の譲渡制限

**Article 8. Restrictions on Transfer of Shares**

Each Party is prohibited from selling or otherwise transferring to a third party or encumbering its shares in the JV Company, unless it receives the prior written consent of the other Party. Any purported sale, transfer, or encumbrance in violation of this Article shall be null and void. In the case of a sale or other transfer of shares by a Party (as approved by the other Party), the Parties shall also mutually agree upon any necessary or appropriate amendments to this Agreement, including but not limited to the addition of new parties and/or withdrawal of a Party which has sold/transferred all of its shares in the JV Company.

**和訳**　**第8条　株式の譲渡制限**

各当事者は、他方当事者からの事前の書面による同意を受領しない限り、JVの株式を第三者に譲渡したり、担保に供したりすることは禁止される。本条に違反しての、いかなる売却、譲渡又は担保と称されるものは、無効である。（他方当事者の同意のある）当事者による株式の売却又はいかなる譲渡の場合も、両当事者は、新たな当事者の追加／JVのその株式を全て売却／譲渡した当事者の脱退を含むものとするがそれに限らない、本契約についての必要又は適切な修正について相互に同意すべきものとする。

## ■保　証

**Article 9. Warranties**

Each Party warrants that its execution and performance of this Agreement (i) will not violate its Articles of Incorporation or other governing documents, and (ii) will not conflict with, result in a breach of, or give rise to a right of termination under any other contract, instrument, or other arrangement to which the Party is a party.

**和訳**　**第9条　保証**

各当事者は、本契約の締結及び履行は、(i)会社の定款又は他の規定のいかなる条項にも反するものではないこと、及び(ii)当該当事者が当事者

14

となっている契約、証書、又は他の約束について、コンフリクトせず、債務不履行の結果や、終了の権利を生じさせるのではないことを保証する。

## ■秘密保持

**Article 10. Confidentiality**

**10.1** The Parties acknowledge that they may disclose their confidential or other proprietary information (“Confidential Information”) to each other in the course of the performance of this Agreement. All Confidential Information provided by one Party (the “Disclosing Party”) to the other Party (the “Receiving Party”) under this Agreement in written or other tangible form shall be clearly marked as “Confidential” or “Proprietary”. All Confidential Information provided in electromagnetic files or other digital data form (including email text) shall be clearly and conspicuously marked as “Confidential” or “Proprietary” within such file/email. All Confidential Information provided in oral or visual form shall be designated as confidential at the time of disclosure and confirmed in writing by the Disclosing Party to the Receiving Party within [fourteen (14)] days after the date of disclosure. In addition to the Parties’ own Confidential Information, (i) all non-public information of the JV Company shall be treated as Confidential Information, even if not marked as required above, and, in connection therewith, each Party may enforce the obligations in this Article against the other Party, and (ii) the contents of this Agreement shall be treated as Confidential Information, and, in connection therewith, each Party may enforce the obligations in this Article against the other Party. The Receiving Party (i) shall use the Confidential Information only for the purposes of this Agreement, (ii) shall not disclose the Confidential Information to any third party, unless it obtains the prior written consent of the Disclosing Party, and

14

(iii) shall disclose the Confidential Information only to its employees, directors, contractors, and advisers who have a reasonable need to know the Confidential Information, and who are bound by duties of confidentiality and limited use at least as strict as those stated herein. The obligations in this Article shall continue to bind each Party for a period of [three (3)] years after the termination of this Agreement as to such Party.

**10.2** Notwithstanding the foregoing, the confidentiality and limited use obligations set forth above shall not apply to information that (i) was publicly available at the time of first disclosure by the Disclosing Party or becomes publicly available after the time of first disclosure through no fault of the Receiving Party, (ii) was already in the possession of the Receiving Party at the time of first disclosure, (iii) is received by the Receiving Party from an unrelated third party with no confidentiality obligations attached, (iv) is authorized for release by the Disclosing Party in writing, or (v) is the subject of a government or judicial subpoena or other order, provided that the Receiving Party promptly informs the Disclosing Party of the situation and allows the Disclosing Party to control any efforts to challenge the subpoena/order.



**10.3** Within [thirty (30)] days after the effective date of the expiration or termination of this Agreement for any reason, the Receiving Party will (i) return to the Disclosing Party all copies of Confidential Information in its possession (whether in written or any other tangible form) and (ii) shall permanently delete all copies (including backup copies) of the Confidential Information contained in the Receiving Party's computer disks or other electromagnetic storage media or in any other intangible form and certify the completion of such deletion in writing to the Disclosing Party.

**和 訳**　**第 10 条　秘密保持**

**10.1**　両当事者は、本契約の履行の過程において、お互いに、秘密又は財産性を持つ情報（「秘密情報」）の開示を行うことを認める。本契約に基づいて文章又は他の有形の方法により提供される全ての秘密情報には、「秘密」又は「社外秘」と明確かつ明瞭に表示されなければならない。電子ファイル又はその他のデジタルデータ（E メールを含む。）には、ファイル又は E メールの中に、それが、明確かつ明瞭に表示されなければならない。口頭又は可視的に提供される秘密情報は、口頭又は可視的に開示されたときに秘密情報であることを指示されなければならず、その開示の内容及び秘密性は、当該開示の日から〔14〕日以内に開示当事者から書面によって確認されなければならない。両当事者の秘密情報に加えて、(i) JV の非公知の情報は、上記に要請される表示がなくとも秘密情報として扱われ、この場合には、各当事者は他方当事者に対して、本条に定める義務を履行するよう要求することができ、及び (ii) 本契約の内容は秘密情報として扱われ、及びこれに関連して、各当事者は、他方当事者に対して本条の義務を履行するよう要求することができる。

受領当事者は、(i) 秘密情報を本契約の目的のみに使用しなければならず、(ii) 開示当事者の事前の書面による同意がない限り、秘密情報をいかなる第三者に対しても開示してはならず、(iii) 秘密情報を、その秘密情報を承知する合理的な必要があって、本条項に定めるのと同等の秘密保持及び限定的使用の義務によって拘束される、従業員、取締役、コントラクター、及びアドバイザーに対してのみ開示する。本条項に定められる義務は、この当事者間での本契約書の期間満了、又は当該当事者にとっての本契約の終了の日から〔3〕年間、各当事者を拘束する。

**10.2**　前項にかかわらず、秘密情報についての秘密保持や限定的使用の上記の義務は、本条に定める以下の情報については適用されないものとする。(i)　開示当事者による最初の開示時点において公知情報であったか、受領当事者の過失なく最初の開示以後に公知になった情報　(ii) 最初に開示当事者により開示された時点で、すでに、受領当事者の所有であった情

報 (iii)受領当事者において、何ら秘密保持義務を課されず無関係の第三者から受領した情報 (iv)開示当事者によって事前に書面によって開示することが許諾された情報 (v)政府や司法機関の文書提出命令又は他の命令の対象となった情報。ただし、受領当事者は、開示当事者にその状況を速やかに通知し、開示当事者がその文書提出命令やその他の命令に対して、異議申立の方策を講じることができるようにしなければならない。

**10.3** 本契約の期間満了、又はその理由のいかんを問わず終了した(解除された)日から[30]日以内に、受領当事者は、開示当事者に対して、その保有する(文章か他の有形の方法かを問わず)秘密情報の全ての複製を返還し、かつ、受領当事者のコンピュータのディスク又は他の電子記録媒体又は他の無形の方法に含まれる秘密情報の全ての複製(バックアップも含む。)を永久的に削除しなければならず、開示当事者に対して、書面によりこの削除が完了したことについて証明しなければならない。

**《解 説》** 当事者間にて、あらかじめ秘密保持契約書を締結していて、本契約書の中に完全合意条項が定められる場合の本契約に定める秘密保持条項と先に締結していた秘密保持契約書との関係については、「秘密保持契約書」第4条の解説をご参照ください(P.53、P.54)。

第10.1条に定める、秘密保持義務の存続期間については、秘密保持及び利用の制限といった本条の目的にかなった期間を、当事者間の合意により定めることになります。当該秘密情報の性質によって、3年から10年程度の期間を定めることになろうかと思われます。

第10.3条に定める、当該契約の期間満了又は終了時における秘密情報の返還については、「秘密保持契約書」第4条の解説をご参照ください(P.54、P.55)。なお、本条には、JVの非公知の情報の返還については不要として、JVに対してこれを返還することは定めていません。

## ■競業避止義務

**Article 11. Non-Compete Obligation**

Each Party agrees that, during the time it is the owner of any shares of the JV Company and for a period of [one(1)] year thereafter, it shall not engage in, directly or indirectly, or assist others with any business that competes directly with the business of the JV Company, unless it receives the prior written consent of the other Party.

和 訳　**第11条　競業避止義務**

各当事者は、JVの株式を保有している期間及び、その後〔1〕年間は、JVの営業に直接的に競業するいかなる事業にも、直接的にも間接的にも、又は第三者の支援にも携わってはならないものとする。ただし、他方当事者から事前の書面による承諾を得た場合にはこの限りでない。

## ■公　表

**Article 12. Public Announcements**

The Parties shall confer and mutually agree on the contents, methods, and timing of any public announcements of the transactions that are the subject of this Agreement.

和 訳　**第12条　公表**

両当事者は、本契約の対象となる取引についてのいかなる公表の内容、方法及びタイミングについても協議し、相互の同意によるべきものとする。

## ■一般条項

14

[General Terms and Conditions]
[Note: The "Relationship Between Parties" provision should be omitted.]

和 訳　〔一般条項〕

〔注意：両当事者の関係条項は除かれる。〕

## ■後　文

IN WITNESS WHEREOF, the Parties hereto have caused their duly authorized representatives to execute this Agreement on the dates set forth under their signatures.

| SATONAKA | HARPER |
|---|---|
| By: ____________________ | By: ____________________ |
| Name: | Name: |
| Title: | Title: |
| Date: | Date: |

**和 訳**

上記の証（あかし）として、両当事者は、本契約を、署名欄記載の日に、正当な権限を持つ代表者によって署名せしめ、締結するものとする。

| 里中社 | HARPER 社 |
|---|---|
| 名前 | 名前 |
| 役職（部署） | 役職（部署） |
| 日付 | 日付 |

# 15 株式引受契約書

本契約は、日本の非上場株式会社（株式には譲渡制限を付している。）が自己株式を引き受ける者の募集を行い、第三者（引受人）が、その自己株式（募集株式）の総数を引き受けることを主な内容とする契約の例（会社法205条）です（解説も日本法に基づいています。）。このような取引は、株式会社の成立後に、会社が行う資金調達の手段の一つとして行われます。募集株式の引受けには、会社が株式（新株）を発行して、これを第三者に引き受けてもらう場合もありますし、その保有する自己株式を処分して、これを第三者に引き受けてもらう場合もあります。これらの手続の詳細については、会社法第2編第2章第8節（募集株式の発行等）に規定されています。

**目　次**

## ■頭　書

**STOCK PURCHASE AGREEMENT**
**(LESS THAN ALL SHARES)**

This Stock Purchase Agreement (this "Agreement") is entered into effective ＿＿＿ (the "Effective Date") between [Satonaka Enterprises Co., Ltd.], a [corporation established and existing under the laws of Japan] having its head office at [Miyazaki Building, 10F, 1-1-1 Tamakicho, Chiyoda-ku, Tokyo 101-0001, Japan] (the "Company") and [Harper Enterprises Co., Ltd.] a [corporation established and existing under the laws of Delaware, U.S.A.] having its head office at [Paxson Building, 10F, 1234 Daniel Avenue, New York, New York 10001, U.S.A.] ("Purchaser") (collectively the "Parties" or individually a "Party").

和訳　　**株式引受契約書**

この株式引受契約書（「本契約」）は、〔年月日〕から効力を有するものとして（「発効日」）、〔里中株式会社〕、〔日本法によって設立された株式会社であって〕、その本店所在地は〔郵便番号101-0001　日本国東京都千代田区玉木町1丁目1番1号宮崎ビルディング10階〕（「会社」）と、〔Harper Enterprises Co., Ltd.〕、〔米国デラウェア州法によって設立された株式会社であって〕、その本店所在地は〔Paxson Building, 10F, 1234 Daniel Avenue, New York, New York 10001, U.S.A.〕（「引受人」）との間にて締結された（以下、当事者を総称して「両当事者」、それぞれを「当事者」という。）。

15

## ■経　緯

**RECITALS**

WHEREAS, Purchaser desires to purchase a certain number of treasury shares of the Company, and the Company desires to sell such treasury shares to Purchaser;

NOW, THEREFORE, the Parties mutually agree to enter into this Agreement in accordance with the terms and conditions stated herein.

和 訳　　経　緯

引受人は、会社の自己株式の一定数を引き受けることを希望し、会社は、引受人に会社の自己株式を処分することを希望した。

そこで、両当事者は、ここに定められた条項と条件に従って本契約を締結することを相互に合意する。

## 定　義

**Article 1. Definitions**

For purposes of this Agreement, including any Exhibits, the following terms shall have the following meanings:

**1.1** "Closing" shall mean the closing of the transaction that is the subject of this Agreement, which shall occur on the Closing Date at [10:00 a.m.] at [Kashiwagi Sogo Law Offices].

**1.2** "Closing Date" shall mean [date of Closing].

**1.3** "Purchase Price "shall have the meaning set forth in Article 2.2.

**1.4** "Shares" shall have the meaning set forth in Article 2.1.

和 訳　**第1条　定義**

本契約においては、全ての別紙も含めて、以下の用語は以下の意味を持つ。

**1.1**　クロージングとは、〔柏木総合法律事務所〕、〔午前10時〕のクロージングの日における、本契約の対象である取引の完了を意味する。

**1.2**　クロージング日とは、〔クロージングの年月日〕をいう。

**1.3**　払込金額とは、第2.2条に定めるものをいう。

15

**1.4**　本株式とは、第2.1条に定めるものをいう。

## ■株式の引受け

**Article 2. Purchase of Shares**

**2.1**　Subject to the terms and conditions herein, Purchaser shall, at the Closing, purchase from the Company [5000] treasury common shares of the Company (the "Shares"). The purchase of the Shares shall be treated as a transaction pursuant to Article 205 of the Companies Act of Japan.

**2.2**　The purchase price for the Shares (the "Purchase Price") shall be [50,000,000] Japanese yen (corresponding to a price of [10,000] Japanese yen per share), which shall be paid in full on the Closing Date by telegraphic transfer into a bank account designated by the Company.

**和訳**　**第２条　株式の引受け**

**2.1**　ここに定められる条項と条件に従って、引受人はクロージングにおいて会社から、会社の自己株式である普通株式［5000］株（「本株式」）を引き受ける。本株式の引受けは、日本の会社法205条に従って行われなければならない。

**2.2**　本株式の払込金額（「払込金額」）は、〔金50,000,000〕円（一株あたり〔10,000〕円）であり、それは、クロージング日に会社によって指定された銀行口座にT/T送金により全額払い込まれなければならない。

**《解説》**　本契約の「会社」が株式譲渡制限会社である場合には、募集株式の払込金額を含む他募集事項を株主総会の特別決議によって決定しなければなりません（会社法309条２項５号、199条２項、公開会社については、取締役会決議によって決定。会社法201条）。ただし、本契約は、募集株式の総数引受けの場合の契約ですので、募集株式の申込み（会社法203条）及び募集株式の割当て（会社法204条）は、不要です（会社法205条）。

15

## ■クロージング

**Article 3. Closing**

At the Closing, the following shall occur: (i) the Company shall deliver to Purchaser a document listing the contents of the Company's shareholder register and minutes of a board of directors meeting of the Company approving the purchase of the Shares by Purchaser, (ii) Purchaser shall pay the Purchase Price to the Company in the manner described in Article 2.2, and (iii) the Company shall register Purchaser as the owner of the Shares in its shareholder register, along with all other information required under Article 121 of the Companies Act of Japan.

**和訳　第3条　クロージング**

クロージングにおいては以下のとおりとする。(i)会社は、株主名簿及び引受人による本株式の引受けを許可する会社の取締役会議事録を引受人に引き渡す。(ii)引受人は、2.2条に定められた方法によって、会社に対して払込金額を支払わなければならない。(iii)会社は、会社の株主名簿に引受人を本株式の株主として会社法121条所定の株主名簿記載事項を記載する。

**《解説》**　会社法では、株券の不発行が原則であり、株券を発行するためにはその旨定款で定めることが必要です（会社法214条）。本契約の「会社」が株券発行会社・振替株式発行会社以外の株式会社である場合には、会社は、引受人に対して当該自己株式の処分を行った際に、株主名簿の記載事項を記載又は記録しなければなりません（会社法132条）。株主名簿への株主としての記載は、会社及び第三者に対する対抗要件となります（会社法130条）。株主は、会社に対して、株主名簿記載事項を記載した書面の交付又はこれらが記録された電磁的記録の提供を請求することができます（会社法122条）。

## ■会社の表明及び保証

**Article 4. Representations and Warranties of the Company:**

The Company represents and warrants to Purchaser as follows:

**4.1** As of the Effective Date and the Closing Date, the Company (i) is a *kabushiki kaisha* corporation established, existing, and in good standing under the laws of Japan, (ii) is not the subject of any bankruptcy proceeding (*hasan-tetsuzuki*), civil rehabilitation proceeding (*minji-saisei-tetsuzuki*), corporate reorganization proceeding (*kaisha-kosei-tetsuzuki*), special liquidation (*tokubetsu-seisan*) or other procedure intended to benefit the creditors of the Company, and (iii) is not the subject of a determination that the Company is unable to pay its debts (*shiharai-funo*), a statement by the Company that it is unable to pay its debts as they become due (*shiharai-teishi*), or a suspension of bank transactions (*ginko-torihiki-teishi-shobun*).

**4.2** As of the Closing Date, (i) the total number of shares authorized by the Company is [50,000] shares, all of which are common shares, and all such shares have been validly authorized, (ii) following the Closing, the total number of issued and outstanding shares of the Company (including the Shares) is [30,000] common shares, and all authorized and issued shares of the Company have been validly issued to the Company's shareholders, and (iii) following the Closing, there are no outstanding options, warrants, or other rights to purchase any of the authorized and unissued shares of the Company.

**4.3** As of the Closing Date, the Company has completed all corporate actions that are required to authorize and carry out the transactions contemplated hereunder.

**4.4** As of the Closing Date, the Company has obtained all approvals and permissions and completed all registrations and notifications (*tsuchi/todoke*) that are required to be obtained/completed by the Company under applicable laws and regulations to complete the Closing and the transactions contemplated hereunder.

**4.5** The Company's obligations hereunder are binding on and enforceable against the Company, except as to the effect of (i) the principle of good faith (*shingi-seijitsu-no-gensoku*), and (ii) bankruptcy and other laws affecting the rights of creditors.

**4.6** The execution and performance of this Agreement by the Parties (i) will not violate any provision of the Company's Articles of Incorporation or other governing document, (ii) will not conflict with, result in a breach of, or give rise to a right of termination under any other contract, instrument, or other arrangement to which the Company is a party, and (iii) will not violate any law, regulation, or governmental order applicable to the Company.

**4.7** The balance sheet and income statement of the Company dated [XXX] provided by the Company to Buyer were prepared in accordance with generally accepted accounting principles in Japan and fairly present the financial condition and the results of the operation of the Company.



**和訳**　**第４条　会社の表明及び保証**

会社は、引受人に対して以下のとおり表明し保証する。

**4.1** 発効日及びクロージング日において、会社は、(i)日本法に準拠して適法かつ有効に設立され、有効に存続している株式会社であること、(ii)破産手続、民事再生手続、会社更生手続、特別清算その他これらに類する他の会社の債権者の利益のための法的手続が申し立てられていないこと、(iii)会社が支払不能、支払停止又は銀行取引停止処分であるとの判断の対象になっていないこと。

**4.2**　クロージング日において、(i)会社の発行可能株式総数は、〔50,000〕株であり、それらは全て普通株式であり、全て有効であること、(ii)クロージングの後、会社の発行済株式（本株式を含む。）は、〔30,000〕普通株式であり、会社によって会社の株主に対して発行された全ての株式は有効であること、及び(iii)クロージングの後、オプション、ワラント、その他会社の未発行株式を引き受けることができる他の権利が存しないこと。

**4.3**　クロージング日において、会社は、企図される取引についての権限付与及び実行のために要求される全ての会社としての手続を完了していること。

**4.4**　クロージング日において、会社は、クロージングの完了及び企図される取引について、適用される法律及び規則に基づき、会社によって取得又は履践する必要がある全ての承認及び許可を取得し、届出、登録及び通知を履践したこと。

**4.5**　ここに定める会社の義務は、会社に対して法的拘束力を持ち、かつ執行可能であること。ただし、(i)信義誠実の原則及び(ii)破産法、及び債権者の権利に影響を及ぼす他の法令の効果による場合を除く。

**4.6**　両当事者による本契約の締結及び履行は、(i)会社の定款又は他の規定のいかなる条項にも反するものではなく、(ii)会社を当事者とする契約、証書、その他の約束について、コンフリクトせず、債務不履行の結果や、終了の権利を与えたりするものではないこと、及び(iii)会社に適用されるいかなる法律、放棄、政府の命令をも破るものではないこと。

15

**4.7**　会社によって引受人に対して提出される〔XXX〕日付の会社の貸借対照表及び損益計算書は、日本において一般に認められた会計原則によって作成され、かつ会社の財政状態及び取引結果を正確に表していること。

**《解説》**　株式引受契約においては、会社は一定のボリュームの募集株式を引受人に引き受けてもらうことにより資金調達をする一方、引受人は、会社の一部を所有することになります。そこで、引受人としては、本株式や会社の資産内容等に、瑕疵等がないかを確かめることが重要ということができますが、そのようなことを完全に調査して、把握することは不可能です。そこで、本条は、会社に、引受人に対する一定の表明と保証をさせることによって、引受人のリスクをできるだけ軽減し、会社に、一定の責任を負わせるという意味を持った条項です。

## ■引受人の表明及び保証

**Article 5. Representations and Warranties of Purchaser:**

Purchaser represents and warrants to the Company as follows:

**5.1** As of the Effective Date and the Closing Date, (i) Purchaser is a company established and in good standing under the laws of [Delaware, U.S.A.].

**5.2** As of the Closing Date, Purchaser has completed all corporate actions that are required to authorize and carry out the transactions contemplated hereunder.

**5.3** As of the Closing Date, Purchaser has obtained all approvals and permissions and completed all registrations and notifications (including *tsuchi/todoke*) that are required to be obtained/completed by Purchaser under applicable laws and regulations to complete the Closing and the transactions contemplated hereunder.

**5.4** Purchaser's obligations hereunder are binding on and enforceable against Purchaser, except as to the effect of (i) the principle of good faith (*shingi-seijitsu-no-gensoku*), and (ii) bankruptcy and other laws affecting the rights of creditors.

**5.5** The execution and performance of this Agreement by the Parties (i) will not violate any provision of Purchaser's Articles of Incorporation or other governing document, (ii) will not conflict with, result in a breach of, or give rise to a right of termination

15

under any other contract, instrument, or other arrangement to which Purchaser is a party, and (iii) will not violate any law, regulation, or governmental order applicable to Purchaser.

**5.6** Purchaser acknowledges that it has received from the Company and other sources all documents and other information it considers necessary to determine whether to purchase the Shares.

**和訳**　**第5条　引受人の表明及び保証**

引受人は、会社に対して以下のとおり表明し保証する。

**5.1** 発効日及びクロージング日において、引受人は、［米国、デラウェア州］法に準拠して適法かつ有効に設立され、有効に存続している株式会社であること。

**5.2** クロージング日において、引受人は、企図される取引についての権限付与及び実行のために要求される全ての引受人としての手続を完了していること。

**5.3** クロージング日において、引受人は、クロージングの完了及び企図される取引について、適用される法律及び規則に基づき、引受人によって取得又は履践する必要がある全ての承認及び許可を取得し、登録や公告（通知/届出を含む。）を履践したこと。

**5.4** ここに定める引受人の義務は、引受人に対して法的拘束力を持ち、かつ執行可能であること。ただし、(i)信義誠実の原則及び(ii)破産法、及び債権者の権利に影響を及ぼす他の法令の効果による場合を除く。

**5.5** 両当事者による本契約の締結及び履行は、(i)引受人の定款又は他の規定のいかなる条項にも反するものではないこと、(ii)引受人を当事者とする契約、証書、その他の約束とコンフリクトしたり債務不履行の結果や、終了の権利を与えたりするものではないこと、及び(iii)引受人に適用されるいかなる法律、放棄、政府の命令をも破るものではないこと。

**5.6** 引受人は、引受人が株式を引き受けるかどうか判断するために必要な全ての資料、その他の情報を会社及び他の提供者から受領したことを認めていること。

15

《解 説》 会社は、引受人からの募集株式の払込みによって資金調達をし、その後、引受人が会社の大株主となることから、本条項は、引受人に対して、必要となる手続完了等の一定の表明と保証を行わせています。

本契約においては、会社は、日本の株式会社、引受人は、外国企業をそれぞれの当事者として想定しているところ、当該外国企業が「外国投資家」（外国為替及び外国貿易法26条1項）に該当する場合、当該外国企業が、日本の非公開株式を取得する場合には、対内直接投資として、届出又は報告が不要なものを除き、日本銀行を経由して財務大臣及び事業所管大臣に「事前届出」又は「事後報告」を行う必要があります（外国為替及び外国貿易法27条1項、又は55条の5第1項）。

## ■クロージング前の誓約

**Article 6. Pre-Closing Covenants**

Prior to the Closing Date, the Parties shall cooperate and act in good faith to obtain all approvals and permissions and complete all registrations and notifications (*tsuchi/todoke*) that are required under applicable laws and regulations to complete the Closing and the transactions contemplated hereunder.

**和 訳** **第6条 クロージング前の誓約**

クロージング日の前に、両当事者は、クロージング及び企図される取引を完了するための適用法律及び規則に基づいて要請される全ての承認、許可を取得し、届出、登録及び通知を誠実に履践しなければならない。

## ■クロージングのための条件

**Article 7. Conditions to Closing**

**7.1** Each Party's obligation to complete the Closing shall be contingent on the satisfaction of the following conditions:

(1) the other Party has taken all actions required to fulfill its obligations under Article 6 herein;

(2) the other Party has not committed a material breach of any of its representations and warranties stated above.

15

**7.2** If either Party's obligation to complete the Closing is excused under Article 7.1, such Party shall have the right to terminate this Agreement with immediate effect upon written notice to the other Party.

**和訳**　**第7条　クロージングのための条件**

**7.1**　当事者のクロージングを完了するための義務は、次の条件の充足により発生する。

（1）　他方当事者が第6条に基づくその義務を満たすために要求される全てのことを履践したこと。

（2）　他方当事者が上記に定められたその表明及び保証のいかなる重要な（ささいなものではない）不履行も犯していないこと。

**7.2**　当事者が第7.1条に基づいてクロージングを完了する義務を逃れた場合には、この当時者は、他方当事者に対して、何ら催告なくして書面による通知によって本契約を解除する権利を有するものとする。

## ■クロージングの後の誓約

**Article 8. Post-Closing Covenants**

The following covenants shall apply after the successful completion of the Closing:

**8.1** Purchaser shall be prohibited from selling, transferring, pledging, or otherwise encumbering the Shares, unless it obtains prior written approval from the Company; provided, however, that this restriction shall cease to apply upon the completion of an initial public offering of the shares of the Company, if any.

**8.2** As soon as practicable after the end of each calendar month, the Company shall provide to Purchaser a copy of its financial statements prepared in accordance with generally accepted accounting principles in Japan, including but not limited to the

Company's balance sheet as of the end of the relevant month and the Company's income statement for the relevant month.

**8.3** The Company shall permit Purchaser to inspect the Company's facilities, examine its accounting, financial, and business records and discuss the Company's finances and business with the officers and other managerial employees of the Company, at such times and in such manner as may be reasonably requested by Purchaser. This covenant shall cease to apply upon the completion of an initial public offering of the shares of the Company, if any.

**8.4** The Parties agree that they will cooperate with each other after the Closing Date, in accordance with the terms and conditions set forth in the Business Cooperation Agreement, which is attached as Exhibit "A" to this Agreement, and which shall be executed by the Parties at or prior to the Closing.

**和 訳** **第8条　クロージングの後の誓約**

以下の誓約は、クロージングの完了後適用されるものとする。

**8.1** 引受人は会社の事前の書面による承認がある場合を除き、その所有する株式につき、売却、譲渡、担保権の設定その他の処分を行うことができないものとする。ただし、会社の最初の株式市場への上場の完了のときに、この制限は適用を停止される。

**8.2** 会社は、日本において一般に認められた会計原則による、会社の当月末時点の貸借対照表及び当月の会社の損益計算書を含むがこれに限らない会社の計算書類を、引受人に対して、毎暦月末、遅滞なく提出するものとする。

**8.3** 会社は、引受人が会社の設備を検査して、会計、財務、事業の記録を監査し、会社の役員及び他のマネージャーと会社の財務及び事業について協議できること、その時期と方法は引受人によって、合理的に要求することができることを許可しなければならない。ただし、会社の最初の株式市場への上場の完了のときに、この監査権は、停止される。

**8.4**　両当事者は、クロージング日の後、クロージングまでに両当事者によって締結される本契約書別紙 A の業務提携契約書に定めるところの条項及び条件に従って互いに協力するものとする。

**《解　説》**「会社」が株式を上場する際には、株式の譲渡制限をはずすことになります。また、上場会社は、有価証券報告書等で情報開示を行います。よって、第 8.1 条及び第 8.3 条には、それぞれ、このようなただし書を付したものです。

この株式引受契約書は、引受人が株式引き受け後、会社の大株主になることを想定していることから、第 8.2 条は、会社法上の株主の会社の計算書類の提供を受ける権利（会社法 437 条）や、計算書類閲覧請求等（会社法 442 条 3 項）を超える権利を引受人に与えています。しかし、会計帳簿の閲覧等の請求（会社法 433 条）の権利も持たないような少数の株式の引受人との間では、通常、このような契約も約定もしないものと考えられます。

## ■補　償

**Article 9. Indemnification**

Each Party (the "Indemnifying Party") shall indemnify the other party (the "Indemnified Party") against any claims, liability, or damages arising out of or in connection with any breach of any obligation, representation or warranty made/assumed herein by the Indemnifying Party (the "Damages"); provided, however, that the Indemnifying Party's liability shall be limited to the portion of the Damages that exceeds, in the aggregate, the amount of [XXX]. The Indemnified Party's right to recover Damages shall expire on the [first anniversary] of the Closing Date, unless the Indemnified Party has, prior to such [first anniversary] date, either initiated legal action or delivered a written notice of claim to the Indemnifying Party specifying the relevant breach and the nature of the Damages.

15

和 訳 **第9条　補償**

各当事者（「補償当事者」）は、他方当事者（「被補償当事者」）に対して、ここに定められる補償当事者によってなされ/引き受けられた、表明又は保証、義務のいかなる債務不履行に起因するか又は関連する請求、責任又は損害（「損害」）をも補償しなければならない。ただし、補償当事者の責任は、累計して［XXX］を超える損害の部分に限られるものとする。被補償当事者の損害を回復する権利は、被補償当事者が補償当事者に対して、関連する債務不履行及び損害の性質を特定して、クロージング日から〔1年目〕の日より前に、その請求についての最初の法的手続、又は書面の送達を行わない限り、クロージング日から〔1年目〕の日に消滅する。

## ■秘密保持

**Article 10. Confidentiality**

The [Non-Disclosure Agreement] between the Parties dated [XXX] shall continue in effect after the execution of this Agreement and the Closing.

和 訳 **第10条　秘密保持**

両当事者間の［XXX］付［秘密保持契約］は、本契約の締結及びクロージングの後もその効力を保持する。

## ■公　表

**Article 11. Public Announcements**

The Parties shall confer and mutually agree on the contents, methods, and timing of any public announcements of the execution of this Agreement and/or the transactions that are the subject of this Agreement.

和 訳 **第11条　公表**

両当事者は、本契約の締結及び/又は本契約の対象となる取引についてのいかなる公表の内容、方法及びタイミングについても協議し、相互の同意によるべきものとする。

## ■費　用

**Article 12. Expenses**

Except as expressly provided for in this Agreement, each Party will be solely responsible for all expenses incurred by such Party in connection with the negotiation, execution, and performance of this Agreement and in connection with the transactions contemplated hereunder.

(和訳) **第12条　費用**

各当事者は、本契約に明示されるものを除いて、本契約の交渉、締結及び履行及びここに企図される取引に関して当該当事者に発生する全ての費用について単独で負担するものとする。

## ■一般条項

[General Terms and Conditions]

[Note: The "Force Majeure" and "Relationship Between Parties" provisions should be omitted.]

[Note: The "Entire Agreement" provision should refer to the "Non-Disclosure Agreement" between the Parties.]

(和訳) 〔**一般条項**〕

〔注意：不可抗力、両当事者の関係条項は除かれる。〕

〔注意：完全合意条項には、本契約とともに、両当事者間の秘密保持契約についても完全合意であることを定めるべきである。〕

**《解説》**　第11条によって、会社と引受人間で本契約締結以前に締結した秘密保持契約は、本契約締結後及び本契約終了後もその効力を有するものと定めていますので、一般条項の「完全合意」条項には、本契約及び当該秘密保持契約が、「本件に関連する完全で最終的な当事者の合意」である旨定める必要があります。

## ■後　文

IN WITNESS WHEREOF, the Parties have caused their duly authorized representatives to execute this Agreement on the dates set forth under their signatures.

| COMPANY | PURCHASER |
|---|---|
| By: ____________________ | By: ____________________ |
| Name: | Name: |
| Title: | Title: |
| Date: | Date: |

**和訳**

上記の証（あかし）として、両当事者は、本契約を、署名欄記載の日に、正当な権限を持つ代表者によって署名せしめ、締結するものとする。

| 会社 | 引受人 |
|---|---|
| 名前 | 名前 |
| 役職（部署） | 役職（部署） |
| 日付 | 日付 |

## ■別紙 A

Exhibit “A”
（別紙 A）

[Business Cooperation Agreement]
（[業務提携契約書]）

15

# 16 株式譲渡契約書

本契約は、日本の公開会社ではない株式会社（譲渡制限株式を発行している会社）の株式100％を保有する会社（譲渡人）が、その全株式を第三者（譲受人）に対して有償譲渡（売却）することを内容とする株式譲渡契約（会社法127条）です。これらの手続の詳細については、会社法第2編第2章第3節（株式の譲渡等）に規定されています。

目　次



16

## ■頭　書

**STOCK PURCHASE AGREEMENT**
**(ALL SHARES)**

This Stock Purchase Agreement (this "Agreement") is entered into effective ______ (the "Effective Date") between [Satonaka Enterprises Co., Ltd.], a [corporation established and existing under the laws of Japan] having its head office at [Miyazaki Building, 10F, 1-1-1 Tamakicho, Chiyoda-ku, Tokyo 101-0001, Japan] ("Seller") and [Harper Enterprises Co., Ltd.] a [corporation established and existing under the laws of Delaware, U.S.A.] having its head office at [Paxson Building, 10F, 1234 Daniel Avenue, New York, New York 10001, U.S.A.] ("Buyer") (collectively the "Parties" or individually a "Party").

（和訳）　**株式譲渡契約書**

この株式譲渡契約書（「本契約」）は、〔年月日〕から効力を有するものとして（「発効日」）、〔里中株式会社〕、〔日本法によって設立された株式会社であって〕、その本店所在地は〔郵便番号 101-0001　日本国東京都千代田区玉木町１丁目１番１号宮崎ビルディング 10 階〕（「譲渡人」）と、〔Harper Enterprises Co., Ltd.〕、〔米国デラウェア州法によって設立された株式会社であって〕、その本店所在地は〔Paxson Building, 10F, 1234 Daniel Avenue, New York, New York 10001, U.S.A.〕（「譲受人」）との間にて締結された（以下、当事者を総称して「両当事者」、それぞれを「当事者」という。）。

16

## ■経　緯

**RECITALS**

WHEREAS, Seller is the sole shareholder of [Satonaka Services Co., Ltd.] (the "Company"); and

WHEREAS, Buyer desires to purchase all of the shares of the

Company from Seller, and Seller desires to sell all such shares to Buyer;

NOW, THEREFORE, the Parties mutually agree to enter into this Agreement in accordance with the terms and conditions stated herein.

和 訳　　経　緯

譲渡人は、〔里中サービス株式会社〕（「会社」）の唯一の株主である。そして、

譲受人は、譲渡人から会社の株式の全部を購入することを希望し、譲渡人は、譲受人にこの全部の株式を売却することを希望しており、

そこで、両当事者は、ここに定められた条項と条件に従って本契約を締結することを相互に合意する。

## ■定　義

**Article 1. Definitions**

For purposes of this Agreement, including the Exhibits, the following terms shall have the following meanings:

**1.1** "Closing" shall mean the closing of the transaction that is the subject of this Agreement, which shall occur on the Closing Date at [10:00 a.m.] at [Kashiwagi Sogo Law Offices].

**1.2** "Closing Date" shall mean [date of Closing].

**1.3** "Customer" shall mean a person or entity which has purchased goods or services from the Company at any time during the period starting on the date [three (3)] years prior to the Closing Date and ending on the Closing Date.

16

**1.4** "Purchase Price" shall have the meaning set forth in Article 3.2.

**1.5** "Shares" shall have the meaning set forth in Article 3.1

**1.6** "Territory" shall mean [Japan].

(和 訳) **第 1 条　定義**

本契約においては、別紙も含めて、以下の用語は以下の意味を持つ。

**1.1** クロージングとは、〔柏木総合法律事務所〕、〔午前 10 時〕のクロージング日における、本契約の対象である取引の完了を意味する。

**1.2** クロージング日とは、〔クロージングの日〕をいう。

**1.3** 顧客とは、会社から、クロージング日から〔3〕年前からクロージング日までの間、いかなる時においても、会社から商品やサービスを購入したことのある人又は企業体を意味する。

**1.4** 売買金額とは、第 3.2 条に定めるものをいう。

**1.5** 本株式とは、第 3.1 条に定めるものをいう。

**1.6** 地域とは、〔日本〕を意味する。

## ■別　紙

**Article 2. Exhibits**

The following Exhibits are attached to this Agreement and form a part of this Agreement.

Exhibit "A": [Corporate Registration, Articles of Incorporation and other corporate documents of the Company]

Exhibit "B": List of Tax Returns and Accounting Documents of the Company

Exhibit "C": List of Contracts to Which the Company is a Party

Exhibit "D": List of Tangible Property Owned by the Company

Exhibit "E": List of Employees and Independent Contractors of the Company

Exhibit "F": List of Customers of the Company

16

Exhibit "G": List of Intellectual Property Registrations and Applications Owned by the Company
Exhibit "H": Consulting Services Agreement Between Seller, the Company, and Buyer

和 訳 **第2条 別紙**

本契約に添付される次の別紙は、本契約の一部を構成する。
別紙A：〔会社の登記簿謄本、定款及び他の会社の書類〕
別紙B：会社の税務申告書及び計算書類のリスト
別紙C：会社が当事者となっている契約のリスト
別紙D：会社保有の有形資産のリスト
別紙E：会社の従業員及び個人業務受託者（インディペンデント・コントラクター）のリスト
別紙F：会社の顧客リスト
別紙G：会社の保有する知的財産の登録及び申請のリスト
別紙H：譲渡人、会社、及び譲受人間のコンサルティングサービス契約

## ■株式の購入

**Article 3. Purchase of Shares**

**3.1** Subject to the terms and conditions herein, Buyer shall purchase from Seller at the Closing [10,000] common shares of the Company (the "Shares"), which represent all of the issued shares of the Company.

**3.2** The purchase price for the Shares (the "Purchase Price") shall be [250,000,000] Japanese yen (corresponding to a price of [25,000] Japanese yen per share), which shall be paid in full by Buyer to Seller on the Closing Date by telegraphic transfer into a bank account designated by Seller.

和 訳 **第3条 株式の購入**

**3.1** ここに定められる条項と条件に従って、譲受人は譲渡人から、クロ

ージングにおいて会社の発行済の全ての普通株式〔10,000〕株（「本株式」）を買い受ける。

**3.2** 本株式の買受け金額（「売買金額」）は、〔250,000,000〕円（1 株あたり〔25,000〕円）であり、それは、譲受人によって譲渡人に対して、クロージング日に譲渡人によって指定された銀行口座に T/T 送金により全額払い込まれなければならない。

**《解 説》** 本条では、株式の譲渡と同時に代金が支払われることと定めています。場合によっては、譲受人が、株式や対象会社の資産内容に瑕疵がないか確かめるために、代金の一部の支払を留保して、後日支払うように定めることもあります。

## ■クロージング

**Article 4. Closing**

At the Closing, the following shall occur: (i) Seller shall deliver to Buyer the final amended versions of Exhibits "C", "D", "E", and "F" to this Agreement, (ii) Seller shall deliver to Buyer the Company's shareholder register, minutes of a meeting of the board of directors of the Company approving the purchase of the Shares by Buyer, and a letter of resignation from [the current representative director of the Company, Mr. XX], (iii) Buyer shall pay the Purchase Price to Seller in the manner described in Article 3.2, and (iv) the parties shall cause the Company to register Buyer as the owner of the Shares in the shareholder register, along with all other information required under Article 121 of the Companies Act of Japan.



**和 訳　第 4 条　クロージング**

クロージングにおいては以下のとおりとする。(i) 譲渡人は、譲受人に対して、本契約に別紙 C、D、E、及び F の最終改訂版を提出する。(ii) 譲渡人は、会社の株主名簿、譲受人による本株式の譲受を許可する会社の取締役会議事録、及び〔現在の会社の代表取締役 XX 氏〕からの辞任届を譲受人に引き渡す。(iii) 譲受人は、3.2 条に定められた方法によって、譲渡人に対して売買金額を支払う。(iv)両当事者は、会社をして、会社の株主名簿に、譲受人を株主として会社法121条所定の株主名簿記載事項を記載させるものとする。

**《解 説》** 本契約の第3条において、株式の譲渡と同時に代金を支払うよう定めていますので、本条では、この代金支払と同時に、譲渡人から譲受人に対して、株式譲渡のための重要書類の引渡しが行われることを定めています。

本株式は譲渡制限株式ですので、譲受人の取得については、会社による承認を受けることが必要です（会社法136条)。本条においては、会社がこの譲渡について承認した旨の取締役会議事録（会社法139条）の提出を定めています。

会社法では、株券の不発行が原則であり（会社法214条)。また、株券発行会社であっても、譲渡制限株式を発行している会社（公開会社ではない会社）は、株主から請求がある時までは、株券を発行する必要はありません（会社法215条4項)。したがって、本条においても、代金の支払と引換えに株券の交付をすることは、定めていません。しかし、株式譲渡についての会社及び第三者に対する対抗要件は、株主名簿への株主として記載ですから（会社法130条)、本条においては、譲受人及び譲渡人は、会社をして、その株主名簿に譲受人を株主として会社法121条所定の株主名簿記載事項を記載させるよう定めています。具体的には、譲渡人と譲受人が共同して、会社に対して、当該株式に係る株主名簿記載事項を株主名簿に記載し、又は記録することを請求することになります（会社法133条、会社法134条)。

株式譲渡によって、会社の支配権は、譲受人に移りますので、従来の会社の代表取締役や取締役は、適時に退任するのが通常です。



## ■譲渡人の譲渡人に関する表明及び保証

**Article 5. Representations and Warranties of Seller Relating to Seller:**

Seller represents and warrants to Buyer as follows in relation to Seller:

**5.1** As of the Closing Date, (i) Seller is a company established and in good standing under the laws of [Japan], and (ii) Seller has completed all corporate actions that are required to authorize and carry out the transactions contemplated hereunder.

**5.2** As of the Closing Date, Seller has obtained all approvals and permissions and completed all registrations and notifications (*tsuchi/todoke*) that are required to be obtained/completed by Seller under applicable laws and regulations to complete the Closing and the transactions contemplated hereunder.

**5.3** All of Seller's obligations hereunder are binding on and enforceable against Seller, except as to the effect of (i) the principle of good faith (*shingi-seijitsu-no-gensoku*), and (ii) bankruptcy and other laws affecting the rights of creditors.

**5.4** The execution and performance of this Agreement by Seller (i) will not violate any provision of Seller's Articles of Incorporation or other governing document, (ii) will not conflict with, result in a breach of, or give rise to a right of termination under any other contract, instrument, or other arrangement to which Seller is a party, and (iii) will not cause Seller to violate any law, regulation, or governmental order applicable to Seller.



**5.5** As of the Effective Date and as of the Closing Date, just prior to the transfer contemplated hereunder, (i) Seller holds valid and sole title to the Shares, (ii) the Shares are fully paid-up, and free and clear of any security interest, lien, encumbrance, or any other current or future restriction on the free exercise of the rights of ownership, and (iii) no other person or entity has any interest or right in the Shares.

**5.6** Upon the purchase of the Shares contemplated hereunder, valid and sole title to the Shares will be transferred to Buyer, free and clear of any security interest, lien, encumbrance, or any other current or future restriction on the free exercise of the rights of ownership.

**和 訳** **第5条　譲渡人の譲渡人に関する表明及び保証**

譲渡人は譲受人に対して、譲渡人に関して、以下のとおり表明し保証する。

**5.1** クロージング日において、(i)譲渡人は、〔日本国〕の法律に準拠して有効に設立され、有効に存続している株式会社であること、(ii)譲渡人は、企図される取引についての権限付与及び実行のために要求される全ての会社としての手続を完了していること。

**5.2** クロージング日において、譲渡人は、クロージング及び企図される取引について、適用される法律及び規則に基づき、譲渡人によって取得又は履践する必要がある全ての承認及び許可の取得、届出、登録及び通知を履践したこと。

**5.3** ここに定める譲渡人の全ての義務は、譲渡人に対して法的拘束力を持ち、かつ執行可能であること。ただし、(i)信義誠実の原則及び(ii)破産法、及び債権者の権利に影響を及ぼす他の法令の効果による場合を除く。

**5.4** 譲渡人による本契約の締結及び履行は、(i)譲渡人の定款又は他の規定のいかなる条項にも反するものではないこと、(ii)譲渡人を当事者とする契約、証書、その他の約束について、コンフリクトせず、債務不履行の結果や、終了の権利を与えたりするものではないこと、及び(iii)譲渡人に適用されるいかなる法律、法規、政府の命令をも譲渡人に破らせるものではないこと。

**5.5** 発効日及びクロージング日において、企図される譲渡以前に、(i)譲渡人は、株式を有効かつ単独に保有していること、(ii)株式は全て払込みされており、担保権、留置権、抵当権、又は他の所有権の行使について現在又は将来の制約となる権利が存しないこと、(iii)株式について利益や権利を有する個人や企業体が存しないこと。

**5.6** ここに企図される株式の購入時において、株式の有効かつ単独の所有権は、譲受人に移転し、担保権、留置権、抵当権、又は所有権の行使について現在又は将来の制約となる権利が存しないこと。

**《解 説》** 株式譲渡契約においては、譲渡人（売主）が有する株式についての権利の確認が、最も重要な確認事項の一つです。しかし、会社の過去の株式譲渡の履歴の確認は、通常は困難なことが多いのです。譲受人としては、できるだけの資料収集を行い、確認を試みるわけですが、完全に調査して、確認することは不可能です。そこで、本条は、譲渡人に、譲渡人が譲受人に対して、会社の株式を有効に譲渡することができることについて、一定の表明と保証をさせたものです。

## ■譲渡人の会社についての表明及び保証

**Article 6. Representations and Warranties of Seller Relating to the Company:**

Seller represents and warrants to Buyer as follows in relation to the Company:

**6.1** As of the Effective Date and the Closing Date, the Company (i) is a *kabushiki kaisha* corporation established, existing, and in good standing under the laws of Japan, (ii) is not the subject of any bankruptcy proceeding (*hasan-tetsuzuki*), civil rehabilitation proceeding (*minji-saisei-tetsuzuki*), corporate reorganization proceeding (*kaisha-kosei-tetsuzuki*), special liquidation (*tokubetsu-seisan*) or other similar proceeding for the benefit of the creditors of the Company, and (iii) is not the subject of a determination that the Company is unable to pay its debts (*shiharai-funo*), a statement by the Company that it is unable to pay its debts as they become due (*shiharai-teishi*), or a suspension of bank transactions (*ginko-torihiki-teishi-shobun*).

**6.2** As of the Closing Date, (i) the Shares represent all of the issued capital stock of the Company, and all of the Shares have been validly authorized and issued, (ii) there are no outstanding options, warrants, or other rights to purchase any of the Shares or any treasury shares of the Company (if any).

**6.3** As of the Closing Date, the Company has completed all corporate actions that are required to authorize and carry out the transactions contemplated hereunder.

**6.4** As of the Closing Date, the Company has obtained all approvals and permissions and completed all registrations and notifications (*tsuchi/todoke*) that are required to be obtained/completed by the Company under applicable laws and regulations to complete the Closing and the transactions contemplated hereunder.

**6.5** As of the Closing Date, the [Corporate Registration, Articles of Incorporation and other corporate documents] attached as Exhibit "A" are the current versions of such documents and are in full compliance with all applicable laws, regulations, and orders.

**6.6** The execution and performance of this Agreement by the Parties (i) will not cause the Company to violate any provision of its Articles of Incorporation or other governing document, (ii) will not conflict with, result in a breach by the Company of, or give rise to a right of termination under any other contract, instrument, or other arrangement to which the Company is a party, and (iii) will not cause the Company to violate any law, regulation, or governmental order applicable to the Company.

**6.7** The financial statements, tax returns, and other accounting documents of the Company listed in Exhibit "B" attached hereto and provided by Seller to Buyer prior to the Closing were prepared in accordance with generally accepted accounting principles in Japan and fairly present the financial condition and the results of the operations of the Company. From the date of the balance sheet of the Company dated [XXX], listed in Exhibit "B", until the Closing, there has been no material adverse change in the assets, financial condition, or business of the Company and no event has occurred which would be reasonably likely to cause such a material adverse change in the future.

**6.8** As of the Closing Date, to the knowledge of Seller, (i) there are no pending or threatened litigations, arbitrations, prosecutions, investigations, or other legal or administrative proceedings involving the Company as a party, (ii) the Company is not subject to any judicial or administrative order, judgment, injunction, or decree, and (iii) no circumstances exist which are reasonably likely to give rise in the future to any material litigation, arbitrations, prosecutions, investigations or other legal or administrative proceedings involving the Company as a party.

**6.9** As of the Closing Date, the accounting records, corporate minutes, shareholder register, financial records, and other records of the Company are accurate and complete in all material aspects and have been maintained in accordance with all applicable legal requirements and accounting standards. Seller has delivered to Buyer a complete set of the corporate minutes of the Company, which reflect all corporate activity of the Company performed under the Companies Act of Japan from the time of its establishment until the Closing Date.

**6.10** From the time of its establishment until the Closing Date, the Company has complied with all laws, regulations, licensing requirements, and other governmental requirements applicable to the Company, except for such non-compliance which is not reasonably likely to have a material adverse effect on the Company.

**6.11** From the time of its establishment until the Closing Date, (i) the Company has filed all tax returns that it was required to file, in a proper form and timely manner, (ii) all such tax returns were accurate, and (iii) the Company has paid all taxes and other charges required under applicable laws and regulations.

**6.12** Attached as Exhibit "C" (which may be amended by Seller prior to the Closing) is a list of all material contracts to which the Company is a party, as of the Closing Date, including all amendments thereto, listing each contract's [title, parties, effective date, and expiration/termination date (whether already past or in the future)]. This list includes contracts which have expired or been terminated, but for which certain provisions continue to bind the Company under a "survival clause" or similar provision. Seller has delivered accurate and complete copies of such contracts to Buyer, and the originals of such contracts are contained in the records of the Company. For each such contract, as of the Closing Date, (i) the Company has complied fully with all of its obligations owed under the contract (except where such non-compliance is not reasonably likely to have a material adverse effect on the Company), (ii) all other parties to the contract have complied fully with all of their obligations owed to the Company under the contract (except where such non-compliance is not reasonably likely to have a material adverse effect on the Company), and (iii) the contract is valid and fully enforceable against each party in accordance with its terms (except as to the effect of the principle of good faith (*shingi-seijitsu-no-gensoku*) and bankruptcy and other laws affecting the rights of creditors).

**6.13** Attached as Exhibit "D" (which may be amended by Seller prior to the Closing) is a complete and accurate list of all material real property and tangible property owned by the Company, as of the Closing Date. Company owns all such real /tangible property free and clear of any security interests, liens, or encumbrances. All of the tangible property is in good operating condition and suitable to the purposes for which they are used by the Company.

**6.14** Attached as Exhibit "E" (which may be amended by Seller prior to the Closing) is a complete and accurate list of the employees and independent contractors of the Company, as of the Closing Date, listing each person's [name, title, current compensation, social insurance and other benefits, and vacation and other paid leave]. Seller has delivered to Buyer accurate and complete copies of all of the Company's personnel records for the employees and independent contractors, including those relating to compensation, benefits, and work performance, and the originals of such records are contained in the records of the Company. To the knowledge of Seller, there are no pending or threatened legal proceedings or claims relating to the employees, independent contractors, or directors of the Company, and no circumstances exist which are reasonably likely to give rise to any such legal proceedings or claims. [No collective bargaining or other union contracts exist between the Company and the employees or independent contractors.]

**6.15** Attached as Exhibit "F" (which may be amended by Seller prior to the Closing) is a complete and accurate list of the

Customers of the Company, as of the Closing Date, listing each Customer's [name, contact information, and total sales for most recent calendar year]. Seller has delivered to Buyer accurate and complete copies of all of the Company's records relating to its transactions with its Customers, and the originals of such records are contained in the records of the Company.

**6.16** Attached as Exhibit "G" is a complete and accurate list of all intellectual property registrations and applications owned by the Company, as of the Closing Date, including registration/application numbers, jurisdictions of registrations/applications, contents of registrations/applications, and relevant effective dates, expiration dates, and deadlines. Seller has delivered to Buyer accurate and complete copies of all of Company's records relating to its intellectual property registrations and applications, and the originals of such records are contained in the records of the Company.

**6.17** No representation or warranty of Seller relating to the Company omits a material fact necessary to prevent the representation or warranty from being misleading, in light of the circumstances in which it is made.

**和 訳　第6条　譲渡人の会社についての表明及び保証**

譲渡人は譲受人に対して、会社に関して、以下のとおり表明し保証する。

**6.1** 発効日及びクロージング日において、会社は、(i)日本法に準拠して適法かつ有効に設立され、有効に存続している株式会社であること、(ii)破産手続、民事再生手続、会社更生手続、特別清算その他これらに類する会社の債権者の利益のための他の法的手続が申し立てられていないこと、(iii)会社が支払不能、支払停止又は銀行取引停止処分であるとの判断の対象になっていないこと。

**6.2**　クロージング日において、(i)会社によって会社の株主に対して発行された本株式は、その一切の株式であって、その全ての株式は有効であること、(ii)オプション、ワラント、その他その本株式又は自己株式を発行させるか又は購入することができる権利が存しないこと。

**6.3**　クロージング日において、会社は、企図される取引についての権限付与及び実行のために要求される全ての会社としての手続を完了していること。

**6.4**　クロージング日において、会社は、クロージング及び企図される取引について、適用される法律及び規則に基づき、会社によって取得又は履践する必要がある全ての承認及び許可を取得し、届出、登録及び通知を履践したこと。

**6.5**　クロージング日において、別紙Aにて添付される〔会社の登記簿謄本、定款又は他の規定〕は、現行のものであり、適用される全ての法律、規則及び命令に適合すること。

**6.6**　両当事者による本契約の締結及び履行は、(i)会社の定款又は他の規定のいかなる条項にも反するものではなく、(ii)会社を当事者とする契約、証書、その他の約束について、利益相反せず、債務不履行の結果や、契約等の終了の権利を与えたりするものではないこと、及び(iii)会社に適用されるいかなる法律、法規、政府の命令をも会社に破らせるものではないこと。

**6.7**　添付別紙Bのリストにあって、クロージング日以前に譲渡人から譲受人に対して提供された会社の財務諸表、税務申告書、及びその他の会計書類は、日本において一般に認められた会計原則に従って作成されたものであり、会社の財務状況及び取引結果を正確に表していること。別紙Bのリストにある〔XXX〕日付の会社の貸借対照表以降、クロージング日までの間、資産や財務状況の主要な（ささいなものではない）不利益変動や、将来の不利益変動を起こす可能性のある事象が存しないこと。

16

**6.8**　クロージング日において、譲渡人は以下を認識すること。(i)会社を一方当事者とする訴訟、仲裁、起訴、捜査、又はその他の法的又は行政手続が起こされておらず、起こそうとする者が存しないこと、(ii)会社が裁判上の又は行政命令、判断、差し止め、又は判決の対象になっていないこと、及び(iii)将来、会社を当事者として巻き込む、いかなる重大な（ささいなものではない）訴訟、仲裁、起訴、捜査、又は他の法的又は行政手続が起こされる可能性については合理的にみてそのような状況はないこと。

**6.9**　クロージング日において、会計記録、会社の議事録、株主名簿、財務記録、及び他の会社の記録は、全ての重要な状況において正確であり、完全であり、全ての適用される法律及び会計基準に従って保持されていること。譲渡人は譲受人に対して、会社の会社議事録の完全なセットを引き渡すものとし、それらは、設立からクロージング日までの会社の会社法に基づく全ての活動を反映していること。

**6.10**　設立時からクロージング日までの間、会社は、会社に適用される全ての法律、規則、ライセンスの要求、及び政府の要求を遵守してきたこと。ただし、会社に重大な（ささいなものではない）不利益となる影響を及ぼすことが合理的にあり得ないような不遵守を除くものとする。

**6.11**　設立時からクロージング日までの間、(i)会社は、全ての申告を要求されている税務申告を期限と所定の方式で税務申告しており、(ii)全てのこれらの税務申告書は正確であり、(iii)会社は、適用される法律及び規則に基づき、全ての税金や他の公租公課を支払っていること。

**6.12**　添付別紙C（譲渡人によって、クロージング前に修正される場合がある。）は、クロージング日における会社が一方当事者となる重要な（ささいなものではない）契約のリストであり、全ての契約の修正（修正契約）を含めて、それぞれの契約をリストアップしたものである〔表題、当事者、契約の発効日、期間／解除の日（過去又は将来いずれの日付のものも含む。）〕。このリストには、期間満了又は解除された契約であっても、生き残り条項又はそれと同様の条項に基づいて会社を拘束する一定の条項を持つものも含むものとする。譲渡人は、譲受人に対して、当該契約の正確な完全な複製を提出したこと、契約の原本は、会社の記録の中に存すること。各契約については、クロージング日までに、(i)会社は当該契約に基づく義務の全てに従っていること（ただし、会社に重大な（ささいなものではない）不利益となる影響を及ぼすことが合理的にあり得ないような場合の不遵守を除く。）、(ii)全ての契約の他方当事者は当該契約に基づく義務の全てに従っていること（ただし、会社に重大な（ささいなものではない）不利益となる影響を及ぼすことが合理的にあり得ないような場合の不遵守を除く。）(iii)契約はその条件に従って、いずれかの当事者に対し

16

て、有効であり執行可能であること（ただし、信義誠実の原則、並びに破産法及び債権者の権利に影響を及ぼす他の法令の効果による場合を除く。）。

**6.13**　添付別紙D（譲渡人によって、クロージング前に修正される場合がある。）は、クロージング日における会社によって保有される重要な（ささいなものではない）全ての土地建物等の有形固定資産のリストである。会社は、全ての有形資産をいかなる担保権、留置権、又は抵当権についても負担なく所有すること。全ての有形固定資産は、稼働状況は良好であり、会社の使用目的に適合していること。

**6.14**　添付別紙E（譲渡人によって、クロージング前に修正される場合がある。）は、クロージング日における会社の従業員及び個人業務受託者（インディペンデント・コントラクター）の、各人員〔氏名、肩書、現在の給与（報酬）、社会保険及びその他の手当、及び休暇日数、及び他の有給休暇〕の完全かつ正確なリストであること。譲渡人は譲受人に対して、会社の従業員及び個人業務受託者（インディペンデント・コントラクター）の給与（報酬）、手当、及び勤務評価を含む会社の人事記録の完全かつ正確な写しを提出したこと、その記録の原本は、会社の記録の中に存すること。譲渡人の認識する限り、会社の従業員及び個人業務受託者（インディペンデント・コントラクター）、会社の取締役に関連して、訴訟又は法的手続、若しくは請求が起こされておらず、起こそうとする者が存しないこと、並びに、将来、いかなるこのような法的手続又は請求がなされるという可能性についても、合理的にみてそのような状況はないこと。〔会社と従業員又は及び個人業務受託者（インディペンデント・コントラクター）との間に、労働協約又は他のユニオンとの契約が存しないこと。〕

16

**6.15**　添付別紙F（譲渡人によって、クロージング前に修正される場合がある。）は、クロージング日における会社の顧客についての、顧客ごとの〔商号、連絡方法及び直近の年度の総売上高〕についての記載がある完全かつ正確なリストであること。譲渡人は譲受人に対して、その顧客との取引に関する会社の記録の完全かつ正確な写しを提出したこと、その記録の原本は、会社の記録の中に存すること。

**6.16**　添付別紙G（譲渡人によって、クロージング前に修正される場合がある。）は、クロージング日における、会社の保有する知的財産権の登録及び申請に関する、登録／申請番号、登録／申請の地域、登録／申請の内容、及び関連する期限や満了日に関する情報を含む、完全かつ正確なリストであること。譲渡人は譲受人に対して、その知的財産の登録及び申請に関する会社の記録の完全かつ正確な写しを提出したこと、その記録の原本は、会社の記録の中に存すること。

**6.17** 譲渡人の会社に関しての表明又は保証からは、それがなされる状況に鑑みて、当該保証及び表明が、ミスリーディングされることを防ぐために必要かつ重大な（ささいではない）事実を除外していないこと。

**《解 説》** 譲受人は、譲渡人が所有する会社の全部株式を取得することにより、会社の支配権を取得します。

そこで、この取引の実施にあたり、譲受人は関係当事者との間で、L/I及び守秘義務契約を締結した上で、その意思決定に直接・間接に影響を及ぼすような、会社の現況や、問題点の存否を調査・検討するためのデューデリジェンス（DD）という調査手続を行うことが一般的です。DDは、法務、会計、税務、ビジネス、環境、不動産、人事等の分野について、譲受人が委嘱した弁護士（法律事務所）、公認会計士（監査法人）、税理士（税理士法人）、コンサルタント、不動産鑑定士等専門家によって行われることが一般的です。譲受人は、DDの結果をみて、株式譲渡契約締結を行うかどうか決定するのです。

しかし、このような調査には、一定の限界があります。そこで、譲受人は、譲受人側に生じるリスクを可能な限り防止するため、契約書の中で譲渡人に重要な事項（ささいなものではない事項）について表明・保証をさせ、もし、これに違約した場合には、譲受人には本契約の解除権が与えられ（第10・1条（2））、譲渡人には損害賠償義務等の責任を負わせる（第12条）ことを定めておくようにします。

これらの重要な事項（ささいなものではない事項）が何か、ということについていえば、会社それ自体の事項、資産、財務状況、計算書類等基本的事項が重要であることは明らかですが、この株式譲渡によって、会社の支配株主に変動があるのみであり、対象となる会社の法人格や組織に何らの変動がないことや、会社が当事者となっている、契約、所有する不動産その他の資産、負債、雇用契約などはそのままの状態で変化しないことも（契約書中の「change of control 条項」等の存否）、重要な事項ということができます。

そこで、本条においては、譲渡人に、会社について、以下の事項を表明及び保証させています。

① 会社の成立及び資本関係に関する事項：第6.1条、第6.2条、第6.9条、第6.10条

② 会社の資産、財務内容、計算書類（貸借対照表・損益計算書）に関する事項：第6.7条、第6.11条、第6.13条、第6.16条

③ その他の重要な事項：第6.3条、第6.4条、第6.5条、第6.6条、第6.8条、第6.12条、第6.14条、第6.15条

なお、総論でも述べたとおり、第6.12条等にいうmaterialとは、辞書でひくと「重要な」とありますので、本和訳においてもそのように記述していますが、「ささいなものではない」という意味合いを持っています。したがって、これらの表明保証の範囲は膨大な範囲になることが通常です。また、会社や譲渡人が、表明保証をすることが不能な事項も必ず存在しますので、これらについては、表明保証からの除外事項として、別紙としてリストアップすることもよく行われます（本契約例においては、その別紙は添付していません。）。

## ■譲受人の表明及び保証

**Article 7. Representations and Warranties of Buyer:**

Buyer represents and warrants to Seller as follows:

**7.1** As of the Closing Date, (i) Buyer is a company established and in good standing under the laws of [Delaware, U.S.A.], and (ii) Buyer has completed all corporate actions that are required to authorize and carry out the transactions contemplated hereunder.

**7.2** As of the Closing Date, Buyer has obtained all approvals and permissions and completed all registrations and notifications (including *tsuchi/todoke*) that are required to be obtained/completed by Buyer under applicable laws and regulations to complete the Closing and the transactions contemplated hereunder.

**7.3** All of Buyer's obligations hereunder are binding on and enforceable against Buyer, except as to the effect of (i) the principle of good faith (*shingi-seijitsu-no-gensoku*), and (ii) bankruptcy and other laws affecting the rights of creditors.

**7.4** The execution and performance of this Agreement by Buyer (i) will not violate any provision of Buyer's Articles of Incorporation or other governing document, (ii) will not conflict with, result in a breach of, or give rise to a right of termination under any other contract, instrument, or other arrangement to which Buyer is a party, and (iii) will not cause Buyer to violate any law, regulation, or governmental order applicable to Buyer.

**7.5** Buyer acknowledges that it has received from Buyer, the Company, and other sources all documents and other information it considers necessary to determine whether to purchase the Shares.

**和 訳**　**第７条　譲受人の表明及び保証**

譲受人は譲渡人に対して、以下を表明し保証する。

**7.1** クロージング日において、(i)譲受人は、〔米国、デラウェア州〕の法律に準拠して有効に設立され、有効に存続している株式会社であること、(ii)譲受人は、企図される取引についての権限付与及び実行のために要求される全ての会社としての手続を完了していること。

**7.2** クロージング日において、譲受人は、クロージング及び企図される取引について、適用される法律及び規則に基づき、譲受人によって取得又は履践する必要がある全ての承認及び許可の取得、登録及び公告（通知／届出を含む。）を履践したこと。

**7.3** ここに定める譲受人の全ての義務は、譲受人に対して法的拘束力を持ち、かつ執行可能であること。ただし、(i)信義誠実の原則及び(ii)破産法及び債権者の権利に影響を及ぼす他の法令の効果による場合を除く。

**7.4**　譲受人による本契約の締結及び履行は、(i)譲受人の定款又は他の規定のいかなる条項にも反するものではなく、(ii)譲受人を当事者とする契約、証書、その他の約束について、コンフリクトせず、債務不履行の結果や、終了の権利を与えたりするものではないこと、及び(iii)譲受人に適用されるいかなる法律、法規、政府の命令をも譲受人に破らせるものではないこと。

**7.5**　譲受人は、譲渡人、会社、及び他の情報源から、本株式を購入するかどうか決定するのに必要な他の情報を受領したことを確認する。

## ■譲渡人のクロージング前の誓約

**Article 8. Pre-Closing Covenants of Seller**

Seller covenants as follows from the Effective Date until the Closing Date:

**8.1** Seller (i) will and will cause the Company to take all reasonable steps in a reasonably prompt manner prior to the Closing Date to obtain all approvals and permissions and complete all registrations and notifications (*tsuchi/todoke*) that are required to be obtained/completed by Seller or the Company under applicable laws and regulations to complete the Closing and the transactions contemplated hereunder and (ii) will provide all reasonable assistance to Buyer in connection with similar efforts by Buyer.

**8.2** Seller will and will cause the Company to (i) provide Buyer with full access, upon reasonable prior notice and during normal business hours, to all managerial employees, directors, and accountants of the Company and its assets and records and (ii) provide Buyer in a reasonably prompt manner with all information concerning the Company as Buyer may reasonably request.

**8.3** Seller will cause the Company (i) to refrain from amending the [Corporate Registration, Articles of Incorporation, and other corporate documents] of the Company, (ii) to refrain from issuing dividends to its shareholders, (iii) to refrain from changing the capital (*shihonkin*) of the Company, and (iv) to conduct its business in the ordinary course thereof, consistent with its past practices, and without any material adverse effect on the assets, financial condition, or business of the Company.

**和訳　第8条　譲渡人のクロージング前の誓約**

譲渡人は、発効日からクロージング日までの間、以下のとおり誓約する。

**8.1**　譲渡人は、自ら、又は会社をして、(i)クロージング日までに、クロージング及びここに企図される取引を完了させるために、適用される法律及び規則に基づいて譲渡人又は会社によって取得／完了されることを要求される全ての承認及び許可の取得、登録及び通知（通知／届出）を、合理的に速やかな方法による全ての合理的な手続を踏み完了させ、及び(ii)譲受人に対して、譲受人による同様の努力に関して合理的な支援を提供すること。

**8.2**　譲渡人は、会社をして、(i)譲受人に合理的な事前の通知の上で、通常の営業時間に、会社の全ての管理職にある従業員、取締役、他の代理人及び公認会計士、並びにその資産及び記録とアクセスできるようにさせ、そして(ii)譲受人の合理的な請求があった全ての情報を合理的に速やかな方法で譲受人に提供させるものとする。

**8.3**　譲渡人は、会社をして、(i)会社の〔会社の登記簿謄本、定款、及び他の会社の規則〕を改訂しないようにさせ、(ii)株主に対して配当を行うことを控え、(iii)会社の資本金を変更することを控え、そして(iv)通常の方法でその商売を行い、過去の取引と矛盾しないようにさせ、会社の資産、財務状況及び商売に重要な（ささいなものではない）マイナスの影響を与えないようにさせる。

**《解　説》**　前条の解説で述べたとおり、株式譲渡契約においては、株主が変動しても、対象となる会社の法人格や組織に何らの変動がないこと、会

16

社が当事者となっている契約、所有する不動産その他の資産、負債などはそのままの状態で変化しないことが重要なポイントです。そこで、譲渡人にも、第8.3条の誓約を行わせています。

## ■譲受人のクロージング前の誓約

**Article 9. Pre-Closing Covenants of Buyer**

Buyer covenants as follows from the Effective Date until the Closing Date:

Buyer (i) will take all reasonable steps in a reasonably prompt manner prior to the Closing Date to obtain all approvals and permissions and complete all registrations and notifications (*tsuchi/todoke*) that are required to be obtained/completed by Buyer under applicable laws and regulations to complete the Closing and the transactions contemplated hereunder and (ii) will provide all reasonable assistance to Seller and the Company in connection with similar efforts by Seller and the Company.

**和訳**　**第9条　譲受人のクロージング前の誓約**

譲受人は、発効日からクロージング日までの間、以下のとおり誓約する。

譲受人は、(i)クロージング日までに、クロージング及びここに企図される取引を完了させるために、適用される法律及び規則に基づいて譲受人によって取得／完了されることを要求される全ての承認及び許可の取得、登録及び公告（通知／届出を含む。）を合理的に速やかな方法による全ての合理的な手続を踏み完了させ、及び(ii)譲渡人及び会社に対して、譲渡人と会社による同様の努力に関して合理的な支援を提供すること。

**《解　説》**　本契約においては、譲渡人及び会社は、日本の株式会社、譲受人は、外国企業をそれぞれの当事者として想定しているところ、当該外国企業が「外国投資家」（外国為替及び外国貿易法26条1項）に該当する場合、当該外国企業が、日本の非公開株式を取得する場合には、対内直接投資として、届出又は報告が不要なものを除き、日本銀行を経由して財務

16

大臣及び事業所管大臣に「事前届出」又は「事後報告」を行う必要があります（外国為替及び外国貿易法27条1項、又は55条の5第1項）。

## ■クロージングのための条件

**Article 10: Conditions to Closing**

**10.1** Each Party's obligation to complete the Closing shall be contingent on the satisfaction of the following conditions:

(1) the other Party has taken all actions required to fulfill its obligations under Articles 8/9 herein;

(2) the other Party has not committed a material breach of any of its representations and warranties stated herein.

**10.2** Buyer's obligation to complete the Closing shall also be contingent on its obtaining, prior to the Closing, confirmation from [names of key persons at the Company whose continued employment is required by Buyer as a condition to completing this transaction] that such persons will continue their employment with the Company for an extended period of time after the Closing.

**10.3** If either Party's obligation to complete the Closing is excused under Article 10.1 or 10.2, such Party shall have the right to terminate this Agreement with immediate effect upon written notice to the other Party.



**和 訳　第10条　クロージングのための条件**

**10.1** 当事者のクロージングを完了するための義務は、次の条件の充足により発生する。

(1)　他方当事者が第8条／第9条に基づくその義務を満たすために要求される全てのことを履践したこと。

(2)　他方当事者が上記に定められたその表明及び保証のいかなる重要な（ささいなものではない）不履行も犯していないこと。

**10.2**　譲受人のクロージングを完了させるための義務は、クロージングまでの、会社と〔企図される本取引として譲受人によって雇用契約の継続を要求される会社におけるキーパーソンの氏名〕との間の雇用契約の継続がしばらくの間なされることを条件とする。

**10.3**　当事者が10.1条又は10.2条に基づいてクロージングを完了する義務を逃れた場合には、当該当事者は、他方当事者に対する書面による通知によって、本契約を直ちに解除する権利を有するものとする。

**《解　説》**　第10.2条において、事業の重要な要素である、従業員（キーパーソン）について、雇用が継続することを、譲受人がクロージングを完了させる条件としました。

## ■クロージングの後の誓約

**Article 11. Post-Closing Covenants**

The following covenants shall apply after the successful completion of the Closing:

**11.1**　Seller agrees that, for a period of [one (1)] year after the Closing Date, it will not (i) engage in, directly or indirectly, (ii) assist others in engaging in, or (iii) hold any ownership interest in (other than a passive ownership interest in a publicly-traded company, which represents less than [two percent (2%)] of the outstanding shares of a class of shares of the company) any business that directly competes with the business of the Company in the Territory.

**11.2**　Seller will provide consulting services to the Company and/or Buyer after the Closing Date, in accordance with the Consulting Services Agreement, which is attached as Exhibit "H" to this Agreement, and which shall be executed at or prior to the Closing.

**和 訳** **第11条 クロージングの後の誓約**

以下の誓約は、クロージングの完了後適用されるものとする：

**11.1** 譲渡人は、クロージング日から〔1〕年間の間、(i)直接的又は間接的に、(ii)他社を支援し、又は(iii)所有することによって（会社のある種類株式の〔2%〕以下の市場からの所有以外の所有）、地域における会社の事業と直接的に競合する事業を行わないことに同意する。

**11.2** 譲渡人は、別紙Hとして本契約に添付されるコンサルティングサービス契約に従って、クロージング日のあと、会社及び／又は譲受人に対してサービスを提供する。その契約は、クロージングまでに両当事者によって締結されるものとする。

《**解 説**》 株式全部譲渡契約においては、第11.1条のように、譲渡人（売主）に競業避止義務を負わせることが通常です。

## ■補 償

**Article 12. Indemnification**

The following provisions shall apply after a successful completion of the Closing:

**12.1** Each Party (the "Indemnifying Party") shall indemnify the other Party (the "Indemnified Party") against any damages suffered/incurred by the Indemnified Party (or the Company if Buyer is the Indemnified Party) arising out of or in connection with a breach of any representation or warranty in Article 5, 6, or 7 by the Indemnifying Party (the "Damages"); provided, however, that the Indemnifying Party's liability shall be limited to the portion of the Damages that exceeds, in the aggregate, the amount of [XXX]. The Indemnified Party's right to recover Damages shall expire on the [first anniversary] of the Closing Date, unless the Indemnified Party has, prior to such [first anniversary] date, either initiated legal action or delivered a written notice of claim to the Indemnifying Party specifying the relevant breach and the nature of the Damages.

**12.2** Seller shall defend and indemnify the Company and Buyer against any claim or legal action brought by a third party (including but not limited to current or former employees or directors of the Company) that is based on actions or non-actions of the Company or Seller prior to the Closing. For purposes of this paragraph only, the Company is an intended third-party beneficiary of this Agreement. No time limit or minimum monetary threshold shall apply to Seller's obligations under this paragraph.

**12.3** Buyer shall defend and indemnify Seller against any claim or legal actions brought by a third party (including but not limited to current or former employees or directors of the Company) that is based on actions or non-actions of the Company or Buyer after the Closing. No time limit or minimum monetary threshold shall apply to Buyer's obligations under this paragraph.

**和訳**　**第12条　補償**

以下の条項は、クロージングが成功裏に完了した場合に適用されなければならない。

**12.1**　各当事者（「補償当事者」）は、他方当事者（「被補償当事者」）に対して、ここに定められる補償当事者によってなされる第5条、第6条、又は第7条によって定められる表明又は保証、義務のいかなる債務不履行に起因又は関連するものであっても、被補償当事者が被った／に発生した損害（「損害」）を補償しなければならない。ただし、補償当事者の責任は、累計して〔XXX〕を超える損害の部分に限られるものとする。被補償当事者の損害を回復する権利は、被補償当事者が補償当事者に対して、関連する債務不履行及び損害の性質を特定して、このクロージング日から〔1年目〕の日より前に、その請求についての最初の法的手続、又は書面の送達を行わない限り、クロージング日から〔1年目〕の日に消滅する。

16

**12.2** 譲渡人はクロージングより前の会社又は譲渡人の作為又は不作為に起因して、第三者（会社の現在又は元の従業員又は取締役を含むがこれに限らない）によって起こされるいかなる請求や法的手続から、会社及び譲受人を、防御し補償する。本項の目的のためにのみ、会社は本契約の第三者としての受益者となる。時間的制限又は金額的制限も本項に基づく譲渡人の義務に適用されるべきではない。

**12.3** 譲受人はクロージング以後の会社又は譲受人の作為又は不作為に起因して、第三者（会社の現在又は元の従業員又は取締役を含むがこれに限らない）によって起こされるいかなる請求や法的手続から、譲渡人を、防御し補償する。時間的制限又は金額的制限も本項に基づく譲受人の義務に適用されるべきではない。

## ■秘密保持

**Article 13. Confidentiality**

The [Non-Disclosure Agreement] between the Parties dated [XXX] shall continue in effect after the execution of this Agreement and the Closing.

**和 訳　第13条　秘密保持**

両当事者間の〔XXX〕付〔秘密保持契約〕は、本契約の締結及びクロージングの後もその効力を保持する。

## ■公　表

**Article 14. Public Announcements**

The Parties shall confer and mutually agree on the contents, methods, and timing of any public announcements of the execution of this Agreement and/or the transactions that are the subject of this Agreement.

**和 訳　第14条　公表**

両当事者は、本契約の締結及び／又は本契約の対象となる取引についてのいかなる公表の内容、方法及びタイミングについても協議し、相互の同意によるべきものとする。

## ■費　用

**Article 15. Expenses**

Except as expressly provided for in this Agreement, each Party will be solely responsible for all expenses incurred by such Party in connection with the negotiation, execution, and performance of this Agreement and in connection with the transactions contemplated hereunder.

**和 訳**　**第15条　費用**

各当事者は、本契約に明示されるものを除いて、本契約の交渉、締結及び履行及びここに企図される取引に関して当該当事者に発生する全ての費用について単独で負担するものとする。

## ■一般条項

[General Terms and Conditions]

[Note: The "Force Majeure", "Relationship Between Parties", and "No Third Party Beneficiary" provisions should be omitted.]

[Note: The "Entire Agreement" provision should refer to the "Non-Disclosure Agreement" between the Parties.]

**和 訳**　〔一般条項〕

〔注意：不可抗力、両当事者の関係、第三者の利益条項は除かれる。〕

〔注意：完全合意条項には、本契約とともに、両当事者間の秘密保持契約についても完全合意であることを定めるべきである。〕

《解 説》　第13条によって、譲渡人と譲受人間で本契約締結以前に締結した秘密保持契約は、本契約締結後及び本契約終了後もその効力を有するものと定めていますので、一般条項の「完全合意」条項には、本契約及び当該秘密保持契約が、「本件に関連する完全で最終的な当事者の合意」である旨定める必要があります。

## 後　文

IN WITNESS WHEREOF, the Parties have caused their duly authorized representatives to execute this Agreement on the dates set forth under their signatures.

| SELLER | BUYER |
|---|---|
| By: ____________________ | By: ____________________ |
| Name: | Name: |
| Title: | Title: |
| Date: | Date: |

**和訳**

上記の証（あかし）として、本契約の当事者は、本契約を、署名欄記載の日に、正当な権限を持つ代表者によって署名せしめ、締結するものとする。

| 譲渡人 | 譲受人 |
|---|---|
| 名前 | 名前 |
| 役職（部署） | 役職（部署） |
| 日付 | 日付 |

## 別紙 A–H

〔Exhibits "A"-"H"〕

〔別紙 A-H〕

16

# 17 担保付金銭消費貸借契約書

本契約は、外国の会社から日本の会社が金銭の借入れを行うための契約です。また、当該借入債務については、当該日本の会社の保有する土地建物について抵当権を設定する内容となっています。

**目　次**

## ■頭　書

**LOAN AND SECURITY AGREEMENT**

This Loan and Security Agreement (this "Agreement") is entered into effective ______ (the "Effective Date") between [Harper Enterprises Co., Ltd.], a [corporation established and existing under the laws of Delaware, U.S.A.] having its head office at [Paxson Building, 10F, 1234 Daniel Avenue, New York, New York 10001, U.S.A.] ("Lender") and [Satonaka Enterprises Co., Ltd.] a [corporation established and existing under the laws of Japan] having its head office at [Miyazaki Building, 10F, 1-1-1 Tamakicho, Chiyoda-ku, Tokyo 101-0001, Japan] ("Borrower") (collectively the "Parties" or individually a "Party").

和 訳　　**担保付金銭消費貸借契約書**

この担保付金銭消費貸借契約書（「本契約」）は、〔年月日〕から効力を有するものとして（「発効日」)、〔Harper Enterprises Co., Ltd.〕、〔米国デラウェア州法によって設立された株式会社であって〕、その本店所在地は〔　Paxson Building, 10F, 1234 Daniel Avenue, New York, New York 10001 U.S.A.〕（「貸主」）と〔里中株式会社〕、〔日本法によって設立された株式会社であって〕、その本店所在地は〔郵便番号 101-0001　日本国東京都千代田区玉木町 1 丁目 1 番 1 号宮崎ビルディング 10 階〕（「借主」）との間にて締結された（以下、当事者を総称して「両当事者」、それぞれを「当事者」という。)。

## ■経　緯

17

**RECITALS**

WHEREAS, Borrower is the sole owner in fee of the land and building described in Exhibit "A" hereto (collectively the "Property"):

WHEREAS, Borrower desires to borrow from Lender the Loan

Amount (as defined below) for the purpose of [capital investments]; and

WHEREAS, Lender is willing to lend the Loan Amount to Borrower subject to a security interest on the Property;

NOW, THEREFORE, the Parties mutually agree to enter into this Agreement in accordance with the terms and conditions stated herein.

和訳　　経　緯

借主は、別紙A記載の土地及び建物（これらを総称して、「資産」という。）の単独の所有者である。

借主は、〔投資〕の目的のために、借入金（以下に定義する。）を貸主から借りることを希望している。そして、

貸主は、資産に担保を設定することを条件として、借主に対して、借入金を貸し渡すことにしており、

そこで、両当事者は、ここに定められた条項と条件に従って本契約を締結することを相互に合意する。

## 定　義

**Article 1. Definitions**

For purposes of this Agreement, including any Exhibits, the following terms shall have the following meanings:

**1.1** "Event of Default" shall have the meaning set forth in Article 4.1 herein.

**1.2** "Loan Amount" shall mean [100,000,000 Japanese Yen].

**1.3** "Mortgage" shall have the meaning set forth in Article 3.1.

**1.4** "Property" shall have the meaning set forth in the Recitals herein.

(和 訳) **第 1 条　定義**

本契約においては、いかなる別紙も含めて、以下の用語は以下の意味を持つ。

**1.1** 債務不履行事由とは、第 4.1 条に定める意味を持つものをいう。

**1.2** 借入金とは、〔金 1 億円〕をいう。

**1.3** 抵当権とは、第 3.1 条に定める意味を持つものをいう。

**1.4** 資産とは、本経緯に記載のとおりである。

## ■貸付及び弁済

**Article 2. Loan and Repayment**

**2.1** Lender agrees to lend to Borrower and Borrower agrees to borrow from Lender the Loan Amount. Lender will transfer the Loan Amount to Borrower on or before [date of loan] in a lump sum to a bank account notified by Borrower to Lender. At the time of this funds transfer, Borrower shall provide to Lender all documents necessary to record the Mortgage.

**2.2** Borrower agrees to repay the Loan Amount as follows:

(1) The principal shall be due and payable in a lump sum on or before [due date of principal];

(2) Interest on the principal shall be payable, in arrears, on or before the first day of each month during the term of this Agreement. The first interest payment shall be due and payable on or before [due date of first interest payment]. The last interest payment shall be due and payable on or before [due date of principal]. The rate of interest shall be [XX%] per annum, simple interest. The daily interest rate

17

shall be calculated on the basis of a 365-day year, but the interest payments shall be calculated based on the actual number of days in the month covered by the payment.

(3) If any Event of Default occurs, default interest shall accrue on the principal amount from the date of the Event of Default until the date of payment of the principal. Default interest shall accrue at the rate of [XX%] per annum, simple interest. The daily default interest rate shall be calculated on the basis of a 365-day year, but the default interest payments shall be calculated based on the actual number of days in the month covered by the payment.

(4) Borrower's payments of principal, interest, default interest, and any other amounts will be made by telegraphic transfer to a bank account designated by Lender. Each Party shall be responsible for any fees charged by its bank in connection with such telegraphic transfers.

(5) If payment of principal, interest, and/or default interest are due, payments made by Borrower shall first be credited to default interest, then to interest, and then to principal, regardless of any characterization of the payment made by Borrower.

(6) If relevant laws or regulations require Borrower to withhold from the payments of interest and default interest hereunder any income taxes imposed on Lender, Borrower shall comply with such requirements and provide Lender with the related tax-withholding certificates.



**和訳　第2条　貸付及び弁済**

**2.1**　貸主は借主に借入金を貸し渡し、借主は貸主から借入金を借り受けることに同意する。貸主は、借主に対して、借主によって貸主に通知された銀行口座に、一括して、〔貸付日〕までに借入金を振込にて送金する。

この貸付実行の時までに、借主は貸主に対して、抵当権の設定登記手続に必要な一切の書類を提出しなければならない。

**2.2**　借主は、借入金を以下のとおり弁済することに同意する。

(1)　元本は、〔元本の返済期日〕までに、一括して支払わなければならない。

(2)　元本に対する利息は、本契約の期間中、各月の初日までに前月分の利息を支払うものとする。最初の利息の支払は、〔最初の利息支払期日〕までに支払うものとする。最終の利息支払は、〔元本の返済期日〕までに支払うものとする。利息は年利〔XX%〕の単利とする。一日あたりの利息は1年を365日として計算されるものとするが、利息の実支払金額は、支払によってカバーされるべき当該月の実際の日数を基礎として計算されなければならない。

(3)　債務不履行が発生した場合には、遅延損害金は元本についての支払遅延の日から支払済みまでの間、元本について発生する。遅延損害金は、年あたり〔XX%〕、単利とする。一日あたりの利息は1年を365日として計算されるものとするが、利息の実支払金額は、支払によってカバーされるべき当該月の実際の日数をベースとして計算されなければならない。

(4)　借主の元本、利息、遅延損害金及び他の金額の支払は、貸主によって借主に通知された銀行口座にT/T送金によってなされなければならない。各当事者は、このT/T送金に関して銀行から課される全ての費用について負担し支払う責任を負う。

(5)　元本、利息、及び／又は遅延損害金の支払が支払期日にある場合には、借主によって支払われる金員は、借主によって当該支払の充当指定がなされたとしても、まず、遅延損害金に充当され、次に利息、次に元本に充当される。

(6)　関連法又は法規によって、貸主に賦課されるいかなる所得税についても、借主が利息及び遅延損害金の支払から源泉するように要求されている場合には、借主は、その要求に従わなければならず、貸主に対してその関連する税金についての支払調書を提供しなければならない。

17

**《解　説》**　本契約においては、借主は、日本の株式会社（居住者）、貸主は、外国企業（非居住者）をそれぞれの当事者として想定しているところ、この貸付は、居住者と非居住者との間の資本取引（金銭の借入）（外国為替及び外国貿易法20条2号）に該当しますが、これが外国投資家による対内直接投資（外国為替及び外国貿易法26条）として、報告が不要である場合を除き、日本銀行を経由して財務大臣及び事業所管大臣に「事前届出」又は「事後報告」を行う必要があります（外国為替及び外国貿易法27条1項、又は、同法55条の5第1項）。

第2.2条(6)については、税理士に源泉税支払の要否を確認してください。

## ■担保権の設定

**Article 3. Mortgage**

**3.1** Borrower's obligation to repay the Loan Amount in accordance with the terms and conditions herein shall be secured by a first mortgage (*teitoken*) on the Property (the "Mortgage").

**3.2** Borrower shall be responsible for all fees and expenses incurred in connection with the recordation of the Mortgage.

**和 訳** **第3条　担保権の設定**

**3.1** 借主の、ここに定める条項と条件に従って借入金を弁済する義務は、資産に設定される第1順位の抵当権によって担保されなければならない（「抵当権」）。

**3.2** 借主は、この抵当権設定に関して発生する全ての費用について負担しなければならない。

**《解 説》** 日本国内の不動産について、外国人又は外国法人が抵当権の設定の登記をする場合には、申請方法、申請のための必要書類等も日本法人の場合と異なりますので、司法書士に相談の上、手続をすすめるようにしてください。また、抵当権設定とともに、担保保全義務、増担保義務についての定めを置くこともありますが、その場合には、この義務の発生の条件を具体的に合意しておく必要があります。

## ■債務不履行

**Article 4. Default**

**4.1** If any of the following events shall occur, the same shall constitute an Event of Default:

(1) the principal amount is not repaid in full by the payment due date;

(2) any interest payment due and payable hereunder remains unpaid, in whole or in part, more than [one (1)] month after the original due date;

(3) Borrower is subject to a preliminary attachment (*kari-sashiosae*), attachment (*sashiosae*), or preliminary disposition (*kari-shobun*) in connection with any other debt obligation of Borrower;

(4) an application is filed for auction sale (*keibai*), initiation of bankruptcy proceedings (*hassan-tetsuzuki-kaishi*), initiation of civil rehabilitation proceedings (*minji-saisei-tetsuzuki-kaishi*), or initiation of corporate reorganization proceedings (*kaisha-kosei-tetsuzuki-kaishi*) in connection with any other debt obligation of Borrower;

(5) any promissory note (*tegata*) or check (*kogitte*) issued or endorsed to another payee by Borrower is dishonored; or

(6) Borrower breaches any obligation under this Agreement other than the obligations referenced in Clauses (1) and (2) of Article 2.2 and fails to correct such breach within [twenty (20)] days after receiving notice of the breach from Lender.

**4.2** Upon the occurrence of an Event of Default, the entire principal amount shall immediately become due and payable by Borrower, regardless of the original due date, without the need for any demand or notice from Lender. Upon the occurrence of an Event of Default referenced in Clauses (3), (4), or (5) of Article 4.1, Borrower shall promptly notify Lender of the relevant circumstances.

**和 訳　第4条　債務不履行**

**4.1**　以下の事由が発生した場合には、債務不履行事由に該当する。

(1)　支払期限までに元本の全額の弁済がなされなかったとき

(2)　いかなる利息の期限及び未払金についても、その全部又は一部にかかわらず、その当初の期限後〔1〕月以上が経過した場合

(3)　借主について、借主の他のいかなる債務に関しても、仮差押、差押え、又は仮処分がなされた場合

(4)　借主について、借主の他のいかなる債務に関しても、競売の申立て、破産手続開始申立て、民事再生手続開始の申立て、会社更生手続開始の申立てがなされた場合

(5)　借主によって振り出され、裏書された手形又は小切手が不渡りになった場合

(6)　借主が、第2.2条の(1)及び(2)記載の義務以外の本契約に基づくいかなる義務についても不履行に陥った場合であって、貸主からの通知を受領してから〔20〕日以内にその不履行を解消して債務の履行をできなかった場合

**4.2**　債務不履行事由が発生した場合には、貸主による催告を何ら要せず、直ちに、最終的な元本について、借主による支払期限が到来するものとする。第4.1条の(3)、(4)又は(5)の債務不履行事由が発生した場合には、借主は直ちに貸主に対して、当該事由を通知しなければならない。

## ■借主の誓約

**Article 5. Borrower's Covenants**

Borrower covenants as follows from the Effective Date until all amounts of principal and interest (including default interest) are fully repaid to Lender:

**5.1**　Borrower shall maintain its sole ownership in fee of the Property.

**5.2**　Borrower will make all repairs, replacements, and other efforts reasonably necessary to maintain the Property in substantially the same physical condition it was in as of the Effective Date, excluding normal wear and tear.

**5.3** Borrower will pay all taxes, lease rents, administrative charges (*kanrihi*), common charges (*kyoekihi*) and other charges which it is obligated, under applicable law or contract, to pay as the owner of the Property.

**5.4** Borrower shall maintain appropriate property insurance on the Property. The policy limits and coverage of the insurance policy shall be those generally utilized for similar properties in the same geographical area as the Property. After the execution of this Agreement, the Parties shall promptly confer and mutually agree on the policy limits and coverage of the insurance policy. Borrower shall provide Lender with a certificate of insurance within [sixty (60)] days after the Effective Date. Lender shall hold a security interest (*shichiken*) in Borrower's right to receive payment on claims under the insurance policy, and Borrower shall send the insurance company a certified notice (with a certified date) concerning Lender's security interest without delay. Nothing in this Article 5.4 shall affect or excuse Borrower's obligations under Article 5.2 herein.

**和 訳　第5条　借主の誓約**

借主は、発効日から貸主に対して全ての元本及び利息（遅延損害金を含む。）を弁済するまでの間、以下を誓約する。

**5.1** 借主は資産について単独の所有権を維持しなければならない。

**5.2** 借主は、通常使用による磨滅を除いて、発効日におけるのと同じような状態に資産を維持するよう、合理的な全ての修理、交換、及び他の努力を行う。

**5.3** 借主は、資産の所有者として、適用される法律及び契約に基づいて支払義務のある全ての税金、リース料、管理費、共益費、及び他の費用を

17

支払うものとする。

**5.4** 借主は、資産について適切な火災保険をかけておかなければならない。保険証券の保険金額及び保険の対象となる範囲は、同様のエリアにおける同様の資産に対する保険として一般的に利用されるものとする。本契約の締結後、両当事者は、保険証券の保険金額及び保険の対象となる範囲について、速やかに協議し合意するものとする。借主は、発効日から〔60日〕以内に保険証券を貸主に対して提出しなければならない。貸主は、借主が保険証券に基づく請求について支払を受ける権利に関して、質権を設定できるものとし、借主は遅滞なく貸主の質権設定について保険会社に確定日付のある証書によって通知しなければならない。本項は、第5.2条に基づく借主の義務には何らの影響も及ぼさない。

## ■公正証書

**Article 6. Certified Mortgage Deed**

Upon the request of Lender at any time during the term of this Agreement, Borrower shall promptly execute a Certified Mortgage Deed (*kosho-shosho*) containing substantially the same terms and conditions as this Agreement and including a provision allowing direct enforcement of the Certified Mortgage Deed against Borrower without the need to obtain a court judgment (*kyosei-shikko-nindaku-joken-tsuki*). Lender shall promptly provide Borrower with any documents necessary for the preparation of the Certified Mortgage Deed, upon the request of Borrower.

**和訳　第6条　公正証書**

本契約締結後直ちに、貸主は、借主に対して、本契約の主要な条項及び条件と同様の公正証書を作成するよう請求することができるものとし、そこには、判決を得ることなく強制執行を行うことができる執行認諾文言が記載されて締結されなければならない。公正証書を作成する場合には、借主は、貸主の要求に従って、作成のための必要な書類を提出しなければならない。

**《解説》** 本条のような、外国企業が債権者となる公正証書については、作成することは可能ですが、日本企業が当事者となる場合に公証役場から提出を求められる登記簿謄本、委任状、委任状への代表印、印鑑証明書などに代わる各種書類の提出を求められます。当該企業がどこの国を設立準拠法とするかによっても、必要書類は異なりますので、作成を依頼する公証役場に問い合わせを行う必要があります。

## ■一般条項

[General Terms and Conditions]
[Note: The "Force Majeure" and "Relationship Between Parties" provisions should be omitted.]

和 訳 〔一般条項〕
〔注意：不可抗力、両当事者の関係条項は除かれる。〕

## ■後　文

IN WITNESS WHEREOF, the Parties hereto have caused their duly authorized representatives to execute this Agreement on the dates set forth under their signatures.

| LENDER | BORROWER |
|---|---|
| By: ____________________ | By: ____________________ |
| Name: | Name: |
| Title: | Title: |
| Date: | Date: |



和 訳

上記の証（あかし）として、両当事者は、本契約を、署名欄記載の日に、正当な権限を持つ代表者によって署名せしめ、締結するものとする。

| 貸主 | 借主 |
|---|---|

| | |
|---|---|
| 名前 | 名前 |
| 役職（部署） | 役職（部署） |
| 日付 | 日付 |

## ■別紙 A

Exhibit "A"
Description of Property

Land:
Location: [1-1-1 Ueharacho, Minato-ku, Tokyo]
Zoning: [building]
Size: [500 square meters]

Building:
Location: [1-1-1 Ueharacho, Minato-ku, Tokyo]
Registration No.: [1-1]
Type: [office building]
Description: [reinforced concrete, five floors]
Size: [200 square meters per floor]

和 訳

別紙 A
資産の明細

土地：
所在 〔東京都港区上原町 1 丁目〕
地番 〔1 番 1〕
地目 〔宅地〕
地積 〔500.00 平方メートル〕

建物：

所在　〔東京都港区上原町 1 丁目 1 番地 1〕
家屋番号　〔1 番 1〕
種類　〔事務所〕
構造　〔鉄筋コンクリート造 5 階建〕
床面積　〔1 階　200.00 平方メートル〕
〔2 階　200.00 平方メートル〕
〔3 階　200.00 平方メートル〕
〔4 階　200.00 平方メートル〕
〔5 階　200.00 平方メートル〕

# 18 催告書

催告書は、契約の一方当事者が、当該契約に基づく債務を履行しない場合に、他方当事者が、債務不履行状態にある当事者に対して、債務の履行を催告する書面です。

[letterhead of Satonaka Enterprises]

[date]

[Mr. James Harper]
[President]
[Harper Enterprises Co., Ltd.]
[Paxson Building, 10F
1234 Daniel Avenue
New York, New York 10001
U.S.A.]

Re: Notice of Breach of Contract

To: [Mr. James Harper]

This letter will serve as formal notice of [Harper's Enterprises]'s [("Harper's")] breach of Article [XX] of the [title of contract] dated [date of contract] (the "Agreement") executed by [Satonaka Enterprises Co., Ltd.] [("Satonaka")] and [Harper]. [Harper has breached Article XX of the Agreement by failing to pay Satonaka invoice nos. 1234, 1235, and 1236 by their respective due dates.] Satonaka hereby demands that [Harper immediately pay such invoices in accordance with the payment method set forth in the Agreement].

Based on Article [XX] of the Agreement, if [Harper] fails to correct the above-referenced breach within [twenty (20)] days after its receipt of this letter, [Satonaka] will have the right to terminate the Agreement in accordance with the terms thereof.

Sincerely,
[Makoto Satonaka]

[President]
[Satonaka Enterprises Co., Ltd.]

和 訳

〔里中株式会社　レターヘッド〕
〔日付〕

〔Mr. James Harper〕殿
〔President〕
〔Harper Enterprises Co., Ltd.〕
〔Paxson Building, 10F
1234 Daniel Avenue
New York, New York, 10001
U.S.A.〕

題名：催告書

〔James Harper〕殿

本書面は、〔里中株式会社〕〔(「里中社」)〕と〔Harper Enterprises〕〔(「HARPER 社」)〕との間で締結された〔契約日〕付〔契約の表題〕(「本契約」)の第〔XX〕条の HARPER 社の債務不履行についての正式な通知です。〔HARPER 社は、本契約第 XX 条に基づく里中社請求書番号 1234、1235、及び 1236 の各支払期日までの支払についてその債務を履行していません。〕里中社はここに〔HARPER 社が直ちにこれらの請求書について、本契約に定める支払方法に従って支払をなすことを〕ご請求いたします。

本契約の第〔XX〕条に基づき、〔HARPER 社〕が上記の債務不履行を本書受領後〔20〕日以内に是正しなかった場合には、〔里中社〕は、本契約条件に従って本契約を解除することができます。

18

敬具

〔里中　誠人〕

〔社長〕

〔里中株式会社〕

# 19 変更合意書

変更合意書は、締結した契約書を変更するための合意書です。契約書中に、契約の変更は、書面による合意によらなければならないと定めてある場合には、必ず、変更合意書の締結によって契約を変更することが必要です。

## ■頭　書

**AMENDMENT AGREEMENT**

This Amendment Agreement (this "Amendment Agreement") is entered into effective ______ (the "Effective Date") between [Satonaka Enterprises Co., Ltd.], a [corporation established and existing under the laws of Japan] having its head office at [Miyazaki Building, 10F, 1-1-1 Tamakicho, Chiyoda-ku, Tokyo 101-0001, Japan] [("Satonaka")] and [Harper Enterprises Co., Ltd.] a [company established and existing under the laws of Delaware, U.S.A.] having its head office at [Paxson Building, 10F, 1234 Daniel Avenue, New York, New York 10001, U.S.A.] [("Harper")] (collectively the "Parties" or individually a "Party").

和 訳　　**変更合意書**

この変更合意書（「本合意書」）は、〔年月日〕から効力を有するものとして（「発効日」）、〔里中株式会社〕、〔日本法によって設立された株式会社であって〕、その本店所在地は〔郵便番号 101-0001　日本国東京都千代田区玉木町１丁目１番１号宮崎ビルディング 10 階〕〔(「里中社」)〕と、〔Harper Enterprises Co., Ltd.〕、〔米国デラウェア州法によって設立された株式会社であって〕、その本店所在地は〔Paxson Building, 10F, 1234 Daniel Avenue, New York, New York 10001 U. S. A.〕〔(「HARPER 社」)〕との間にて締結された（以下、当事者を総称して「両当事者」、それぞれを「当事者」という。)。

## ■経　緯

**RECITALS**

WHEREAS, the Parties entered into the [name of original Agreement] dated [date of original Agreement] (the "Agreement")

WHEREAS, the Parties now wish to amend the Agreement as set forth below;

NOW, THEREFORE, the Parties mutually agree to enter into this Amendment Agreement in accordance with the terms and conditions stated herein.

和訳　　経　緯

両当事者は、〔原契約締結日〕付契約〔契約書のタイトル〕（「原契約」という）を締結した。

両当事者は、以下に定めるとおり、原契約を変更することを望んだ。

そこで、両当事者は、ここに定められた条項と条件に従って本合意書を締結することを相互に合意する。

1. [description of amendment, e.g., Article 1 is deleted in its entirety and replaced by the following:
   [new Article 1]]
2. [description of amendment]
3. [description of amendment]
4. [description of amendment]

19

和訳

1. 〔変更の詳細；例えば、第1条は削除し、以下にとって代わられる。〕
   〔新第1条〕

2. 〔変更の詳細〕
3. 〔変更の詳細〕
4. 〔変更の詳細〕

《解 説》 変更の表記の仕方としては、条文の一部分のみを変更する場合、その部分のみをピックアップして表記する方法や、当該条文を削除の上、変更部分を含めた条文全文を記載する方法がありますが、要は、変更が明確になるよう表記することが必要です。

[x]. Except as stated herein, all terms and conditions of the Agreement shall remain in full force and effect.

和 訳

〔x.〕 ここに定められたものを除き、原契約の全ての条件は完全な効力を維持するものとする。

[y]. Articles [applicable article numbers, e.g. Entire Agreement, Governing Law and Dispute Resolution, Execution in Counterparts] of the Agreement shall apply to this Amendment Agreement.

和 訳

〔y.〕 原契約〔適用させるべき条項。例えば、＿条〔完全合意〕、＿条〔準拠法、及び紛争解決機関〕、及び＿条〔契約書の締結〕〕は、本合意書に適用されるものとする。

《解 説》 本合意書の締結によっても、原契約の一般条項の効力は変わらず、本合意書については、一般条項が適用されることはx.条においても明白ですが、原契約を変更する、本合意書の内容、解釈、又は効力自体について当事者間に紛争が生ずる可能性もあります。そのような場合に備えて、本合意書について、原契約の完全合意、準拠法及び紛争解決機関、並びに契約書の締結の条項が適用されることを明記しています（その他にも、適用されるべき条項を列記すべきです。）。

19

IN WITNESS WHEREOF, the Parties have caused their duly

authorized representatives to execute this Agreement on the dates set forth under each signature.

| | |
|---|---|
| [SATONAKA] | [HARPER] |
| By: ____________________ | By: ____________________ |
| Name: | Name: |
| Title: | Title: |
| Date: | Date: |

**和 訳**

上記の証（あかし）として、両当事者は、本合意書を、署名欄記載の日に、正当な権限を持つ代表者によって署名せしめ、締結するものとする。

| | |
|---|---|
| 〔里中社〕 | 〔HARPER 社〕 |
| 名前 | 名前 |
| 役職（部署） | 役職（部署） |
| 日付 | 日付 |

19

# 20 解約合意書

解約合意書は、締結した契約を両当事者の合意により、解除して終了するための契約書です。契約の合意解除は、契約の変更の一種類ともいえますので、契約書中に書面による合意によらなければならないと定めてある場合には、必ず、このような合意書の締結によって契約を合意解除することが必要です。

## ■頭　書

> **TERMINATION AGREEMENT**
>
> This Termination Agreement (this "Termination Agreement") is entered into effective ______ (the "Effective Date") between [Satonaka Enterprises Co., Ltd.], a [corporation established and existing under the laws of Japan] having its head office at [Miyazaki Building, 10F, 1-1-1 Tamakicho, Chiyoda-ku, Tokyo 101-0001, Japan] [("Satonaka")] and [Harper Enterprises Co., Ltd.] a [corporation established and existing under the laws of Delaware, U.S.A.] having its head office at [Paxson Building, 10F, 1234 Daniel Avenue, New York, New York 10001, U.S.A.] [("Harper")] (collectively the "Parties" or individually a "Party").

**和訳**

この解約合意書（「本解約合意書」）は、〔年月日〕から効力を有するものとして（「発効日」）、〔里中株式会社〕、〔日本法によって設立された株式会社であって〕、その本店所在地は〔郵便番号 101-0001　日本国東京都千代田区玉木町 1 丁目 1 番 1 号宮崎ビルディング 10 階〕〔（「里中社」）〕と、〔Harper Enterprises Co., Ltd.〕、〔米国デラウェア州法によって設立された株式会社であって〕、その本店所在地は〔Paxson Building, 10F, 1234 Daniel Avenue, New York, New York 10001 U.S.A.〕〔（「HARPER 社」）〕との間にて締結された（以下、当事者を総称して「両当事者」、それぞれを「当事者」という。）。

## ■経　緯

**RECITALS**

WHEREAS, the Parties entered into the [name of original Agreement] dated [date of original Agreement] (the "Agreement"); and

WHEREAS, the Parties now mutually wish to terminate the Agreement in accordance with the terms and conditions set forth below;

NOW, THEREFORE, the Parties mutually agree to enter into this Termination Agreement in accordance with the terms and conditions stated herein.

和訳　　**経　緯**

両当事者は、〔__年__月__日〕付契約〔契約書のタイトル〕(「本契約」という）を締結した。

両当事者は、以下に定める条件にしたがって、本契約を合意解除することを相互に望んだ。

そこで、両当事者は、ここに定められた条項と条件に従って本解約合意書を締結することを相互に合意する。

1. The Agreement will terminate, effective as of the Effective Date.
2. [other terms and conditions of the termination, e.g., final payments, final delivery of goods, remaining warranty obligations /liability]
3. [other terms and conditions of the termination]

20

和 訳

1. 本契約書は、発効日に解除され終了する。
2. 〔その他の合意解除の条件、例えば、最終支払、最終の製品の引渡し、効力が残る保証義務や責任〕
3. 〔その他の解除の条件〕

《解 説》 解約合意書においては、合意解除が遡及的なものなのか、あるいは将来に向かって契約の効力がなくなるのか、また、製品の保証義務等残存する権利義務（条項）等を定めておくべきです。

[x]. The Parties (i) acknowledge that there are no remaining rights or obligations remaining between them relating to the Agreement, other than those provided for herein and in Article [survival clause] of the Agreement, and (ii) fully and finally release each other from any liability relating to the Agreement or the transactions under the Agreement, other than the liability provided for herein and in Article [survival clause] of the Agreement.

和 訳

〔x.〕 両当事者は、(i)ここに定められている以外の、又は、本契約〔効力が残る条項〕以外、当事者間において本契約に関連する権利義務は残らないこと、(ii)ここに定められている以外の、又は、本契約〔効力が残る条項〕以外、相互に、本契約又は本契約に基づく取引に関連する責任から完全かつ最終的に免れることを承認する。

[y]. The Parties further acknowledge that this termination is for the mutual convenience of the Parties and is not due to a breach of obligation by either Party.

和 訳

〔y.〕 両当事者は、本合意解除は双方の都合によるものであって、一方当事者による債務不履行によるものではないことを認める。

《解 説》　本契約を解除することについての合意と、一方当事者による債務不履行の事実が併存する場合には、本解約合意書の締結によっても、他方当事者から一方当事者に対する債務不履行解除及び損害賠償請求の可能性は残ることになります。そこで、そのような疑義を避けるため、本条項を定めておくのです。

[z]. Articles [applicable article numbers, e.g. Entire Agreement, Governing Law and Dispute Resolution, Execution in Counterparts] of the Agreement shall apply to this Termination Agreement.

**和 訳**

〔z.〕　本契約〔適用されるべき一般条項の条項、例えば、__条〔完全合意〕、__条〔準拠法、及び紛争解決機関〕、及び__条〔契約書の締結〕〕は、本解約合意書に適用されるものとする。

《解 説》　本契約を解除するための本解約合意書の内容、解釈又は効力自体について当事者間に紛争が生ずる可能性もあります。そのような場合に備えて、本解約合意書について、本契約の完全合意、準拠法及び紛争解決機関、並びに契約書の締結の条項が適用されることを明記しています（他にも、適用すべき条項を列記するべきです。）。

IN WITNESS WHEREOF, the Parties have caused their duly authorized representatives to execute this Agreement on the dates set forth under each signature.

| [SATONAKA] | [HARPER] |
| --- | --- |
| By: ____________________ | By: ____________________ |
| Name: | Name: |
| Title: | Title: |
| Date: | Date: |

20

和訳

上記の証(あかし)として、両当事者は、本解約合意書を、署名欄記載の日に、正当な権限を持つ代表者によって署名せしめ、締結するものとする。

〔里中社〕

名前
役職（部署）
日付

〔HARPER 社〕

名前
役職（部署）
日付

# 事項索引

# 著 者 略 歴

## 弁護士　黒河内　明子（くろこうち　あきこ）

1960 年　東京生まれ
1979 年　神奈川県立湘南高校卒業
1979 年　早稲田大学法学部入学
1983 年　早稲田大学法学部卒業
1983 年～1986 年　三井物産株式会社　本店勤務
1989 年　司法試験合格
1994 年　弁護士登録（第二東京弁護士会）
1994 年～　柏木総合法律事務所勤務
1995 年　米国ダラス国際比較法センター
2006 年～　東京地方最低賃金審議会　産業別最低賃金専門部会委員
2008 年～2009 年　学校法人早稲田大学特別監査人
2009 年～　東京地方最低賃金審議会委員
〔現在〕
第二東京弁護士会　民事暴力介入被害者救済センター委員
柏木総合法律事務所　パートナー弁護士

## 外国法事務弁護士　ムーン・キ・チャイ（Moon-Ki Chai）

1960 年　韓国ソウル市生まれ
1963 年　米国に移民
1978 年　米国スタンフォード大学入学
1982 年　米国スタンフォード大学機械工学科卒業
1984 年　米国スタンフォード大学大学院機械工学科修了（機械工学修士）
1984 年～1987 年　ASK Computer Systems（カリフォルニア州）勤務
1987 年　米国ハワイ大学ロースクール入学
1990 年　米国ハワイ大学ロースクール修了（法務博士）
1990 年　米国ハワイ州司法試験合格
1990 年～1995 年　グッドシル・アンダーソン・クイン・アンド・スタイフル法律事務所（ハワイ州）勤務
1995 年～　柏木総合法律事務所勤務
1998 年　外国法事務弁護士登録（第二東京弁護士会）
〔現在〕
柏木総合法律事務所　外国法事務弁護士（原資格法：米国ハワイ州）

**実務英文契約書文例集**
**―CD-ROM付き―**

定価：本体3,700円（税別）

平成24年3月1日　初版発行

著　者　黒河内明子
　　　　ムーン・キ・チャイ
発行者　尾中哲夫

発行所　日本加除出版株式会社
本　社　郵便番号171-8516
東京都豊島区南長崎3丁目16番6号
TEL　(03)3953-5757（代表）
(03)3952-5759（編集）
FAX　(03)3951-8911
URL　http://www.kajo.co.jp/
営業部　郵便番号171-8516
東京都豊島区南長崎3丁目16番6号
TEL　(03)3953-5642
FAX　(03)3953-2061

組版・印刷・製本　大日本法令印刷（株）

落丁本・乱丁本は本社でお取替えいたします。
© Akiko Kurokochi, Moon-Ki Chai 2012
Printed in Japan
ISBN978-4-8178-3978-7　C2032　¥3700E

JCOPY 〈㈳出版者著作権管理機構　委託出版物〉

本書を無断で複写複製（電子化を含む）することは，著作権法上の例外を除き，禁じられています。複写される場合は，そのつど事前に㈳出版者著作権管理機構（JCOPY）の許諾を得てください。
また本書を代行業者等の第三者に依頼してスキャンやデジタル化することは，たとえ個人や家庭内での利用であっても一切認められておりません。

〈JCOPY〉　HP：http://www.jcopy.or.jp/，e-mail：info@jcopy.or.jp
電話：03-3513-6969，FAX：03-3513-6979

**利用されることの多い１０８文例を厳選。**

一人でつくれる

# 契約書・内容証明郵便の文例集

## 記載例CD−ROM付き

安達敏男　著

A5判　316頁　定価3,045円(税込)
2009年2月刊　ISBN978-4-8178-3805-6

| 商品番号：40284 |
|---|
| 略　　号：契 内 |

●司法研修所教官や公証人も経験し、現在弁護士として活躍中の著者が、簡潔・明快な表現で、わかりやすくコンパクトにまとめた一冊です。

●文例に付された詳細な注釈が、適正な文書の作成に役立ちます。

●掲載された108文例を収録したCD-ROMが付いています。

**主要目次**

第１章　契約書作成の基本的知識
第２章　賃貸借契約
第３章　売買・贈与・業務委託・債権譲渡・債務引受関係
第４章　金銭貸借と担保契約
第５章　内容証明郵便
第６章　労務契約関係
第７章　知的財産権（特許権を中心として）
第８章　離婚に伴う給付等の契約
第９章　遺言書・遺産分割協議書関係

日本加除出版

〒171−8516　東京都豊島区南長崎３丁目16番６号
営業部　TEL（03）3953−5642　FAX（03）3953−2061
http://www.kajo.co.jp/